# R&SPSS
# 사회과학 데이터 분석

김계수 지음

한나래 아카데미

R&SPSS 사회과학 데이터 분석

2021년 10월 8일 1판 1쇄 박음
2021년 10월 15일 1판 1쇄 펴냄

지은이 | 김계수
펴낸이 | 한기철

펴낸곳 | 한나래출판사
등록 | 1991. 2. 25. 제22-80호
주소 | 서울시 마포구 토정로 222, 한국출판콘텐츠센터 309호
전화 | 02) 738-5637 · 팩스 | 02) 363-5637 · e-mail | hannarae91@naver.com
www.hannarae.net


ISBN 978-89-5566-256-6 93310

“의사결정은 데이터로 하라!” 필자가 강의에서 자주 하는 이야기다. 우리는 초불확실성 시대를 살고 있다. 자고 일어나면 새로운 변화가 우리 앞에 놓여 있는 것을 발견하게 된다. 이럴 때일수록 데이터에 기반한 창의적이고 전략적인 사고를 통해서 변화의 흐름을 읽고 준비하는 자세가 필요하다.

매일 인간이 생존을 위해서 하는 행위 중의 하나가 의사결정이다. 크고 작은 의사결정은 결과와 성과로 연결된다. 의사결정의 성공과 실패는 조직의 존립 여부를 결정할 정도로 중요하다. 조직에서 역량 있는 인재로 성장하기 위해서는 평소 체계적으로 의사결정을 하는 방법을 학습하는 것이 필요하다. 그간 의사결정자들은 직감, 개인적 경험, 주변의 조언 등을 근거로 의사결정을 해왔다. 그러나 이제 증거기반 의사결정, 데이터 기반 의사결정의 시대가 도래하였다. 데이터와 정보를 분석하고, 그 결과를 바탕으로 전략적으로 사회문제에 접근하여 창의적으로 해결하고 정책을 수립해야 할 필요성이 커진 것이다. 이로써 빅데이터 분석가나 행동과학자가 제공하는 정보와 지식, 전략이 큰 비중을 차지하게 되었다.

지식정보사회에서 전문가라면 체계적인 의사결정에 관한 분야에 관심을 가져야 한다. 의사결정의 원천이 되는 데이터, 지식, 정보들을 체계적으로 탐색하고 분석할 수 있는 역량을 키우고, 이를 토대로 차별적인 전략안을 마련해야 한다.
의사결정 역량을 배양하는 데 도움을 주는 학문이 통계학과 행동과학(심리학 포함)이라고 할 수 있다. 통계학은 불확실한 상황에서 합리적인 의사결정을 위해 객관적인 정보를 수집, 정리, 분석하는 체계적인 학문이다. 통계학은 학문의 근간으로 인식되며, 심층적인 관련 학문을 연구하기 위한 기본 과목으로서 통계학에 관한 기본 지식을 다지는 일은 행동과학 학습에 앞서 무엇보다 중요하다. 분석사는 데이터를 분석하면서 무슨 일이 발생했는지, 왜 어떻게 일어났는지, 앞으로 무슨 일이 일어날 것인지 등을 알 수 있다.

이 책은 데이터 분석을 넘어 미래에 대한 합리적인 판단과 의사결정 방법을 제시하고자 하였다. 문제해결학습(PBL, Problem Based Learning)에 착안하여 일명 문제기반분석전략(PBAS, Problem Based Analysis and Strategy) 방식으로 집필하였다. 즉, 문제정의(모형 및 연구가설 제시) → 분석 → 해석과 전략 수립의 3단계 방법을 적용하였다.

14세기 영국 신학자이자 철학자인 윌리엄 오컴(William of Ockham)은 "불필요한 가정은 면도날로 잘라내라"고 강조했다. '오컴의 면도날'은 사실이나 현상에 대해 논리적으로 가장 단순한 것이 진리일 가능성이 높다는 것을 의미한다. 오컴은 가정이 너무 많으면 적확한 결론을 이끌어낼 수 없다는 점을 경고하기도 한다. 창업을 하거나 시제품을 내놓을 때 '최소 기능 제품'으로 시험해야 하는 것처럼 본서에서도 문제기반 모델 및 가설 검정을 통해 일상적인 의사결정뿐만 아니라 문제 해결과 전략 수립에 도움이 되도록 노력하였다.

이 책은 연구방법론이나 데이터 분석에 관심이 있는 학부생, 그리고 대학원생들을 위해서 쓰였다. 또한 사회과학 및 의학연구 등에 관심 있는 전문가들이 실무 분야에 적용할 수 있도록 데이터 분석 기본 내용을 중심으로 집필하였다. 책에는 독자들이 일상생활에 적용할 수 있는 다양한 행동과학 관련 예제와 행동과학 관련 분석이 제시되어 있다. 독자들이 실제로 데이터를 분석해보고 의사결정자 관점에서 전략을 수립하고 의사결정 방법을 제시할 수 있도록 하였다.

동일한 데이터를 R과 SPSS를 이용하여 분석함으로써 동일한 결과를 도출하는 과정을 익힐 수 있도록 하였으며, 각 장의 마지막 부분에는 연습문제를 삽입해 앞에서 배운 내용을 어렵지 않게 다시 점검하는 시간을 갖도록 하였다(복습의 의미로 난이도가 높지 않은 문제들을 담았기에 관련 해답지는 따로 제공하지 않았다). R은 통계분석 전문 비상용 버전으로 가성비가 뛰어나 분석 종사자들이 선호하는 프로그램이다. SPSS는 상용프로그램으로 사용자 편의성이 뛰어나다. 본서에서는 먼저 R 프로그램 운용방법을 제시하고, 이후 SPSS 스크립트(명령문)를 이용한 분석방법을 제시하였다. 모쪼록 본서로 공부하는 이들이 R과 SPSS 두 프로그램의 결과물을 비교해보고, 자신에게 맞는 연구 환경의 최적화를 통해서 분석역량과 전략제시능력을 겸비할 수 있기를 바란다. 데이터 분석가로서 성장하고자 하는 독자들이 본서를 통해 다양한 분석 경험을 축적하기 바란다.

졸저의 출간을 흔쾌히 도와주신 한나래출판사 한기철 대표님과 조광재 상무님께 감사드린다. 또한 사랑하는 가족의 기도가 없었다면 집필 작업을 마무리할 수 없었을 것이다. 감사할 따름이다.

부디 이 책을 통해서 여러분이 과학적인 분석과 연구에 자신감을 갖고 주도적으로 문제를 해결할 수 있는 힘을 기르길 기대한다. 이 책으로 독자분들의 의사결정력이 더욱 강력해지길 바란다!

2021년 10월

김계수

contents

# Part 1 연구 기본

# Part 2 기본 분석

## ch.4 데이터 시각화



## ch.5 t검정



## ch.6 카이제곱검정

## ch.7 분산분석



## ch.8 상관분석



## ch.9 회귀분석

## Part 3 중급 분석

### ch.10 로지스틱 회귀분석



### ch.11 비모수 통계분석



### ch.12 정리 예제

# Part 1

# 연구 기본

# ch.1 연구 방법

**학습목표**

- 조사연구 절차를 이해한다.
- 다양한 자료 수집 방법의 장단점을 이해한다.
- 척도의 종류를 이해하고 분석방법을 구분할 수 있다.
- 모형의 종류를 이해하고 모형을 설정할 수 있다.

## 1 조사연구의 절차

연구는 제기된 문제를 잘 이해하거나 합리적인 의사결정을 내릴 수 있는 지식과 정보를 얻는 행위이다. 이론적이든 또는 실제적이든 간에 조사연구는 문제를 해결하기 위하여 정보나 지식을 얻을 목적으로 이루어진다. 체계적인 연구를 하려면 문제 해결의 절차가 논리정연해야 한다. 연구의 자료 및 결과가 타당성과 신뢰성을 가지고 있어야 한다. 다시 말하면, 자의적인 주관성을 배제하면서 경험적이고 객관적인 사실에 근거한 연구를 수행하여야 한다.

연구를 수행하는 데 필요한 정보 획득 기법이나 도구 등은 많이 개발되어 있다. 특히 컴퓨터의 자료처리 기술로 방대한 자료를 신속하게 정보화할 수 있게 되었다. 그리고 전산시스템을 이용한 계량분석기법 및 통계분석기법도 개발되어 있다. 이뿐만 아니라 의사소통 방법과 측정기법도 많이 개선되고 있다. 이러한 분석기법의 개선은 경영, 교육, 경제, 스포츠, 의료, 생물 등의 주요 연구분야에 커다란 영향을 주고 있다.

그러면 연구과제가 주어졌을 때 어떠한 절차를 통하여 연구를 진행할 것인가를 생각해보자. 체계적인 연구절차를 5단계로 구분해보면 다음과 같다.

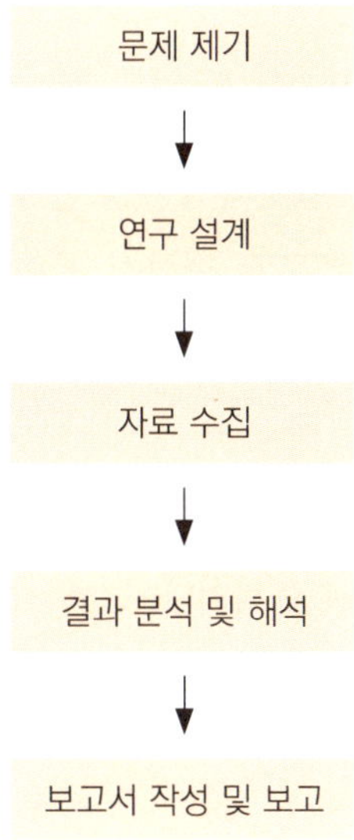


[그림 1-1] 조사연구 절차

- **1단계 : 문제 제기**

문제 제기란 실질적인 중요성과 적합성을 고려하여 문제를 제기하는 것을 의미한다. 우리 사회에는 해결해야 할 문제와 연구해야 할 미스터리가 많다. 오죽하면 아인슈타인이 '우리가 경험할 수 있는 가장 아름다운 것인 동시에 진정한 과학과 예술의 원천은 미스터리'라고 했겠는가? 연구자는 끊임없이 왜(why)라는 질문을 던지면서 주의를 기울이고 있는 대상에 인과관계를 부여해야 한다. 어느 상황에서든 특정 대상으로 유도된 주의는 그 대상을 특별히 중요하게 만든다. 그 대상은 본질적으로 원인이 될 수 있고 '왜?'라는 질문에 대한 답이 될 수 있다. 연구임무를 부여받은 연구자는 주어진 문제가 연구할 만한 가치가 있는지 여부를 우선 검토하여야 하며, 해당 문제에 대한 지식을 가지고 접근해야 한다. 이러한 과정을 거쳐야만 논리성이 정립되는 기초가 마련된다. 예를 들어, 어느 가전제품 회사에서 최근 매출액이 계속 떨어지고 있어 이에 대한 대책을 수립한다고 하자. 연구자는 먼저 유통이나 소비자에 관한 책, 간행물, 회사 서류 등을 통하여, 또는 유사한 연구내용을 알고 있는 사람과의 면접을 통하여 이 연구가 가치 있는지 여부를 판단할 것이다. 연구과정에서 문제를 제기하고 인식하는 단계에서는 예비적인 조사를 통하여 연구과제에 대한 지식을 얻을 것이다.

• 2단계 : 연구 설계

문제 제기 단계에서 문제를 명확히 인식하고 난 뒤에는 연구 설계 단계에 들어간다. 연구 설계는 연구의 방향과 일정을 결정하는 중요한 틀이다. 연구 설계 단계에서는 연구과제에 관련된 정보의 원천이나 종류를 명확히 밝히는 계획을 세우고, 자료의 수집 및 분석 방법을 계획한다. 앞의 가전제품 회사 연구자는 유통관리에 관한 문헌조사를 계획한 후 이 이론을 바탕으로 중요 품목의 제조-보관-판매-배달 실태를 면담이나 설문지를 통하여 직접 자료를 수집해 조사할 것을 고려할 것이다. 분석방법으로는 통계적 기법이나 계량적 기법 이용을 설계할 것이다.

• 3단계 : 자료 수집

자료 수집 단계에서는 실제 자료를 모으게 된다. 자료의 내용은 한곳에서 얻을 수 있는 비교적 간단한 것부터 수개월 혹은 수년 동안 전국적으로 많은 사람을 인터뷰하여 얻을 수 있는 것까지 다양하다. 자료는 책이나 간행물 등을 통해 구할 수 있고, 대상을 직접 관찰 또는 조사하여 수집할 수도 있다.

• 4단계 : 결과 분석 및 해석

원하는 자료를 다 모으고 나면 통계패키지를 이용하여 분석하고 변수들의 연관성을 조사한다. 그런 다음 발견한 내용을 연구목적에 맞추어 해석한 후에 보고서를 작성한다. 앞서 예로 든 가전제품 회사 연구자의 경우에는 수집된 자료를 바탕으로 원가절감 방안 또는 유통이나 소비자에 대한 서비스개선 방안을 작성하여 회사에 제출할 것이다.

• 5단계 : 보고서 작성 및 보고

결과 분석 및 해석의 단계가 끝나면 보고서를 작성하여 조사의뢰자 및 이해관계자에게 보고해야 한다. 보고는 'SSC(Simple, Short, Clear)' 원칙을 지키는 것이 좋다. 보고 내용은 간단하면서 짧아야 하고 분명해야 한다. 간단명료하면서 조사의뢰자의 가려운 곳을 긁어줄 수 있어야 한다.

이렇게 단계적으로 수행한 조사연구의 절차는 연구계획서에 반영되어야 한다. 연구계획서는 연구의뢰자를 만족시킬 수 있도록 작성해야 하며, 연구의 종결시점을 염두에 두고 작성해야 한다. 조사연구 절차를 원활히 관리하기 위해서 다음과 같은 조사연구 관리표(간트차트)를 작성하는 것이 좋다.

[표 1-1] 조사연구 관리표

| 연구기간 / 연구내용 | 07월 ~ 12월 | | | | | |
|---|---|---|---|---|---|---|
| | 7월 | 8월 | 9월 | 10월 | 11월 | 12월 |
| 문제 제기 | | | | | | |
| 연구 설계 | | | | | | |
| 자료 수집 | | | | | | |
| 보고서 작성 및 보고 | | | | | | |
| 목표 진척도(%) | 20% | 30% | 40% | 50% | 80% | 100% |

## 2 자료 수집

연구자가 연구목적을 이루기 위하여 사용하는 자료의 획득 방안을 2가지 정도로 생각해 볼 수 있다. 첫째는 공인된 기관에서 발표한 자료들을 사용하는 것이고, 둘째는 자신이 직접 연구목적에 적합한 방법을 사용해서 수집하는 것이다. 대부분 연구자는 자신의 연구목적을 달성하기 위하여 관찰치들이 지닌 속성을 직접 측정해야 하는 상황에 직면한다. 특히 연구대상이 인간의 심리적인 것에 관한 경우, 환경을 통제하고 실험해야 하는 경우, 또는 연구대상 자체가 특수한 사례에 관한 연구일 경우에 더욱 그렇다.

본서에서는 자료 수집 방법으로 면접법, 관찰법, 설문지법 3가지를 설명하고, 이 중 설문지법에 대하여 추가적으로 기술한다. 각 측정 방법은 경비와 시간상 제약, 연구자의 주관성 정도 등으로 인해 장단점을 지닌다.

## 2-1 면접법

면접법은 전문가의 의견을 수집하거나 경험자의 경험담이 필요한 경우, 또는 심리학적으로 보다 상세한 자료가 요구되는 경우에 사용된다. 이 방법의 제약점은 시간과 비용이 많이 들고 면접 전문가를 구하는 것이 어렵다는 것이다. 연구목적에 필요한 항목들을 객관적으로 획득할 수 있는 전문가를 구한다는 것은 상당히 어려운 일이다.

## 2-2 관찰법

관찰법은 연구자가 상황을 통제하거나, 또는 자연스러운 상태에서 발생하는 상황들을 직접 관찰하고 그 변화의 정도를 기록하는 방식이다. 이 방법도 면접법과 마찬가지로 비용과 시간의 제약이 따르며, 가장 큰 문제는 피실험자가 자신이 관찰당하고 있다는 의식을 가짐으로써 본래의 자연스러운 행위가 아닌 조작된 행동을 하기 쉽다는 점이다. 이 방법은 공학적 또는 생물학적 실험실 방법에서 유용하다고 할 수 있다.

## 2-3 설문지법

설문지법은 사회과학 연구에서 가장 많이 사용되는 방법으로서 시간과 경비라는 경제적인 측면에서 우수성을 지닌다. 그러나 설문 작성에 기술적 어려움이 많으며 상당 수준의 전문지식이 필요하다. 우수한 설문이 되기 위해서는 연구자의 연구 의도가 응답자에게 드러나지 않아야 한다. 그뿐만 아니라 연구하고자 하는 속성을 정확히 표현하고 그 측정치를 부여하는 방식에서 내적 타당성을 지녀야 한다. 연구자는 연구의 기본 가설에 대해 충분한 사전 연구가 있어야만 우수한 설문이 나올 수 있다는 사실을 명심해야 한다.

그런데 최근 연구에 사용되는 설문지들을 보면 기본 가설에 대한 충분한 이론적 연구가 부족해서인지 설문 문항수가 지나치게 많고, 설문이 무엇을 겨냥하고 있는지 설문 자체를 이해하기 어려운 경우도 있다. 심지어는 응답자를 불쾌하게 만들기도 한다. 좋은 설문지를 만들려면, 조사에 들어가기 전에 우선 주위 사람들을 대상으로 여러 번 예비 설문조사를 실시하고 수정 보완하는 절차가 반드시 필요하다.

설문지 작성의 주의점을 간단하게 약술하면 다음과 같다.

- 첫째, 너무 많은 설문 문항은 응답자를 지치게 만든다. 설문지에 의하여 집계된 자료의 생명은 신뢰성, 즉 응답자의 성실성이다. 이를 끝까지 유지하기 위해서는 문항수가 적절해야 한다. 특히 설문 내용이 개인의 가치관, 태도 또는 심리적인 것인 경우에는 문항의 수를 20~30개 또는 10~15분의 응답 분량 정도로 구성하는 것이 좋다. 인간은 한 가지 일에 17분 이상 집중하기 어렵다.

- 둘째, 추상적인 어휘를 피한다. 피설문자가 질문의 내용을 분명하게 알 수 있도록 구체적인 낱말을 사용해야 하며, 필요하다면 예를 들어서라도 충분한 설명이 되어야 한다. 특히 하부 속성을 많이 지니는 용어들은 주의 깊게 사용하여야 한다. 예를 들어 '충성도'라는 단어는 그 안에 내포되어 있는 의미가 매우 포괄적이기 때문에 이러한 단어를 문항에 직접 사용하는 것은 피해야 한다.

- 셋째, 응답 방식은 연구목적과 사용할 분석방법과 조화를 이루어야 한다. 즉 설문에 응답하는 방식을 4개 문항 중에서 하나만 고르도록 할 것인지, 4개 전부의 순위를 정하라고 할 것인지, 또는 그중 2개만 고르도록 할 것인지 등을 결정해야 한다. 순위와 관계없이 2개를 고르는 경우에는 분석할 수 있는 기법 및 자료를 입력하는 방식에 영향을 주게 된다.

- 넷째, 설문의 시작과 끝을 부드럽게 한다. 설문지 첫 문항부터 응답자의 극히 개인적인 신상에 관한 질문으로 시작하면 응답자에게 불쾌감을 줄 수 있다. 따라서 첫 부분은 비교적 저항감이 적은 설문부터 시작하고 마감을 잘하는 것이 좋다.

- 다섯째, 대조적인 설문은 거리를 두어서 배치한다. 설문의 의도가 노출되어 발생하는 응답자의 왜곡을 막기 위해서 대조적인 설문 문항은 가급적 회피해야 한다. 물론 통계적으로 응답 태도의 진위를 가리기 위하여 대조 설문을 사용하는 경우가 있는데 이러한 경우에도 대조적인 문항은 가급적 공간적 거리를 두는 것이 응답 왜곡을 방지할 수 있다.

- 여섯째, 기존 연구에서 사용한 설문을 응용한다. 아주 특수한 경우가 아니면 기존의 연구에서 사용한 문항들은 기본 가정에서 어긋나지 않는 범위 내에서 응용하는 것이 좋다. 어떤 설문이 기존의 많은 연구에서 사용되었다는 것은, 즉 해당 설문이 경험적으로 보아 그 항목으로 측정하고자 하는 속성을 비교적 잘 반영하는 내적 타당성을 지니고 있다는 것을 의미한다.

- 일곱째, 설문의 내용이 응답자와 조화를 이루어야 한다. 연구자가 조사하고자 하는 속성을 응답자가 지니고 있거나 알고 있어야 한다. 예를 들어, 고등학생에게 그 집안의 한 달 평균수입이나 소득계층을 묻거나 부모에게 학생들의 용돈사용처를 묻는 것은 설문이 잘못된 것이 아니라 응답자를 잘못 선택한 것이다.

- 여덟째, 사전 조사를 통해 응답자가 응답하기 어려워하는지 여부를 확인하고 질문을 수정하거나 삭제한다. 사전 조사를 통해 응답하기 곤란한 문항이나 까다로운 항목은 삭제함으로써 정확한 정보를 수집하여야 한다.

- 아홉째, 양방향으로 질문하는 설문조사가 바람직하다. 만약 연구자가 설문지를 제작하면서 '조직생활에 불만족스럽냐'고 질문한다면 만족스럽다고 질문할 때보다 불만족스러운 점을 훨씬 더 많이 떠올릴 것이다. 이런 종류의 질문이나 설문을 '싱글-슈트(single-chute) 질문'이라고 부른다. 즉 통과할 수 있는 미끄럼틀이 하나밖에 없다는 뜻이다. 싱글-슈트 질문은 자신의 입장을 착각하게 할 수 있어 양방향 설문조사 문항이 바람직하다. 양방향 설문조사 문항은 응답자로 하여금 공정한 생각을 하도록 만든다. 예를 들어 "이 회사의 서비스는 얼마나 만족스럽습니까, 아니면 불만족스럽습니까?" "팀장의 직무수행에 대해 만족하십니까, 아니면 만족하지 않습니까?" 등과 같은 설문이 유용하다고 하겠다.

지금까지 조사연구의 절차와 주요 자료 수집법에 대하여 간단히 설명하였다. 조사연구의 문제 해결을 위해서는 자료 수집 및 분석 단계를 거쳐야 한다. 이는 조사연구의 신빙성을 객관적으로 입증하려면 반드시 자료를 통해야 한다는 의미이기도 하다. 자료는 어떤 대상에 대한 실험 또는 관찰의 결과로 구한 기본적인 사실들로 이루어져 있다. 자료를 체계적으로 수집하려면 이에 관련된 개념을 잘 알아두어야 한다.

## 3 자료 측정과 척도

### 3-1 의의 및 측정

자료는 통계분석의 원재료이다. 필요한 자료를 수집하여 그것이 정확한지, 혹은 사용 가능한지에 대해 평가하지 않은 채로 실시한 통계분석은 신뢰할 만하지 못하다. 올바른 연구를 위해서는 적절한 자료를 수집하여야 한다. 자료에는 조직 내부용에서 수집하는 일상적인 것이 있으며, 정부 또는 사설 기관에서 수집하는 경제 및 사회 분야에 관한 것도 있다. 이와 같이 자료란 대상 또는 상황을 나타내는 상징으로서 수량, 시간, 금액, 이름, 장소 등을 표현하는 기본 사실들의 집합을 뜻한다.

적절한 자료를 얻으려면 관찰대상에 내재하는 성질을 파악하는 기술이 있어야 한다. 이를 위해 관찰대상에 대하여 규칙에 따라 기술적으로 수치를 부여하게 되는데, 이것을 측정이라고 한다. 여기서 규칙이란 어떻게 측정할 것인가를 정하는 것을 의미한다. 예를 들어, 세 종류의 자동차에 대하여 개인적인 선호도를 조사한다고 하자. 자동차에 대하여 개별적으로 좋다 - 보통이다 - 나쁘다 중에서 하나를 택하게 할 것인가, 혹은 좋아하는 순서대로 세 종류에 대하여 순위를 매길 것인가 등의 여러 가지 방법을 고려해볼 수 있다. 이와 같이 측정이란 관찰대상이 가지는 속성의 질적 상태에 따라 값을 부여하는 것을 뜻한다.

### 3-2 척도

측정 규칙의 설정은 척도의 설정을 의미한다. 척도(scale)란 일정한 규칙을 가지고 관찰대상을 측정하기 위하여 그 속성을 일련의 기호 또는 숫자로 나타내는 것을 말한다. 즉, 척도는 질적인 자료를 양적인 자료로 전환시켜 주는 도구이다. 이러한 척도의 예로서 온도계, 자, 저울 등이 있다. 척도에 의하여 관찰대상을 측정하면 그 속성을 객관화시킬 수 있으며 본질을 명백하게 파악할 수 있다. 그뿐만 아니라 관찰대상들을 서로 비교할 수 있으며 그들 사이의 일정한 관계를 알 수 있다. 관찰대상에 부여한 척도의 특성을 아는 것은 중요하다. 척도의 성격에 따라서 통계분석기법이 달라질 수 있으며, 가설 설정과 통계적 해석의 오류를 사전에 방지할 수 있기 때문이다.

척도는 측정의 정밀성에 따라 명목척도, 서열척도, 등간척도, 비율척도로 분류한다. 이를 차례로 설명하면 다음과 같다.

### 1) 명목척도

명목척도는 구분을 목적으로 사용되는 척도이다. 이 숫자는 양적인 의미는 없으며 단지 자료가 지닌 속성을 상징적으로 차별하고 있을 뿐이다. 따라서 관찰대상을 범주로 분류하거나 확인하기 위한 명목척도로 숫자를 이용한다. 예를 들어, 회사원을 남녀로 구분한다고 하자. 남자에게는 1, 여자에게는 2를 부여한 경우에 1과 2는 단순히 사람을 분류하기 위해 사용된 것이지, 여성이 남성보다 크다거나 남성이 여성보다 우선한다는 것을 의미하지는 않는다. 명목척도는 측정대상을 속성에 따라 상호 배타적이고 포괄적인 범주로 구분하는 데 이용한다. 이것에 의하여 얻어진 척도값은 4가지 척도의 형태 중에서 가장 적은 양의 정보를 제공한다.

### 2) 서열척도

서열척도는 관찰대상이 지닌 속성의 순서적 특성만을 나타내는 것으로 그 척도 사이의 차이가 정확한 양적 의미를 나타내는 것은 아니다. 예를 들어 좋아하는 운동 종목을 순서대로 나열한다고 하자. 1순위로 선정된 종목이 야구이고 2순위가 축구라고 할 때, 축구보다 야구를 2배만큼 좋아한다고 할 수는 없다. 이것이 의미하는 것은 단지 축구보다 야구를 상대적으로 더 좋아한다는 것뿐이다. 서열척도는 관찰대상의 비교우위를 결정하며 각 서열 간의 차이는 문제 삼지 않는다. 이들의 차이가 같지 않더라도 단지 상대적인 순위만 구별한다. 따라서 정확하게 정량화하기 어려운 소비자의 선호도 같은 것을 측정하는 데 이용된다.

### 3) 등간척도

등간척도는 관찰치가 지닌 속성의 차이를 의도적으로 양적 차이로 측정하기 위해서 균일한 간격을 두고 분할하여 측정하는 척도이다. 대표적인 것으로 리커트 5점 척도와 7점 척도가 있다. 이 5점 척도에서 1과 2, 4와 5 등의 각 간격의 차이는 동일하다. 등간척도에서 구별되는 단위 간격은 동일하며, 각 대상의 지위를 크고 작은 것 또는 같은 것으로 구별한다. 속성에 대한 순위는 부여하되 순위 사이의 간격이 동일하다. 측정대상의 위치에 따라 수치를 부여할 때 이 숫자상의 차이를 산술적으로 다루는 것은 의미가 있다.

### 4) 비율척도

비율척도는 앞에서 설명한 각 척도의 특수성에다 비율 개념이 첨가된 척도이다. 연구조사에서 가장 많이 사용되는 척도로, 절대적 0을 출발점으로 하여 측정대상이 지니고 있는 속성을 양적 차이로 표현하고 있는 척도이다. 이 척도는 서열성, 등간성, 비율성 3가지 속성을 모두 지니고 있으므로 곱하거나 나누거나 가감하는 것이 가능하며, 그 차이는 양적인 의미를 지니게 된다. 비율척도는 거리, 무게, 시간 등에 적용된다. A는 B의 2배가 되며, B는 C의 1/2배 등의 비율이 성립된다. 비율척도에서 값이 영인 경우에 이것은 측정대상이 아무것도 가지고 있지 않다는 뜻이다.

이상에서 4가지 종류의 척도에 대하여 알아보았다. 사실 측정방법은 측정대상과 조사자의 연구목적에 따라 달라지며, 관찰대상을 측정할 때 어떠한 척도 방법을 선택하는가에 따라 통계 작업이 영향을 받는다. 조사연구를 할 때 자료가 지닌 성격을 정확히 파악하는 것도 중요한 일이지만 그러한 속성을 고정적인 것으로 보고 그 틀에 갇힐 필요는 없다. 자료의 기본 속성에서 크게 벗어나지 않는다면 연구목적을 위해서 명목척도와 순위척도를 마치 등간척도나 비율척도처럼 사용하는 경우도 있다. 그러나 위의 4가지 척도에서 정보의 수준이 높아지는 단계를 보면 명목척도, 서열척도, 등간척도, 비율척도의 순서이다. 이것을 표로 나타내면 다음과 같다.

[표 1-2] 4가지 척도의 정보 특성

| 특성<br>척도 | 범주 | 순위 | 등간격 | 절대영점 |
|---|---|---|---|---|
| 명목척도 | 유 | 무 | 무 | 무 |
| 서열척도 | 유 | 유 | 무 | 무 |
| 등간척도 | 유 | 유 | 유 | 무 |
| 비율척도 | 유 | 유 | 유 | 유 |

명목척도와 서열척도로 측정된 자료는 비정량적 자료 또는 질적 자료라고 하며, 한편 등간척도와 비율척도로 측정된 자료는 정량적 자료 또는 양적 자료라고 한다. 비정량적 자료에 적용 가능한 방법은 비모수 통계기법이며, 정량적 자료에는 모수 통계기법이 이용된다. 자료의 성격에 적합한 분석기법을 선택하는 것은 중요하다. 비모수 통계분석은 주로 순위자료와 명목자료로 측정된 자료에 대한 통계적 추론에 이용되는 분석 방법이다. 그러나 주로 사용하는 통계기법은 모수 통계분석인데, 이것은 주로 양적 자료를 대상으로 표본의 특성치인 통계량을 이용하여 모집단의 모수를 추정하거나 검정하는 분석 방법이다.

[표 1-3] 척도별 분석방법

| 변수 | 자료 | 분석방법 | 예 |
|---|---|---|---|
| 질적변수 | 명목척도 | 빈도분석, 교차분석 | 성별, 집단구분, 성공여부(성공, 실패) |
| | 서열척도 | 서열상관분석, 비모수통계 | 선호도, 소득수준 |
| 양적변수 | 등간척도 | 모수통계 | 온도, 인지도, 선호도 |
| | 비율척도 | 모수통계 | 학점, 매출액, 소득, 나이 |

## 4 모형 설정

최근 자료 처리 방법 및 연구방법론에서는 현상을 구성하는 요소에 초점을 두는 시스템적인 접근이 크게 부각되고 있다. 이뿐만 아니라 이제까지 전개되어온 여러 연구방법에서의 철학이나 아이디어를 통합하여 각기 다른 상황하에 문제 해결에 초점을 맞추는 상황 적합적 연구방법도 주목을 받고 있다. 이 연구방법은 보편주의적 관리 원칙을 부정하는 입장에서 기업을 개방시스템으로 간주하는 것을 전제로 하며, 경영과 환경적 조건과의 대응 관계를 명확히 하는 데에 주안점을 두고 있다. 자료 처리에서는 현상을 이루는 주요 요인이 추출되는데, 이 요인들은 상호 작용하며 수학적으로 표현되는 것을 가정한다.

## 4-1 모형의 개념과 유형

모형(model)은 현상에 대한 축약이다. 모형은 사물이나 현상의 특징을 모아 구성한 것으로 인과관계나 상호관계를 설명할 수 있는 좋은 수단이 된다. 아인슈타인이 이야기한 것처럼, 모든 것은 가능하면 간단해야 한다(Everything should be made simple as possible, but not simpler). 연구자는 모형을 수립할 때 '오컴(William of Ockham)의 면도날' 원칙을 기억할 필요가 있다. 14세기 영국 신학자이자 철학자인 오컴은 "불필요한 가정은 면도날로 잘라내라"고 말하며, 가정이 너무 많으면 적확한 결론을 이끌어낼 수 없다는 점을 강조했다. '오컴의 면도날'은 사실이나 현상에 대해 논리적으로 가장 단순한 것이 진리일 가능성이 높다는 것을 가리킨다. 컨설턴트들 사이에서 많이 회자되는 말이 있다. "바닷물을 모두 끓이려 하지 말라." 이는 단순한 모형과 설명일수록 옳을 가능성이 크다는 뜻을 내포한다. 즉 KISS(Keep it simple, stupid. 단순하게 해, 멍청아)를 유지해야 하는 것이 모형을 수립하고 개발하는 사람들의 역할인 것이다.

모형은 전체적 또는 부분적으로 실제 프로세스와 시스템을 나타내며, 특정 변수 또는 요인 사이의 관계를 나타낸다. 모형은 언어모형, 도형모형, 수리모형으로 나타낼 수 있다. 언어, 그림, 수리 모형들은 동일한 현상과 이론적인 틀을 각각 다른 형식으로 제공한다. 특히 그림모형은 연구문제에 접근하는 데 있어 개념화를 훨씬 쉽게 할 수 있게 해준다. 언어모형, 그림모형, 수리모형 등을 수립하면, 관련 연구문제와 가정을 확인하는 데 도움을 준다. 조사의 주요 문제, 조사 질문, 가설, 객관적이고 이론적인 틀, 분석적인 모형 사이의 관계가 다음 그림에 나타나 있다.

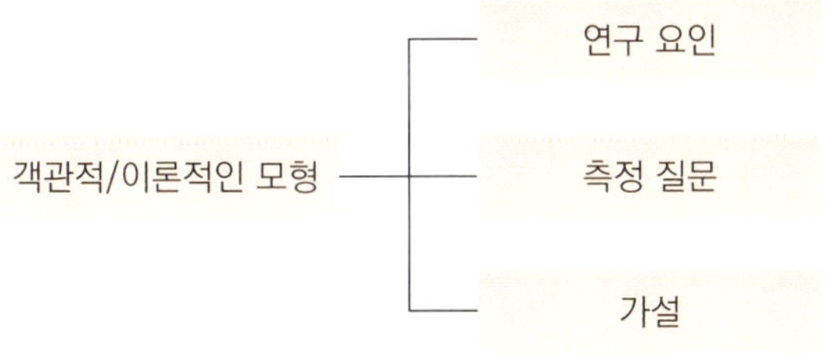


[그림 1-2] 연구 모형과 가설 개발

### 1) 언어모형

언어모형(verbal model)은 현상을 나타내는 변수 사이의 관계를 문장체로 나타낸 모형을 말한다. 이를 잠정적인 진술, 즉 가설(hypothesis)이라고 한다. 연구자가 새롭게 설정한 가설을 연구가설(research hypothesis)이라고 부른다. 연구모형은 현상에 대한 서술 형식으로 나타낸다. 학생의 경험을 중요시하는 어느 대학이 '학생의 경험이 학생성공을 유인할 것이다'라는 신념을 갖고 있다고 하자. 이를 연구 가설화화면 다음과 같다. '학생경험은 학생성공에 유의한 영향을 미칠 것이다.' 모형이나 연구가설은 연구의 기본 방향을 결정하므로 탄탄한 이론적 배경과 경험을 바탕으로 제시하는 것이 좋다.

### 2) 그림모형

그림모형(graphical model)은 변수 사이의 관계를 시각적인 그림을 통해 제공하는 분석 모형을 말한다. 사각형(□), 원(○), 화살표(→), 꺾인 화살표 등으로 나타낸다. 사각형은 변수(variable), 원은 요인(factor)을, 화살표는 영향 관계를 나타낸다. 화살표로 나타내는 모형은 인과모형으로 시간 우선(time order)이 명확한 경우에 나타낸다. 앞에서 제시한 언어모형인 연구가설('학생경험은 학생성공에 유의한 영향을 미칠 것이다')을 아래와 같이 그림으로 나타낼 수 있다.

[그림 1-3] 그림모형

### 3) 수리모형

수리모형(mathematical model)은 의사결정에서 가장 광범위하게 사용되는 모형이다. 이는 매우 복잡한 현상을 가정이나 전제를 활용하여 단순화하고, 이에 영향을 미치는 변수를 추출하여 분석하고, 이를 특수한 기호로 표시하고 수학적인 방법으로 인과관계를 표현할 수 있도록 모형화한 것이다. 일반적으로 모형화 과정에서 영향 변수를 추출하고 분석할 때는 첫째 계량화할 수 있는 변수를 우선으로 하며, 둘째 영향력이 큰 변수를 우선으로 한다. 그리고 셋째로 소요되는 시간과 비용을 고려하여 영향 변수를 결정한다. 연구자들이 사용하는 통계패키지에는 변수의 관계를 나타내는 알고리즘이 있어 분석을 용이하게 해준다. 앞에서 제시한 '학생경험은 학생성공에 유의한 영향을 미칠 것이다'라는 연구 가설에 대해 회귀분석을 실시하면 다음과 같은 추정 회귀식으로 나타낼 수 있다.

$$\hat{y} = a_0 + b_1 x_1$$

$$y = \text{학생성공}$$

$$a_0 = \text{상수}$$

$$b_1 = \text{기울기}$$

$$x_1 = \text{학생경험}$$

## 4-2 모형 설정 예

현상을 완벽하게 설명하는 모형을 설정하는 일은 대단히 어려운 일이다. 완벽에 가까운 모형을 설정하기 위해서는 과거의 연구 문헌을 참조하고 연구하여 현상에 대해 완전히 이해해야 한다. 뿐만 아니라 그것을 논리적으로 구성하여 형상화할 수 있어야 한다.

### 1) 언어모형

먼저, 언어모형의 예를 들어보자. 한 온라인쇼핑몰의 경영자가 고객의 성향을 파악하고자 한다. 고객은 쇼핑몰에 대한 특성을 인식한 후, 쇼핑몰에 대하여 이해하고 평가하게 된다. 이러한 이해, 평가 단계를 거쳐 선호의 정도가 나타나게 된다. 기준점을 넘게 되면 고객은 쇼핑몰을 애용할 것이다. 이를 언어모형인 가설로 나타낼 수 있다.

- $H_1$ : 온라인쇼핑에 대한 인식은 고객이해(평가)에 유의한 영향을 미칠 것이다.
- $H_2$ : 긍정적인 고객이해(평가)는 고객선호에 유의한 영향을 미칠 것이다.
- $H_3$ : 온라인쇼핑몰에 대한 우호적인 선호는 온라인쇼핑 애용에 유의한 영향을 미칠 것이다.

### 2) 그림모형

다음으로, 앞의 언어모형의 예를 그림모형으로 나타내면 다음과 같다.

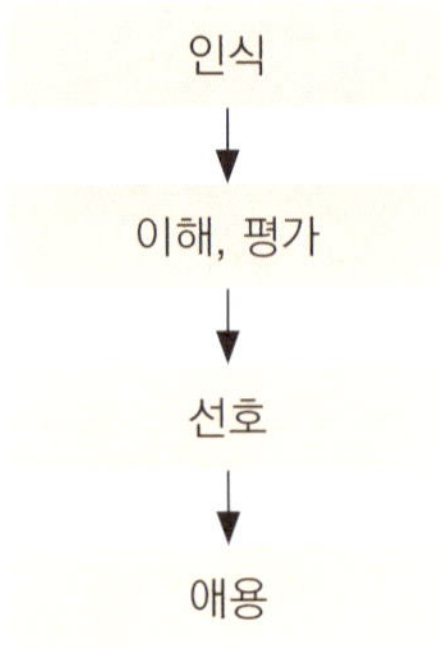


[그림 1-4] 그림모형의 예

### 3) 수리모형

끝으로, 수리모형의 한 형식으로 나타내면 다음과 같다.

$$y = a_0 + \sum_{i=1}^{n} a_i x_i$$

$y$ = 선호 정도

$a_0$, $a_i$ = 모수

$x_i$ = 선택 기준에 근거한 온라인쇼핑 애용 요인

**데이터 분석가의 한마디**

분석 전문가는 문제에 직면했을 때 전체 골격이나 윤곽을 잽싸게 파악하는 능력이 있다. 이런 능력은 하루아침에 완성되는 것이 아니라 다양한 경험과 시행착오의 축적에서 나온다.

## 연습문제

1. 조사연구의 절차를 간략하게 설명해보자.

2. 평소 자신의 관심분야에 대한 연구계획서를 A4 기준 3페이지 이내로 작성해서 동료들과 토론해보자.

3. 관심분야에서 연구가설, 연구모형, 수리모형을 만들어보고 동료들과 토론해보자.

# ch.2 가설 검정

**학습목표**

- 가설의 개념과 종류를 이해한다.
- 가설 검정 절차를 확인한다.
- $\alpha$오류를 이해하고 귀무가설 기각과 채택 방법을 습득한다.

## 1 가설과 가설 검정

### 1-1 가설의 의미

우리가 수행하는 조사연구의 내용 중에는 기존의 가설이나 새로운 가설을 검정하여 결론을 제시하는 것이 있다. 가설이란 실증적인 증명에 앞서 세우는 잠정적인 진술이며 나중에 논리적으로 검정할 수 있는 명제이다. 그런데 검정 대상이 되는 가설은 반드시 확신에 근거를 두고 있는 것이 아니므로 연구를 진행한 후에 가설을 기각하거나 수정할 수 있다. 가설에는 귀무가설과 연구가설 2가지가 있다.

- **귀무가설**: 통계량의 차이는 단지 우연의 법칙에서 나온 표본추출오차로 생긴 정도라는 주장이다(예, $H_0$: A 정당을 지지하는 유권자의 평균나이는 35세이다. 또는 $H_0: \mu=35$).
- **연구가설**: 통계량의 차이는 우연 발생적인 것이 아니라 표본이 대표하는 모집단의 모수와 유의한 차이가 있다는 진술이다(예, $H_1: \mu\neq35$).

요약하면, 귀무가설은 통계치가 제공하는 확률의 측면에서 평가하는 것이며, 연구가설은 논리적 대안으로서 검정하고자 하는 현상에 관한 예측이다. 연구자가 반드시 기억해야 할 사실은 의사결정의 기본은 귀무가설이라는 사실이다. 귀무가설이 채택되면 이에 대한 내용을 설명하면 된다. 만약 귀무가설이 기각되면 연구가설이 채택된다. 연구가설은 귀무가설을 부정하고 논리적인 대안을 받아들이기 위한 진술이므로 대립가설 또는 대체가설이라고도 한다. 따라서 이 두 가설은 모집단과 표본을 연결해주는 역할을 한다.

예를 들어, 바둑돌을 오른손으로 두 번 가득 움켜잡은 뒤에 각각의 경우 바둑돌의 평균무게를 알아보고, 이 바둑돌이 동일한 품질의 모집단에서 나왔는지 여부를 결정한다고 하자. 논리적으로 보아 첫 번째 경우의 평균무게와 두 번째 경우의 평균무게가 비슷하다면 동일한 모집단에서 나왔다고 말할 수 있다. 그러나 임의추출 과정에서 생긴 표본추출오차 때문에 두 경우의 평균무게는 다를 수 있다. 평균무게에서 차이가 나더라도 그 차이가 표본추출오차 정도라면 동일한 모집단에서 나온 것이며, 만일 그 차이가 표본추출오차보다 더 크면 서로 다른 모집단에서 각각 나온 것이라고 말할 수 있다.

## 1-2 가설 검정의 절차

가설을 채택 또는 기각하는 절차를 가설 검정이라고 한다. 가설 검정은 실험연구나 실제 상황에서 예측한 것과 결과치를 비교하는 데 쓰인다. 가설 검정의 절차를 간단히 살펴보면 다음과 같다.

① 귀무가설($H_0$)과 연구가설($H_1$) 설정
② 유의수준과 임계치 결정
③ $H_0$의 채택영역과 기각영역 결정
④ 통계량 계산
⑤ 통계량과 임계치 비교 및 결론

첫째, 귀무가설과 연구가설은 서로 반대된다. 2개의 상반된 가설 중에서 어느 것을 귀무가설로 정하고, 어느 것을 연구가설로 정해야 할까. 일반적으로, 현재까지 주장되어 온 것을 귀무가설로 정하며 기존 상태로부터 새로운 변화나 효과가 존재한다는 주장을 연구가설로 정한다.

가설 검정의 종류는 크게 양측검정과 단측검정으로 나뉘며, 단측검정은 다시 왼쪽꼬리검정과 오른쪽꼬리검정으로 나뉜다. 이것을 표로 나타내면 다음과 같다.

[표 2-1] 가설 검정의 종류

| 양측검정 | 단측검정 | |
|---|---|---|
| | 왼쪽꼬리검정 | 오른쪽꼬리검정 |
| $H_0$: μ=35<br>$H_1$: μ≠35 | $H_0$: μ≥35<br>$H_1$: μ < 35 | $H_0$: μ≤35<br>$H_1$: μ > 35 |

위의 표에서 보면 양측검정은 등호를 가지고 단측검정은 부등호를 가진다. 검정방법을 선택하는 기준은 연구자의 관심에 달려 있다. 연구자의 연구가설에서 모평균이 진술된 값(여기서는 35)과 같지 않다고 주장하면 양측검정을 이용한다. 그리고 모평균이 진술된 값보다 작다면 왼쪽꼬리검정, 진술된 값보다 크다면 오른쪽꼬리검정을 이용한다. 양측검정에서는 진술된 가설이 참인가 아닌가만을 밝히며, 단측검정에서는 증감 방향을 구체적으로 검정한다. 귀무가설은 각각의 연구가설과 반대로 하면 된다. 그러나 유의할 것은 가설의 채택 또는 기각 대상이 귀무가설이라는 점이다.

둘째, 일반적으로 가설 검정에서 $\alpha$의 수준은 $\alpha=0.10$, 0.05, 0.01 등으로 정한다. 이때 $\alpha$를 유의수준이라고 한다. 다시 말하면 유의수준이란 제1종 오류 $\alpha$의 최대치를 말한다. '유의하다'라고 할 때, 이것은 모수와 표본통계량의 차이가 현저하여 통계치의 확률이 귀무가설을 부정할 수 있을 만큼 낮은 경우를 뜻한다.

유의수준이 설정되었을 때 가설을 채택하거나 기각시키는 판단 기준이 있어야 하는데, 이 값을 임계치(臨界値)라고 한다. $\alpha=0.05$ 수준에서 $p < 0.05$로 표기할 수 있는데, 이것은 계산된 확률 수준이 0.05보다 작으면 귀무가설을 기각시킨다는 의미이다. 이때 '통계적으로 유의하다'라고 해석한다. 만일 '$p < 0.01$이면 매우 유의하다'라고 한다. 여기서 p값은 귀무가설을 가정했을 때 주어진 표본 관측 결과의 이상으로 귀무가설에서 먼 방향의 값이 나올 확률이다. 바꿔 말하면 관찰된 차이가 우연의 산물일 확률이 5% 이하일 경우 '통계적으로 유의미하다'라고 한다. 오차나 우연으로 설명할 수 있는 범위의 차이는 통계적으로 유의하지 않다고 해석한다.

가설 검정을 시행할 때에는 2가지 오류를 범할 수 있다. ① 실제로 올바른 가설을 기각시키는 경우, ② 그릇된 가설을 채택하는 경우이다. 예를 들어, 무죄의 피의자를 유죄로 선고하거나, 또는 유죄의 피의자를 무죄로 선고하는 경우이다. 전자의 경우를 제1종 오류라고 하여 $\alpha$로 나타내고, 후자의 경우는 제2종 오류라고 하여 $\beta$로 나타낸다. 이 오류를 쉽게 설명하기 위하여 귀무가설의 검정 결과에 대해 의사결정을 하는 경우를 표로 나타내면 [표 2-2]와 같다.

[표 2-2] 가설 검정의 종류

| 실제 상태 / 의사결정 | 올바른 $H_0$ | 그릇된 $H_0$ |
|---|---|---|
| $H_0$ 채택 | 올바른 결정 | 제2종 오류, $\beta$오류 |
| $H_0$ 기각 | 제1종 오류, $\alpha$오류 | 올바른 결정 |

$$\mathrm{P}(\text{제1종 오류}) = \mathrm{P}(H_0 \text{ 기각} \setminus H_0 \text{ 진실}) = \alpha$$

$$\mathrm{P}(\text{제2종 오류}) = \mathrm{P}(H_0 \text{ 채택} \setminus H_0 \text{ 거짓}) = \beta$$

끝으로, 세 종류의 검정방법에서 $H_0$의 채택영역과 기각영역을 그림으로 나타내고, 계산된 통계량을 임계치에 기준해서 비교할 때에 귀무가설($H_0$)이 어떻게 채택 또는 기각되는가를 살펴보자.

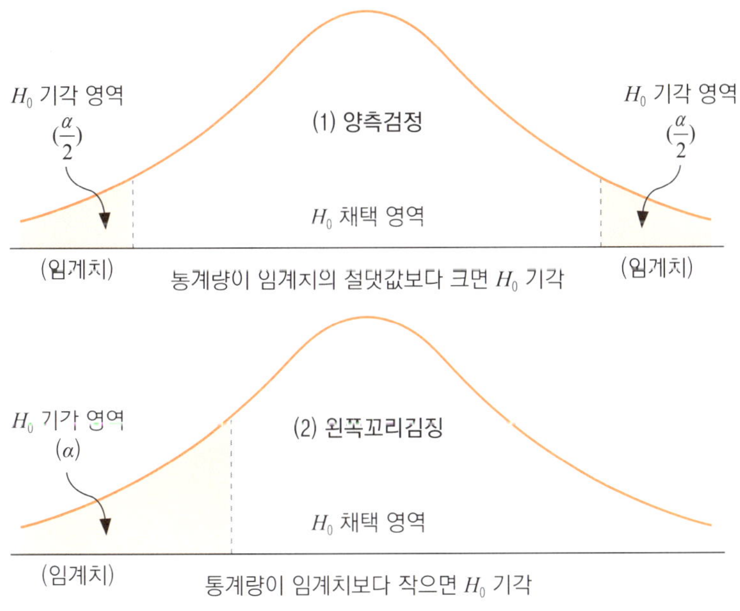

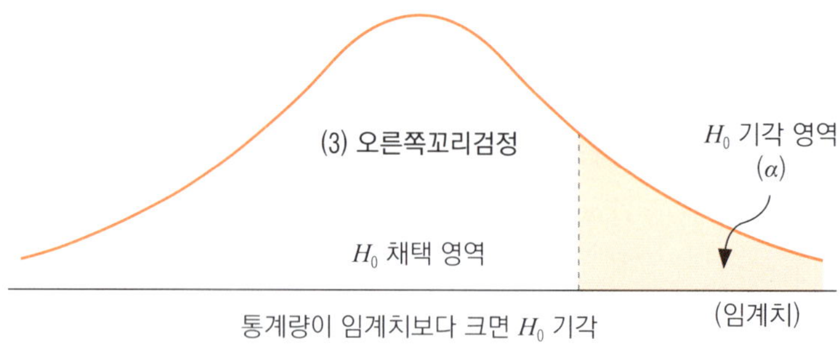


[그림 2-1] $H_0$의 채택영역 및 기각영역

# 2 자료처리분석

## 2-1 자료처리분석 절차

자료처리분석 절차는 문제를 해결하기 위한 기본 절차이다. 본서는 문제기반학습(PBL, Problem Based Learning)에 착안하여 문제기반분석전략(PBAS, Problem Based Analysis and Strategy) 방식으로 집필하였다. 아는 바와 같이 '문제기반학습'은 문제해결 학습 또는 프로젝트를 기반으로 한 교육방법이다. PBL은 학습자 중심의 학습, 학습자의 문제 해결을 중심으로 한다. PBL에서는 프로젝트 목표를 달성하기 위해 학생들이 분석적이고 비판적으로 사고한다. 이와 유사하게 PBAS에서는 문제 정의 → 분석 → 전략 수립의 3단계 방법으로 인간행동 문제를 고찰하고 전략안을 마련하고자 한다.

연구자가 자신의 연구목적을 달성하기 위하여 통계기법을 사용하고자 하는 경우에 다음과 같은 일반적인 절차를 거치게 된다.

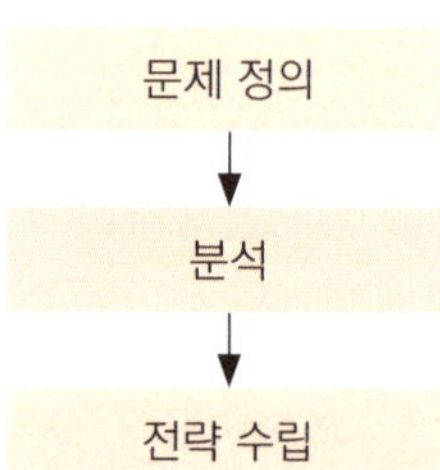


[그림 2-2] 통계분석 절차

## 2-2 척도에 따른 통계분석 방법 분류

### 1) 일변량 분석

일변량(univariate)은 분석에 이용될 변수가 하나인 경우에 해당한다. 일변량 분석에는 통계분포나 t검정, $\chi^2$검정 등 표본집단의 특성을 분석하는 방법이 대부분이다. 이에 대한 내용은 뒤에서 분석실습을 진행할 때 자세히 다룰 것이다.

### 2) 다변량 분석

다변량(multivariate)은 분석에 이용하는 변수가 2개 이상인 경우에 있어 가중치가 반영된 조합을 말한다. 변수들의 관계가 독립변수인지 종속변수인지에 따라 분석방법을 달리할 수 있다. 독립변수는 현상에서 영향을 주는 변수를 말한다. 종속변수는 영향을 받는 변수이다. 독립변수와 종속변수의 특성에 따른 분석방법의 종류를 표로 제시하면 다음과 같다.

[표 2-3] 분석방법 종류

| 변수와 분석방법 관련성 | | 독립변수 | |
|---|---|---|---|
| | | 비연속(범주형) | 연속형 |
| 종속변수 | 비연속(범주형) | 교차분석 | 로지스틱회귀분석 |
| | | | 판별분석 |
| | | | 군집분석 |
| | 연속형 | t검정, 분산분석 | 상관분석 |
| | | | 회귀분석 |
| | | | 경로분석 |
| | | | 구조방정식모형분석 |
| | | | 조건부프로세스분석 |

**데이터 분석가의 한마디**

데이터 사이언티스트는 평소 전체와 부분을 생각하는 시스템적인 사고를 할 수 있어야 한다. 문제에 대한 잠정적인 진술인 가설을 만들어 시스템과 데이터 안으로 들어가 데이터를 세세하게 들여다보고 의문을 해결하려는 노력이 필요하다.

## 연습문제

**1.** 가설에 대하여 설명하고 $\alpha$오류가 무엇을 말하는지 간단하게 설명해보자.

**2.** 문제기반학습(PBL, Problem Based Learning)과 문제기반분석전략(PBAS, Problem Based Analysis and Strategy)이란 무엇인지 그 개념을 설명해보자.

**3.** 독립변수와 종속변의 성격에 따른 분석방법 종류를 설명해보자.

# ch.3 R&SPSS 설치 및 분석

**학습목표**

- R, SPSS 프로그램 설치방법을 익힌다.
- 간단한 예제로 상관분석과 회귀분석 방법을 실행해보자.

## 1 R 패키지

R 패키지(package)는 기존의 통계프로그램들과 달리 모두 무료공유버전으로 확장성이 뛰어난 프로그램이다. R 패키지는 R 프로그래밍 언어로 만들어진다. R 프로그래밍 언어(즉, R)는 통계 계산과 그래픽을 위한 프로그래밍 언어이자 소프트웨어 환경을 말한다. 뉴질랜드 오클랜드대학교의 로스 이하카(Ross Ihaka)와 로버트 젠틀맨(Robert Gentleman)이 개발하였고 현재는 R 코어팀이 개발을 맡고 있다. R은 GPL(General Public License) 하에 배포되는 S 프로그래밍 언어의 구현으로 GNU S라고도 한다. R은 통합개발환경(IDE, Integrated Development Environment)으로 코딩, 파일관리, 공유 등이 가능한 프로그램이다. 이러한 이유로 통계학자들 사이에서 통계 소프트웨어 개발에 많이 쓰이고 있다.

- 개발자 : R 재단
- 운영 체제 : 크로스 플랫폼
- 종류 : 프로그래밍 언어
- 라이선스 : GNU GPL
- 웹사이트 : http://www.r-project.org/

R과 SPSS 프로그램의 특징을 표로 정리해보면 다음과 같다.

[표 3-1] R과 SPSS 비교

| R | 특징 | SPSS |
| --- | --- | --- |
| 스크립트 작성 | 운영방법 | GUI(Graphic User Interface) 환경, 스크립트(명령문) 기반 |
| 비상용버전 | 형태(비용) | 상용버전 |
| 자유로움 | 자료 핸들링 | 부자연스러움 |
| ggplot2, plotly 등을 이용하여 다양한 시각화 구현 가능 | 시각화 | 사용 가능한 툴이 제한적임 |

# 2 R 패키지 및 RStudio 설치

R 프로그램을 운용하기 위해서는 R과 RStudio를 연속해서 설치해야 한다. 분석자는 자신의 컴퓨터 운영체계를 확인한 후 그에 알맞은 것을 설치해야 한다. 잘 모를 경우에는 [제어판] → [시스템]에서 컴퓨터 운영체계를 확인한다.

## 2-1 R 패키지 설치하기

1단계: R 패키지를 설치하기 위해서 R-프로젝트 홈페이지(http://www.r-project.org)를 방문하거나 CRAN(http://cran.r-project.org)을 방문한다.

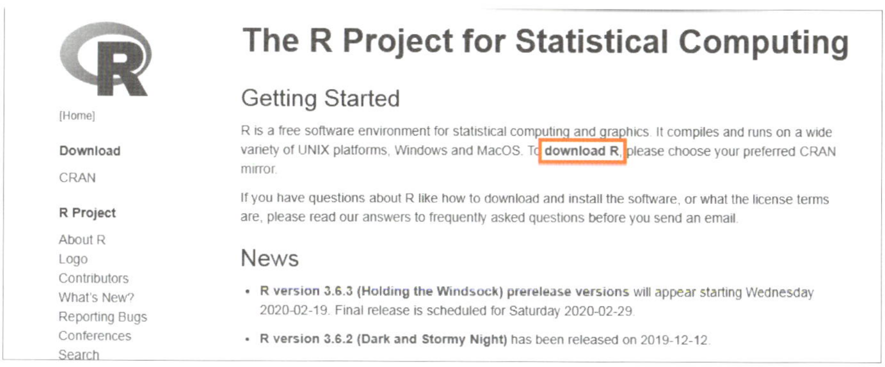

2단계 : [download R]을 누른다. 그러면 다음과 같은 화면이 나타나는데, 분석자가 위치한 지역에서 가까운 곳이나 적당한 곳을 지정하면 된다. 여기서는 0-Cloud의 https://cloud.r-project.org/를 선택하기로 한다.

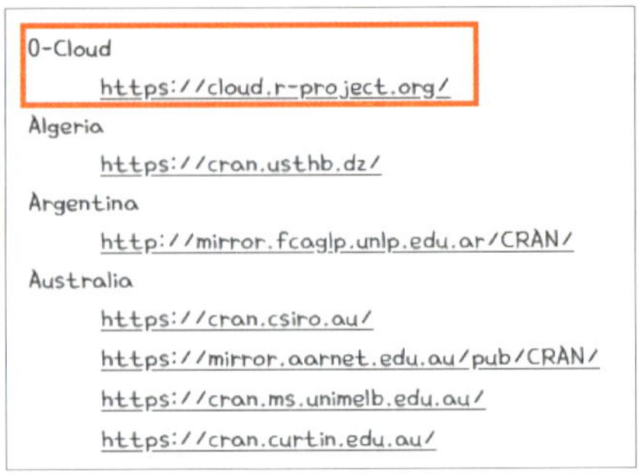


3단계 : 각자 컴퓨터 운영시스템에 맞게 클릭을 한다. 저자의 컴퓨터 운영체계는 윈도우 버전이라서 [Download R for Windows]를 지정한다.

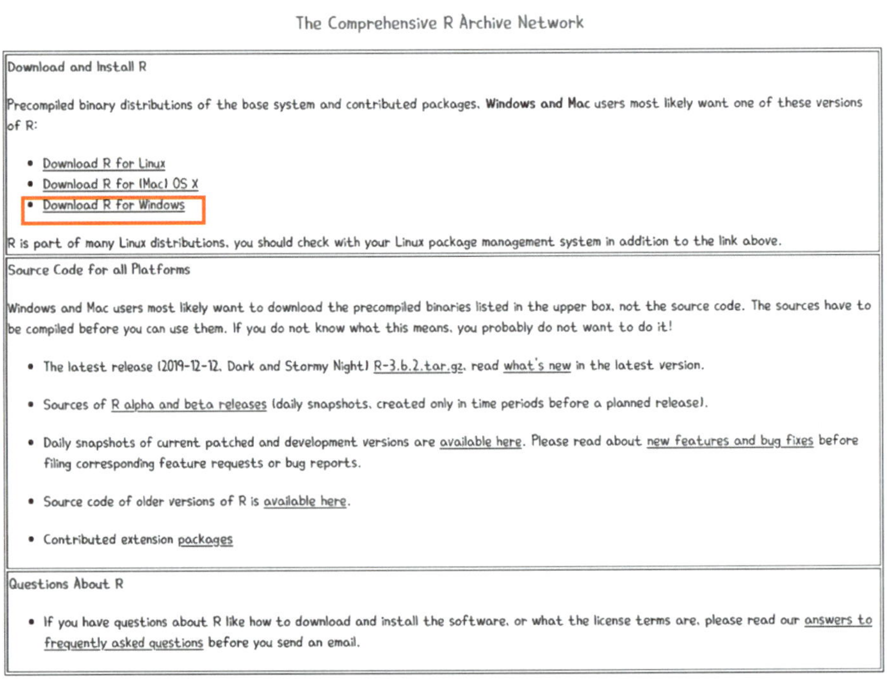

4단계: base란에서 [install R for the first time]을 클릭한다. 이후 Download R 3.6.2 for Windows (83 megabytes, 32/64 bit)를 지정한다.

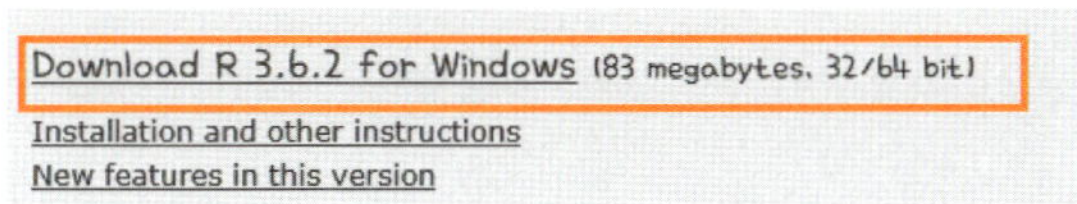


5단계: 위와 같이 운영시스템에 적합한 사항을 모두 선택하고 클릭하면 R 초기화면이 나타난다.

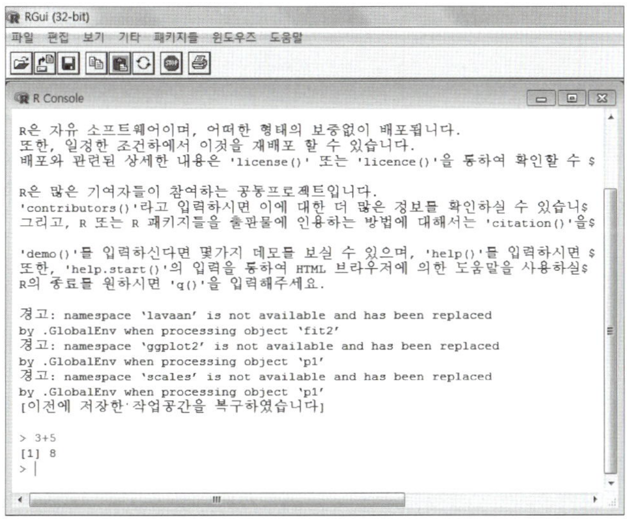


여기서는 3+5를 입력하고 엔터키를 누르니 합산 결과 8을 얻은 것을 확인할 수 있다. 그러나 이런 스크립트 기반 운영체계는 불편하기 때문에 다음에 소개하는 RStudio를 사용하는 것이 편리하다.

## 2-2 RStudio 설치하기

1단계: R 패키지를 설치하고 난 다음 RStudio(https://www.rstudio.com/) 홈페이지를 방문하여 설치하면 된다. RStudio는 통계 컴퓨팅과 그래프를 위한 통합개발환경(IDE, Integrated Development Environment)의 무료 및 개방 소스를 말한다. RStudio에서는 오픈소스판(open source edition), 상업용 라이선스판(commercial license edition)을 분리해서 제공한다. 오픈소스는 무료공유버전이고 상업용 라이선스는 오픈소스에 반해 안정성, 보안, 빠른 응답 면에서 차별성을 지닌다.

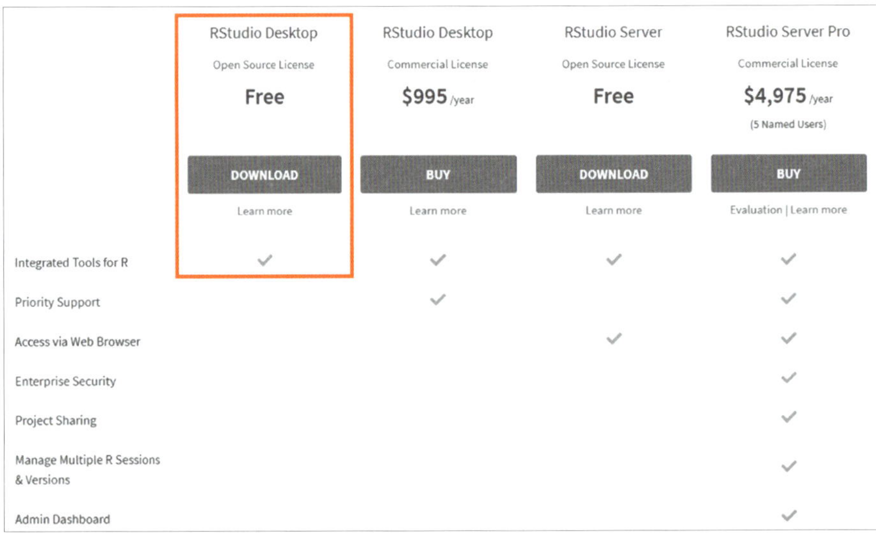

| | RStudio Desktop<br>Open Source License<br>Free | RStudio Desktop<br>Commercial License<br>$995 /year | RStudio Server<br>Open Source License<br>Free | RStudio Server Pro<br>Commercial License<br>$4,975 /year<br>(5 Named Users) |
|---|---|---|---|---|
| | DOWNLOAD<br>Learn more | BUY<br>Learn more | DOWNLOAD<br>Learn more | BUY<br>Evaluation \| Learn more |
| Integrated Tools for R | ✓ | ✓ | ✓ | ✓ |
| Priority Support | | ✓ | | ✓ |
| Access via Web Browser | | | ✓ | ✓ |
| Enterprise Security | | | | ✓ |
| Project Sharing | | | | ✓ |
| Manage Multiple R Sessions & Versions | | | | ✓ |
| Admin Dashboard | | | | ✓ |

2단계: 

단추를 누르면 아래와 같은 화면이 나타난다. [다음 >] 단추를 계속해서 눌러 RStudio 프로그램을 설치한다.

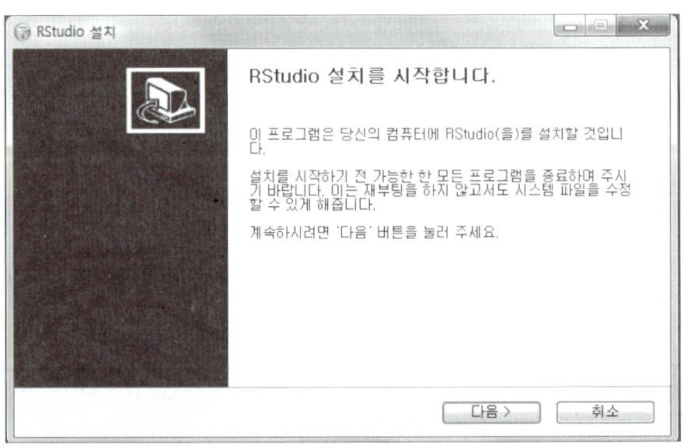

3단계: 이제 RStudio를 실행해보자. 윈도우(Windows)의 RStudio 첫 화면은 다음과 같이 세 부분으로 나뉜다. ①첫 번째는 R 프로그램 전체를 아이콘으로 처리해놓은 부분이다. ②두 번째는 Environment(운용환경)와 History(프로그램 과거 운용이력) 창 등이 나타나는 부분이다. ③세 번째는 File, Plots, Package, Help, Viewers 창 등이 나타나는 부분이다. 여기서 ④화살표 표시 부분의 단추를 누르면 왼쪽 하단에 R콘솔(Console)창이 나온다.

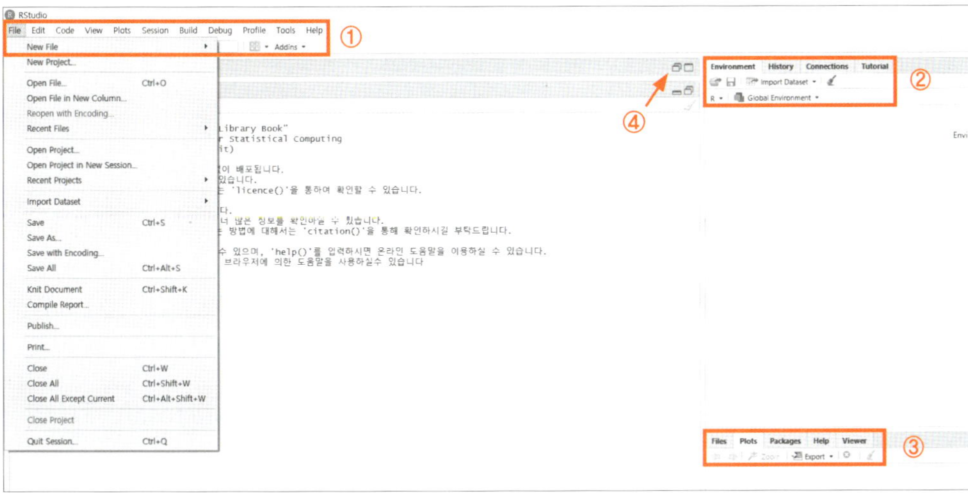


RStudio에서 콘솔창은 새로운 라이브러리를 설치하거나 운용하는 내용, R 프로그램 실행결과 등을 일목요연하게 보여주는 창이다.

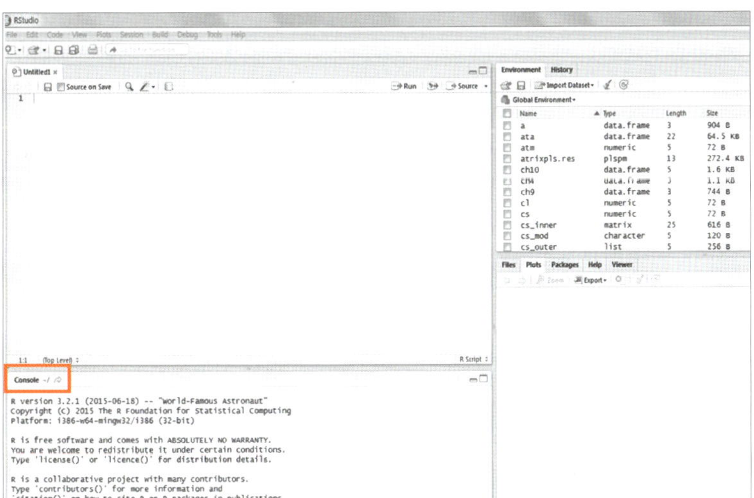

한편, 윈도우에서 RStudio 설치 시에 예상치 못한 오류가 종종 발생할 수 있다. 오류가 발생하는 경우는 다음과 같이 크게 3가지로 구분할 수 있다. 주요 오류의 원인을 이해하고 문제 발생 시 직접 해결해보기 바란다.

- 오류 1: RStudio가 관리자 권한으로 실행되지 않을 경우

① RStudio 아이콘 위에 마우스를 놓고 우클릭 후 [속성] → [호환성]을 클릭한다.

② [관리자 권한으로 이 프로그램 실행]에 체크한 다음 [확인] 버튼을 클릭한다. 그러면 정상적으로 프로그램이 작동할 것이다.

- 오류 2: 윈도우 사용자 계정이 영문이 아니고 한글인 경우

RStudio 실행 오류의 주원인이다. 이때는 영문으로 된 사용자 계정을 새롭게 만들어 로그인한 다음 RStudio를 다시 실행하면 된다.

① [Windows 설정]에서 [계정] → [가족 및 다른 사용자] → [이 PC에 다른 사용자 추가]를 클릭한다.

② '이 사람의 로그인 정보를 가지고 있지 않습니다'를 클릭한 후 'Microsoft 계정 없이 사용자 추가'를 클릭한다.

③ '사용자 이름'에 한글이 아닌 영문이름을 입력하고 [다음]을 클릭한다.

④ 자판에서 [윈도우 표시 ＋X]를 누른 후 [종료 또는 로그아웃] → [로그아웃]을 클릭해 로그아웃한다.

⑤ 윈도우 시작화면에서 왼쪽 하단에 있는 새로 만든 영문계정을 클릭해 로그인한다.

⑥ 기존 계정을 그대로 사용하고 싶은 경우에는 사용자 계정을 영문으로 수정하면 된다. 이 경우 ⓐ [제어판] → [사용자 계정] → [계정이름 변경]으로 이동한다. 또는 ⓑ '새계정 이름' 입력란에 영문으로 된 계정이름을 입력하고 [이름 변경]을 클릭한다.

- 오류 3: 앞의 두 방법으로 해결되지 않을 경우

① [제어판] → [시스템 및 보안] → [시스템] → [고급 시스템 설정] → [환경변수]로 이동한다.

② '사용자 변수'의 'TEMP'와 'TMP'를 각각 더블클릭하여 '값'을 'C:\Temp'로 변경하고 [확인] 단추를 누른다.

## 3 SPSS

SPSS(Statistical Package for Social Science)는 컴퓨터를 이용하여 복잡한 자료를 편리하고 쉽게 처리할 수 있도록 만들어진 통계전용 소프트웨어이다. 1968년 스탠퍼드대학교 정치학 박사과정에 있었던 노먼 니(Norman H. Nie) 박사가 통계 경로와 구조를 구상한 후 컴퓨터공학자였던 데일 벤트(Dale H. Bent), 해들레이 헐(C. Hadlai Hull)과 함께 개발하였다. 개발 초기에는 펀칭카드를 이용한 데이터 관리 방식을 사용하다가 이후 메이프레임에 접속하여 사용하였고, 이후 명령어를 입력하는 방식으로 발전하였다. 노먼 니 박사는 대학교에서 연구교수로 재직하며 개발자들과 함께 SPSS주식회사를 설립하여 운영하였다.

개인용 컴퓨터 보급이 보편화되면서 SPSS는 PC환경에서 편리하게 사용할 수 있도록 지속적으로 발전하였다. 도스형을 거쳐 1993년에는 MS 윈도용 SPSS 5.0이 처음 개발되었다. IBM이 SPSS를 인수한 이후 SPSS 프로그램은 R과 Python의 오픈소스를 이용한 사용자 중심의 통합개발환경으로 변화하고 있다(https://www.ibm.com/products/spss-statistics).

[표 3-2] SPSS의 발전 과정

| 연도 | 내용 |
|---|---|
| 1967년 | 시카고대학교에서 개발 |
| 1968년 | SPSS 발매 |
| 1968~1975년 | 제품화 |
| 1983년 | SPSS-X 발매 |
| 1984~1992년 | 도스형 PC시대 |
| 1992~1997년 | 윈도우형 시대 |
| 1997~2002년 | 인터프라이즈형으로 변화 |
| 2006년 | SPSS 14K |
| 2008년 | SPSS 16.0 |
| 2009년 | SPSS 17.0 |
| ⋮ | ⋮ |
| 2019년 | SPSS 26 |
| 2020년 | SPSS 27 |

SPSS는 컴퓨터를 이용하여 복잡한 자료를 편리하고 쉽게 처리 분석할 수 있도록 만들어진 통계분석 전용 소프트웨어이다. SPSS 이외에도 널리 보급되고 사용되고 있는 패키지로는 SAS(Statistical Analysis System)가 있다. 미국의 경우에는 상용버전인 두 패키지가 거의 반반 비율로 사용되고 있는 것으로 알려져 있다. 우리나라에는 SPSS와 SAS가 모두 보급되어 있다.

SPSS를 이용해 연구자들은 원하는 통계 결과를 신속하고 편리하게 구할 수 있다. SPSS는 단순한 기술통계부터 복잡한 다변량 통계분석까지 원하는 결과를 비교적 쉽게 구할 수 있게 해준다. 또한 일반 데이터베이스에서 작성된 자료를 이용할 수 있다는 장점도 지니고 있다.

다음은 SPSS의 초기화면이다.

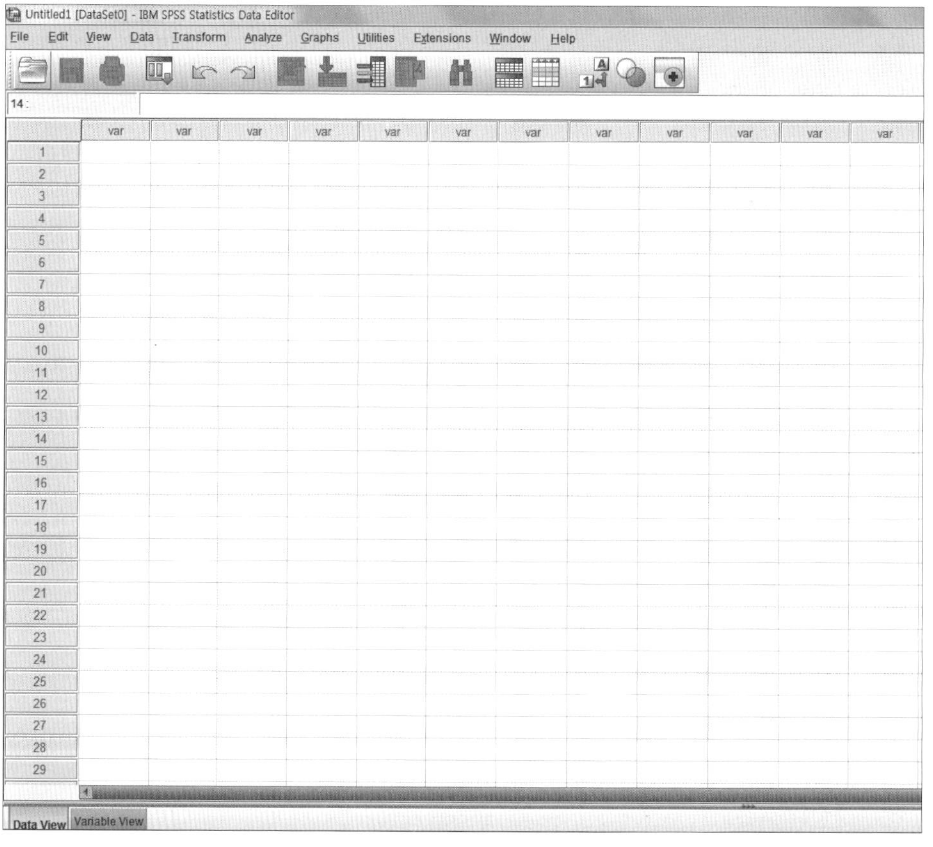

# 4 데이터 분석

## 4-1 문제 정의 및 가설 설정

A쇼핑 채널에서는 주말 홈쇼핑 시청시간과 매출액의 관련성에 관심을 갖고 있다. L기획 임원은 H직원에게 홈쇼핑 시청시간(단위: 시간)과 매출액(단위: 만원)의 관련성에 관한 보고서를 내일 미팅 때까지 준비하라고 업무지시를 내렸다. 이에 H직원은 다음과 같이 귀무가설($H_0$)과 연구가설($H_1$)을 설정했다.

- $H_0$ : 홈쇼핑 시청시간과 매출액 간의 관련성은 없을 것이다.
- $H_1$ : 홈쇼핑 시청시간과 매출액 간의 관련성은 있을 것이다.

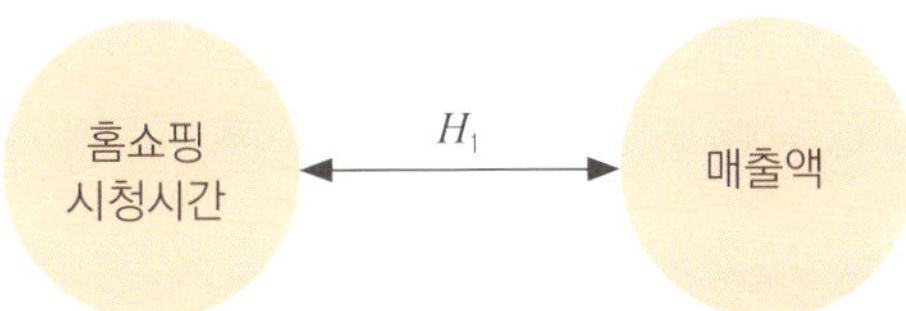


데이터 ch3.sav

| x<br>(홈쇼핑 시청시간) | y<br>(매출액) |
|---|---|
| 1 | 8 |
| 1.5 | 10 |
| 2 | 11 |
| 2 | 15 |
| 3 | 20 |
| 2.5 | 18 |
| 3 | 25 |
| 3.5 | 30 |
| 4 | 35 |
| 3 | 50 |

## 4-2 분석

### 1) R 분석

1단계: RStudio를 이용하기 위해서 그래프와 상관계수를 구해보자. 먼저 Excel 프로그램에서 데이터를 입력하고 ch3.csv로 저장한다. 여기서 확장자 csv는 '쉼표로 구분된 값(comma separted value)' 저장방식을 나타낸다. 이렇게 저장하면 각종 통계프로그램에서 데이터를 용이하게 불러올 수 있다.

데이터 사이언티스트가 갖추어야 할 역량 중 하나는 데이터 랭글링(data wrangling) 혹은 데이터 먼징(data munging) 기술이다. 이는 원자료(raw data)를 또 다른 형태로 수작업으로 전환하거나 매핑(mapping)하는 과정이다. 데이터 분석 과정에서 이 작업에 75%~80% 이상의 투여시간이 필요하다고 한다. 그만큼 중요한 작업인데, 이를 통해서 반자동화 도구의 도움으로 데이터를 좀 더 편리하게 소비할 수 있게 된다. 데이터 랭글링에는 먼징(munging), 데이터 시각화, 데이터 집합, 통계모형학습 과정이 포함된다.

데이터 ch3.csv

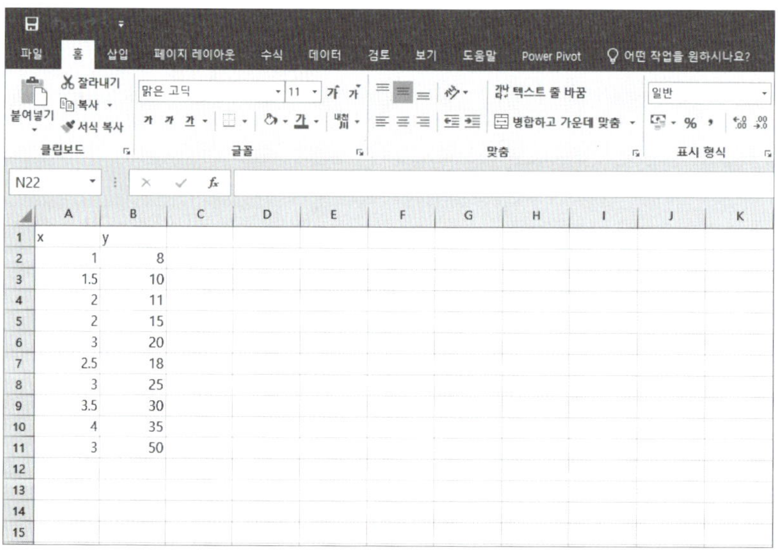

2단계: R 프로그램에서 상관분석을 실시하기 위해 다음과 같이 명령어를 입력한다.

데이터 ch3.R

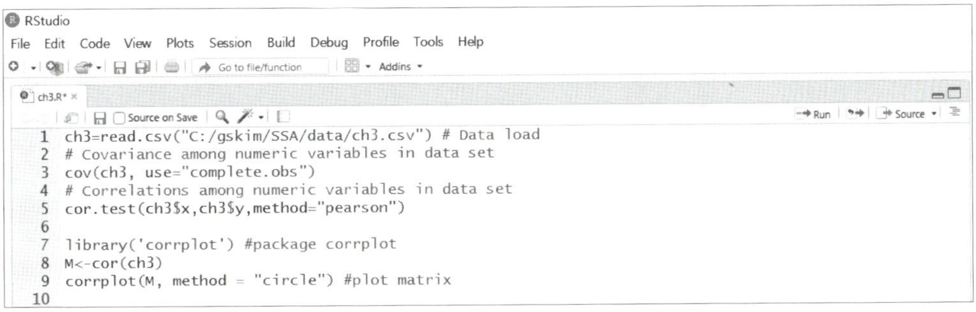


```
ch3=read.csv("C:/gskim/SSA/data/ch3.csv") # Data load
# Covariance among numeric variables in data set
cov(ch3, use="complete.obs")
# Correlations among numeric variables in data set
cor.test(ch3$x,ch3$y,method="pearson")

library('corrplot') # package corrplot
M<-cor(ch3)
corrplot(M, method = "circle") # plot matrix
```

ch3=read.csv("C:/gskim/SSA/data/ch3.csv") # Data load는 데이터가 저장된 경로에서 불러오는(read) 방법을 나타낸다. 하위경로를 지정할 때는 이처럼 슬래시(/)로 표시한다는 것을 주의하자. # 표시는 프로그램 개발자나 분석자만 알아볼 수 있도록 하는 해시태그(hash tag)이다.

cov(ch3, use="complete.obs")는 공분산 분석을 실시하라는 명령어이다.

cor.test(ch3$x,ch3$y,method="pearson")는 상관분석을 실시하라는 명령어이다. ch3$x는 파일 ch3에서 x변수를 불러오라는 명령어이다. 상관분석은 피어슨 상관분석을 실시할 것임을 나타낸다. 마찬가지로 ch3$y는 파일 ch3에서 y변수를 불러오라는 명령어이다. 상관분석은 피어슨 상관분석을 실시할 것임을 나타낸다.

library('corrplot') # package corrplot은 상관분석 결과를 시각적으로 보여주기 위해서 분석자가 Tools=>Install packagees...에서 corrplot 프로그램을 다운하거나 install.packages("corrplot") 프로그램을 불러오기 위해서 library 함수를 사용한다는 것이다.

M<-cor(ch3)은 ch3의 상관행렬 결과를 M으로 묶어내라는 것이다.

corrplot(M, method = "circle") # plot matrix는 플롯 매트릭스(plot matrix)를 보여주라는 것이다.

3단계: 앞서 입력한 명령어의 모든 범위를 마우스로 지정한다. 이어서 Run (Ctrl+Enter)를 실행하면 다음과 같은 상관 그래프가 결과로 나타난다.

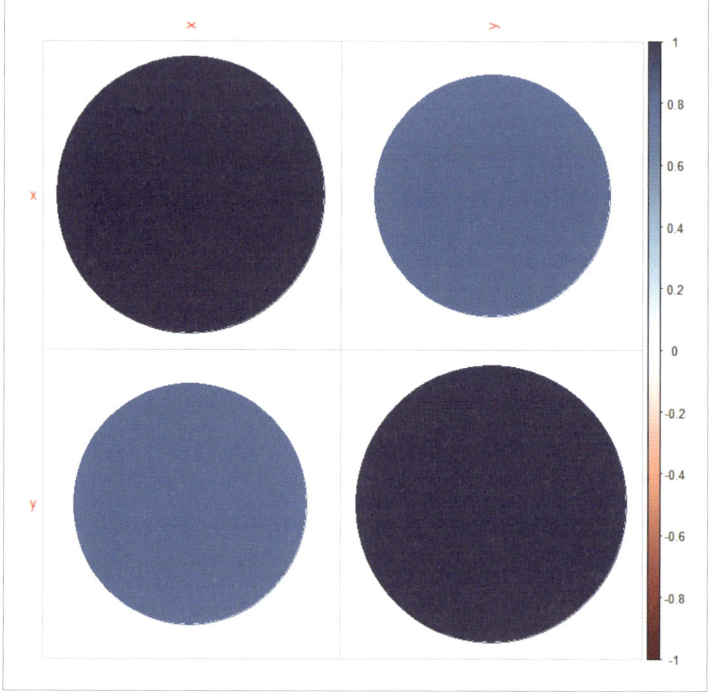


**결과 설명** 홈쇼핑 시청시간(단위: 시간)과 매출액(단위: 만원)의 관련성에 관해 그래프로 나타낸 결과, 홈쇼핑 시청시간(x, 단위: 시간)과 매출액(y, 단위: 만원) 간의 관련성이 높음을 시각적으로 확인할 수 있다. 그리고 이들 간의 관련성은 양(+)의 방향으로 움직이고 있음을 알 수 있다. 홈쇼핑 시청시간(x, 단위: 시간)과 홈쇼핑 시청시간(x, 단위: 시간)의 상관계수는 '1'이기 때문에 짙은 네이비(navy) 색으로 나타났음을 알 수 있다. 홈쇼핑 시청시간(x, 단위: 시간)과 매출액(y, 단위: 만원) 간의 관련성이 높아 짙은 파란색임을 알 수 있다.

```
> cov(ch3, use="complete.obs")
          x          y
x 0.8583333   9.322222
y 9.3222222 172.844444

> # Correlations among numeric variables in data set
> cor.test(ch3$x,ch3$y,method="pearson")
        Pearson's product-moment correlation
data:  ch3$x and ch3$y
t = 3.3635, df = 8, p-value = 0.009881
alternative hypothesis: true correlation is not equal to 0
95 percent confidence interval:
 0.2619710 0.9413547
sample estimates:
      cor
0.7653565
```

**결과 설명** 홈쇼핑 시청시간(x, 단위: 시간)과 매출액(y, 단위: 만원) 간의 관련성을 파악할 수 있는 공분산값과 상관계수 값이 나타나 있다. 상관계수($r$)는 0.765로 관련성이 매우 높음($0.4 \leq r \leq 0.7$)을 알 수 있다. 이에 대한 가설 검정 결과 유의확률(p-value) = 0.009 < $\alpha$ = 0.05로 귀무가설($H_0$: 홈쇼핑 시청시간과 매출액 간의 관련성은 없을 것이다)을 기각하고, 연구가설($H_1$: 홈쇼핑 시청시간과 매출액 간의 관련성이 있을 것이다)을 채택하게 된다.

## 2) SPSS 분석

1단계 : SPSS를 이용한 분석에 앞서 H직원은 뽑힐 확률이 일정한 비례층별확률 추출방식을 이용하여 표본을 추출하고 데이터를 입력한다. 데이터를 입력하기 위해 SPSS 프로그램의 하단에 있는 [variable view(변수보기)]창을 누른다.

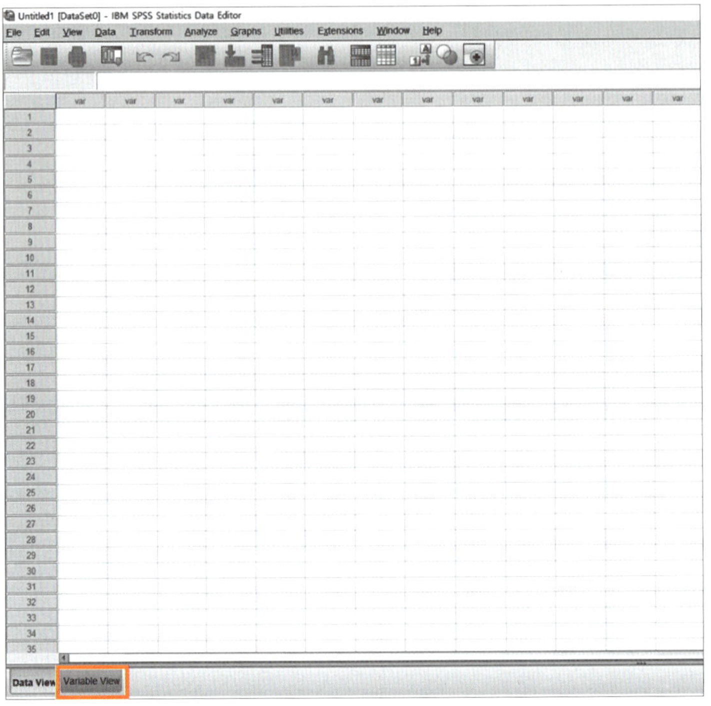


2단계 : 다음과 같이 변수 지정창에서 변수명을 입력한다.

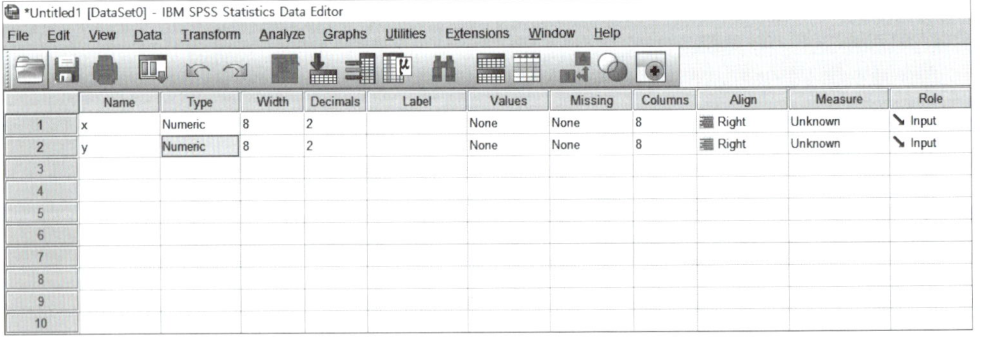

3단계 : 하단의 [Data View]를 눌러 데이터를 입력한다.

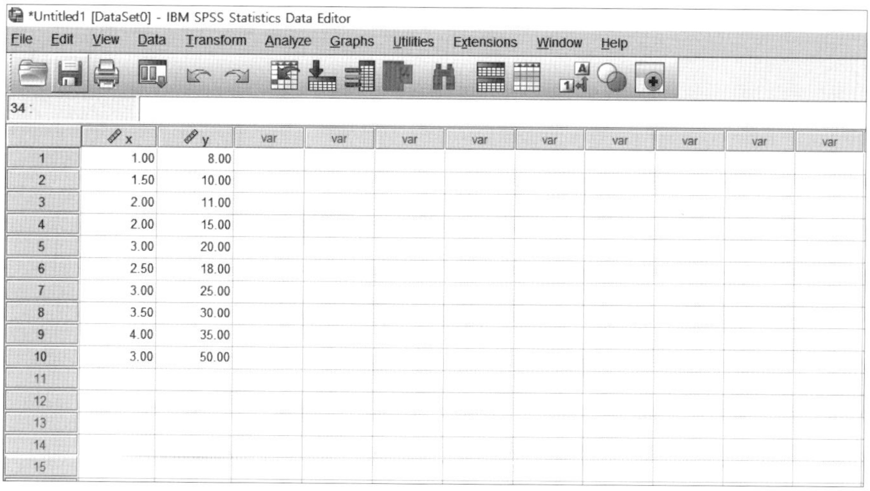


4단계 : [File] → [Save As...]를 눌러 파일이름(File name)은 ch3으로 하고, 저장형식(Save as type)은 *.csv(comma separted value)로 한다. 이는 RStudio에서도 불러오기를 쉽게 하기 위해서다.

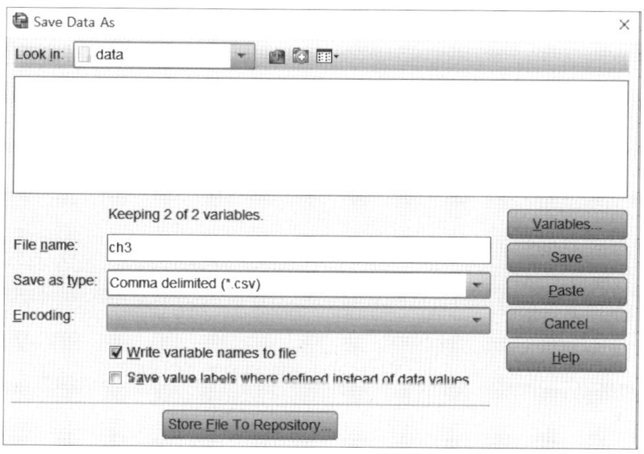


5단계 : Save 단추를 누르면 파일이 저장된다. 파일 이름(File name)은 ch3으로 지정하고 저장형식은 *.csv로 한다.

6단계: 이어서 [File] → [New] → [Syntax]를 눌러 다음과 같이 SPSS 명령어를 입력한다. 마우스로 모든 범위를 정하고 실행단추(▶)를 눌러 분석을 실행한다.

데이터 ch3.sps

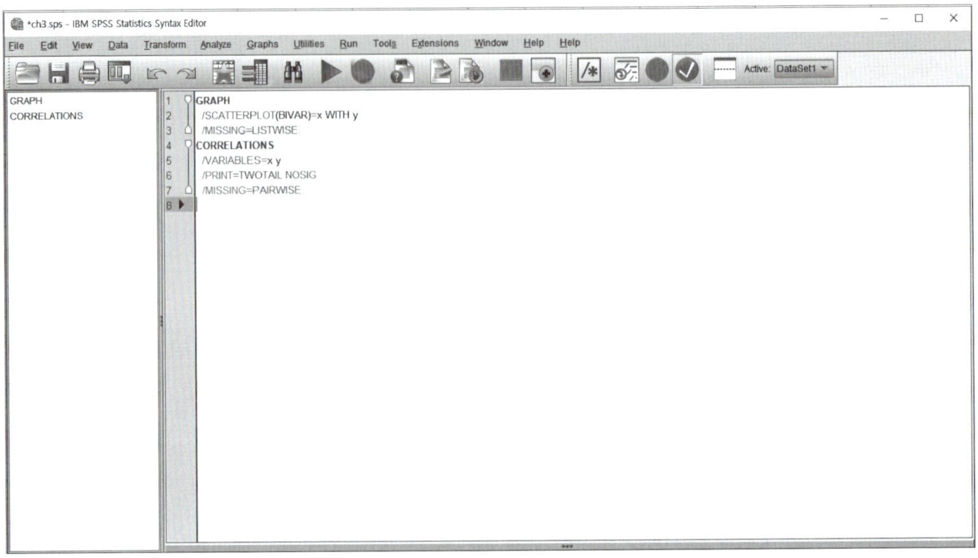


7단계: 분석결과를 확인한다. 홈쇼핑 시청시간과 매출액 간 그래프가 다음과 같이 나타난다.

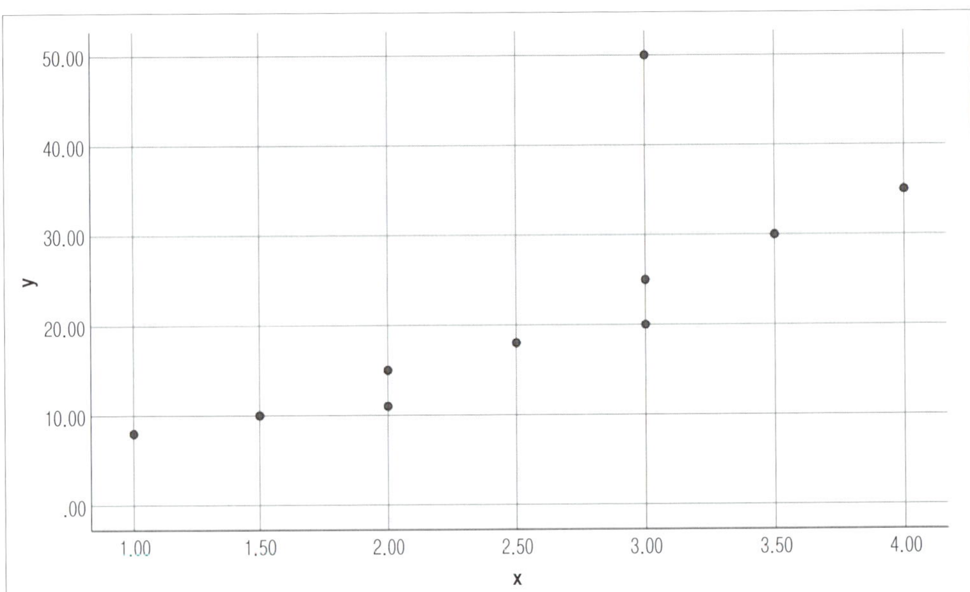

**결과 설명** 홈쇼핑 시청시간(x, 단위: 시간)과 매출액(y, 단위: 만원) 간 관련성을 그래프로 나타낸 결과, 이들 간의 관련성이 높음을 시각적으로 확인할 수 있다. 또한 관련성이 양(+)의 방향으로 움직이고 있음을 알 수 있다.

**Correlations**

Correlations

| | | x | y |
|---|---|---|---|
| x | Pearson Correlation | 1 | .765** |
| | Sig. (2-tailed) | | .010 |
| | N | 10 | 10 |
| y | Pearson Correlation | .765** | 1 |
| | Sig. (2-tailed) | .010 | |
| | N | 10 | 10 |

**. Correlation is significant at the 0.01 level (2-tailed).

**결과 설명** 홈쇼핑 시청시간(x, 단위: 시간)과 매출액(y, 단위: 만원) 간의 상관계수를 살펴본 결과, 상관계수($r$)는 0.765로 관련성이 매우 높음(0.4~0.7)을 알 수 있다. 이에 대한 가설 검정 결과, 확률(Sig. 2-taild) = 0.010 < $\alpha$ = 0.05로 귀무가설($H_0$: 쇼핑 시청시간과 매출액 간의 관련성은 없을 것이다)을 기각하고 연구가설($H_1$: 쇼핑 시청시간과 매출액 간의 관련성은 있을 것이다)을 채택하게 된다.

### 3) 전략 수립

전략은 경쟁자에 대한 차별성과 고유성을 말한다. 분석 결과를 토대로 H직원은 다음날 연구가설(쇼핑 시청시간과 매출액 간 관련성이 있을 것이다)의 채택 배경에 대하여 브리핑을 하고 쇼핑 시청시간을 늘리는 방법을 제시할 것이다. 탁월한 품질의 제품 편성, 홈쇼핑 방영 시 재미요소 추가 및 경품 제공 등 다양한 방안을 제시할 수 있다.

결론적으로, 홈쇼핑 업체의 관계자들은 브레인스토밍, 고객요구조사 등을 통해 고객의 지속적인 홈쇼핑 채널 시청과 구매를 유도할 수 있는 방안을 강구해야 한다. 또한 쇼호스트의 진정성 있는 이미지 전달과 호감도 여부, 상품 구성의 적합성(고객이 바라는 가치를 제공할 수 있는 것인지) 등에 관해서도 데이터를 기반으로 지속적으로 모니터링하면서 개선방안을 수립해야 한다.

**데이터 분석가의 한마디**

다양한 분석 패키지를 다루다 보면 자신에게 맞는 패키지가 어느 것인지를 알 수 있다. 완벽한 패키지는 없으므로 부가가치 창출에 기여하는 패키지를 중심으로 이용하다 보면 어느새 분석역량이 향상되어 있는 자신을 발견할 수 있을 것이다.

R 패키지를 잘 다루려면 오픈소스를 잘 찾고, 문제 해결과 분석 상황에 맞게 관련 오픈소스를 최적화할 수 있어야 한다. 다양한 오픈소스와 관련한 분석방법의 원천을 이해하는 것도 데이터 사이언티스트가 갖추어야 할 역량 중에 하나이다.

SPSS 프로그램을 능수능란하게 다루다 보면 연구나 프로젝트를 수월하게 수행할 수 있고 시각화된 결과물을 제공할 수 있어 차별성을 부각할 수 있다.

## 연습문제

**1.** SPSS 프로그램과 RStudio를 다운로드해 설치해보자.

**2.** SPSS 프로그램과 RStudio의 특징을 비교해보자.

**3.** 다음은 A대학 졸업자의 학점(gpa)과 입사 첫해 연봉(1년간 급여, salary, 단위: 만원)에 관한 데이터이다. 이에 관한 상관계수를 구해보고 미적 감각을 동원하여 시각적으로 나타내보자.

| gpa | Salary |
|---|---|
| 3.2 | 2,700 |
| 3.4 | 3,000 |
| 2.6 | 2,500 |
| 3.5 | 2,600 |
| 4.3 | 3,000 |
| 4.0 | 2,900 |
| 2.5 | 2,200 |
| 3.3 | 2,400 |

# Part 2

# 기본 분석

# ch. 4 데이터 시각화

**학습목표**

- R 패키지와 SPSS로 데이터를 시각화하는 방법을 알아보자.
- 다양한 시각화 분석방법을 알아본다.
- 시각화 분석 이후에 체계적으로 설명해보자.

## 1 문제 정의

### 1-1 문제 정의 및 가설 설정

H자동차 기획실에서는 매주 월요일에 실시되는 임원회의 자료를 작성 중이다. 기획실장은 부서원들에게 그래프(graph) 시각화를 통해서 가독성을 높일 수 있는 회의자료를 준비하라고 당부하였다. 기획실 직원들은 데이터 원자료나 통계표는 수많은 숫자와 문자로 구성되어 있어서 의미를 파악하기 어렵다는 판단 아래, 그래프를 통해서 패턴이나 흐름을 쉽게 파악하고 이해할 수 있도록 눈에 띄는 그래프를 작성하기 위해서 고민하고 있다.

시각화 그래프 → 가독성

기획실에 근무하는 김분석 직원은 회의자료 작성에 앞서 R 프로그램에 내장된 mtcars.csv 파일을 이용하여 다양한 그래프를 작성해보기로 하였다. 이 데이터는 Motor Trend US Magazine에서 추출한 것으로 32개 자동차의 디자인과 성능을 비교한 것이다.

데이터 mtcars.csv

| | A | B | C | D | E | F | G | H | I | J | K | L |
|---|---|---|---|---|---|---|---|---|---|---|---|---|
| 1 | model | mpg | cyl | disp | hp | drat | wt | qsec | vs | am | gear | carb |
| 2 | Mazda RX4 | 21 | 6 | 160 | 110 | 3.9 | 2.62 | 16.46 | 0 | 1 | 4 | 4 |
| 3 | Mazda RX4 W | 21 | 6 | 160 | 110 | 3.9 | 2.875 | 17.02 | 0 | 1 | 4 | 4 |
| 4 | Datsun 710 | 22.8 | 4 | 108 | 93 | 3.85 | 2.32 | 18.61 | 1 | 1 | 4 | 1 |
| 5 | Hornet 4 Driv | 21.4 | 6 | 258 | 110 | 3.08 | 3.215 | 19.44 | 1 | 0 | 3 | 1 |
| 6 | Hornet Sporta | 18.7 | 8 | 360 | 175 | 3.15 | 3.44 | 17.02 | 0 | 0 | 3 | 2 |
| 7 | Valiant | 18.1 | 6 | 225 | 105 | 2.76 | 3.46 | 20.22 | 1 | 0 | 3 | 1 |
| 8 | Duster 360 | 14.3 | 8 | 360 | 245 | 3.21 | 3.57 | 15.84 | 0 | 0 | 3 | 4 |
| 9 | Merc 240D | 24.4 | 4 | 146.7 | 62 | 3.69 | 3.19 | 20 | 1 | 0 | 4 | 2 |
| 10 | Merc 230 | 22.8 | 4 | 140.8 | 95 | 3.92 | 3.15 | 22.9 | 1 | 0 | 4 | 2 |
| 11 | Merc 280 | 19.2 | 6 | 167.6 | 123 | 3.92 | 3.44 | 18.3 | 1 | 0 | 4 | 4 |
| 12 | Merc 280C | 17.8 | 6 | 167.6 | 123 | 3.92 | 3.44 | 18.9 | 1 | 0 | 4 | 4 |
| 13 | Merc 450SE | 16.4 | 8 | 275.8 | 180 | 3.07 | 4.07 | 17.4 | 0 | 0 | 3 | 3 |
| 14 | Merc 450SL | 17.3 | 8 | 275.8 | 180 | 3.07 | 3.73 | 17.6 | 0 | 0 | 3 | 3 |
| 15 | Merc 450SLC | 15.2 | 8 | 275.8 | 180 | 3.07 | 3.78 | 18 | 0 | 0 | 3 | 3 |
| 16 | Cadillac Fleetv | 10.4 | 8 | 472 | 205 | 2.93 | 5.25 | 17.98 | 0 | 0 | 3 | 4 |
| 17 | Lincoln Conti | 10.4 | 8 | 460 | 215 | 3 | 5.424 | 17.82 | 0 | 0 | 3 | 4 |
| 18 | Chrysler Impe | 14.7 | 8 | 440 | 230 | 3.23 | 5.345 | 17.42 | 0 | 0 | 3 | 4 |
| 19 | Fiat 128 | 32.4 | 4 | 78.7 | 66 | 4.08 | 2.2 | 19.47 | 1 | 1 | 4 | 1 |
| 20 | Honda Civic | 30.4 | 4 | 75.7 | 52 | 4.93 | 1.615 | 18.52 | 1 | 1 | 4 | 2 |

해당 변수에 대한 설명은 다음과 같다.

[표 4-1] 변수명 및 설명

| 변수명 | 레이블 | 설명 |
|---|---|---|
| mpg | Miles/(US) gallon | 연비 |
| cyl | Number of cylinders | 엔진의 기통수 |
| disp | Displacement (cu.in.) | 배기량 (cc, 변위) |
| hp | Gross horsepower | 마력 |
| drat | Rear axle ratio | 뒤차축비 (구동축과 바퀴의 회전속도 비율) |
| wt | Weight (1000 lbs) | 무게 |
| qsec | 1/4 mile time | 1/4mile 도달시간 |
| vs | V/S | V engine / Straight engine |
| am | Transmission (0 = automatic, 1 = manual) | 변속기이 (0-자동, 1-수동) |
| gear | Number of forward gears | 전진기어 개수 |
| carb | Number of carburetors | 기화기 개수 |

# 2 R 분석

## 2-1 히스토그램

1단계 : R 프로그램에서 mtcars.csv 파일을 불러들여 연비[mpg, Miles/(US) gallon] 변수의 히스토그램을 그리기 위해서 다음과 같은 명령어를 입력한다.

데이터 ch4-1.R

```
mtcars=read.csv("C:/gskim/SSA/data/mtcars.csv")
x <- mtcars$mpg
h<-hist(x, breaks=10, col="blue", xlab="Miles Per Gallon",
        main="Histogram with Normal Curve")
xfit<-seq(min(x),max(x),length=40)
yfit<-dnorm(xfit,mean=mean(x),sd=sd(x))
yfit <- yfit*diff(h$mids[1:2])*length(x)
lines(xfit, yfit, col="blue", lwd=2)
```

2단계 : 마우스로 전체 범위를 설정하고 Run (Ctrl + Enter) 단추를 눌러 실행한다.

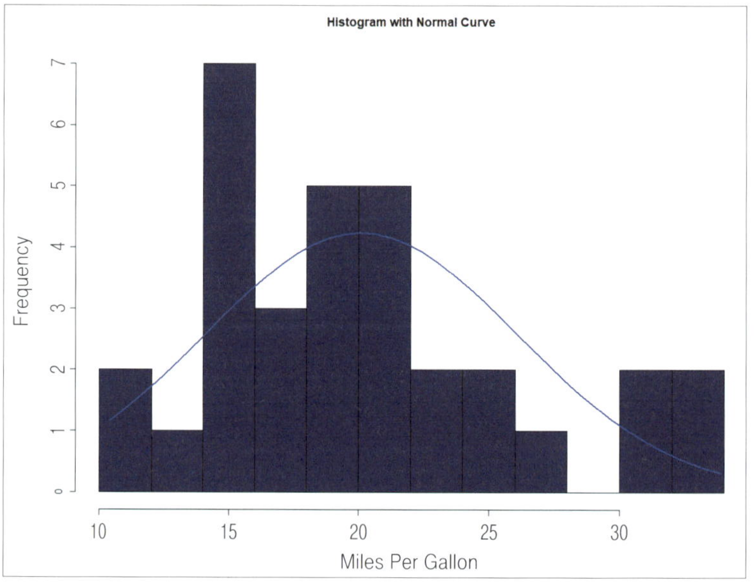

**결과 설명** 데이터 구간(breaks = 10)을 설정하고 색깔은 파란색으로 지정하라는 명령어(col = "blue")를 실행한 결과이다. 분석자는 col(색깔)에서 다양한 이름을 지정할 수 있다(예: "red", "blue", "navy"). 히스토그램의 모양을 통해 대략적으로 정규분포를 보임을 알 수 있다.

## 2-2 Box Plot

1단계 : cyl(엔진의 기통수)별 mpg(연비)에 대한 ggplot2의 box plot을 실행하기 위해서 다음과 같은 명령어를 입력한다.

데이터 ch4-2.R

```
mtcars=read.csv("C:/gskim/SSA/data/mtcars.csv")
library(ggplot2)
# Basic box plot
ggplot(data=mtcars, aes(x=cyl, y=mpg, group=cyl)) + geom_boxplot()
```

ggplot2 프로그램은 grammar of graphics plot의 약어로 미적인 그래프를 만들기 위한 그래픽의 문법이다. 'ggplot(data = mtcars, aes(x = cyl, y = mpg, group = cyl)) + geom_boxplot( )'은 데이터 mtcars를 연결한 후 x축과 y축을 지정한다는 것이다. geom_boxplot( )은 boxplot을 그리라는 명령어이다.

ggplot2에 대한 보다 자세한 설명은 https://ggplot2.tidyverse.org/index.html에서 참고할 수 있다. 홈페이지에서 제공해주는 기본 폼을 참고하면 ggplot을 이용해 다양한 종류의 그래프를 손쉽게 그릴 수 있다.

2단계 : box plot에 대한 실행결과는 다음과 같다.

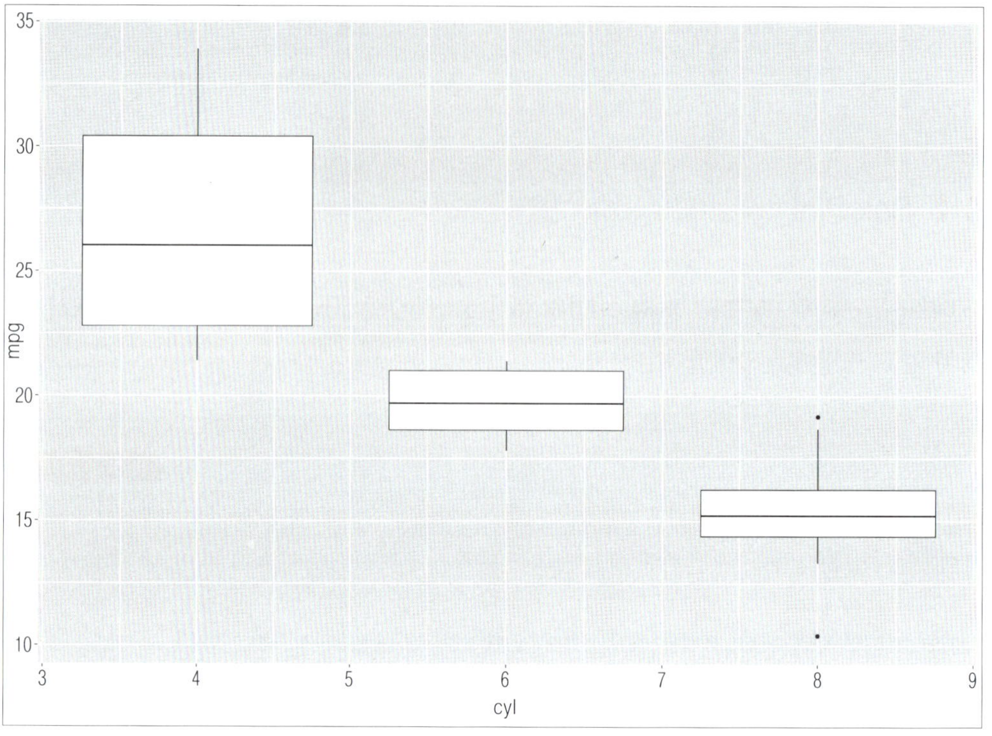


**결과 설명** cyl(엔진의 기통수)별 mpg(연비)에 대한 box plot으로 표시한 결과가 나타나 있다. 여기서는 4기통 엔진의 연비가 6기통과 8기통보다 우수하다는 것을 시각적으로 확인할 수 있다.

## 2-3 Interactive Graph

interactive graph(인터렉티브 그래프)는 마우스를 움직일 때마다 실시간으로 결과치(수치)를 나타내주는 기능을 하는 그래프이다. 분석자는 인터렉티브 그래프를 통해서 동적인 결과를 확인할 수 있다.

1단계: interactive graph를 그리기 위해서 ggplot2와 plotly를 설치한다. 설치는 install.package("패키지명")를 입력한다. 이어서 설치된 프로그램을 불러들이기 위해서는 library(프로그램명)를 입력한다.

```
install.package("ggplot2")
install.package("plotly")
library(ggplot2)
library(plotly)
```

2단계: ggplot2로 만든 plotly 패키지의 ggplotly( )를 적용하기 위해서 다음과 같은 명령어를 입력한다.

```
# Basic box plot
g<-ggplot(data=mtcars, aes(x=cyl, y=mpg, group=cyl)) + geom_boxplot()
```

3단계: 인터랙티브한 그래프로 표현하기 위해서 ggplotly 명령어를 실행한다.

```
ggplotly(g)
```

데이터 ch4-5.R

```
mtcars=read.csv("C:/gskim/SSA/data/mtcars.csv")
# Basic box plot
g<-ggplot(data=mtcars, aes(x=cyl, y=mpg, group=cyl)) + geom_boxplot()
ggplotly(g)
```

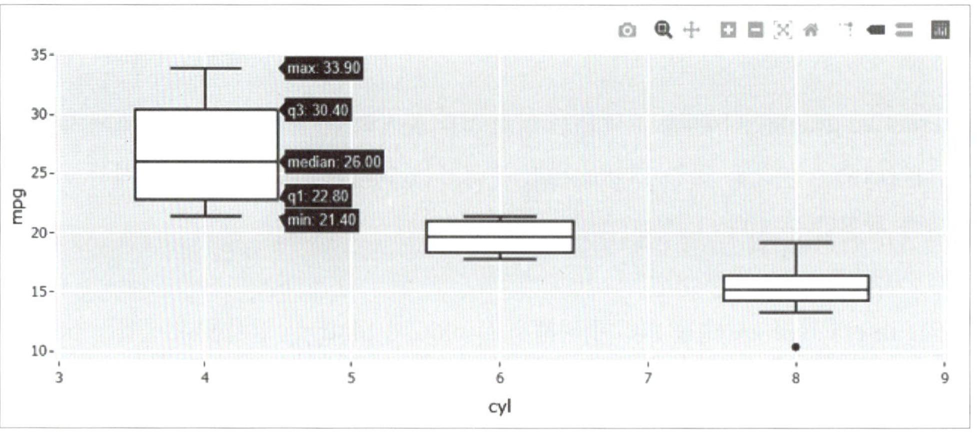


**결과 설명** 분석자가 마우스를 해당 box plot에 이동시키면 다양한 값이 나타나는 것을 알 수 있다. 여기서는 4기통 실린더(cyl)의 최댓값(max), 75분위수(q3), 중앙값(median), 25분위수(q1), 최솟값(min)이 나타나 있다.

다음 사이트에서 R 프로그램에서 다양한 인터렉티브 그래프를 그릴 수 있는 유용한 알고리즘 정보를 많이 얻을 수 있다.

- http://www.sthda.com/english/wiki/ggplot2-essentials
- https://plot.ly/r/

# 3 SPSS 분석

## 3-1 히스토그램

1단계: SPSS 프로그램에서 [File] → [Open] → [Data]를 클릭해 mtcars.csv 파일을 불러온다. mtcars.sav로 저장한다.

데이터 mtcars.sav

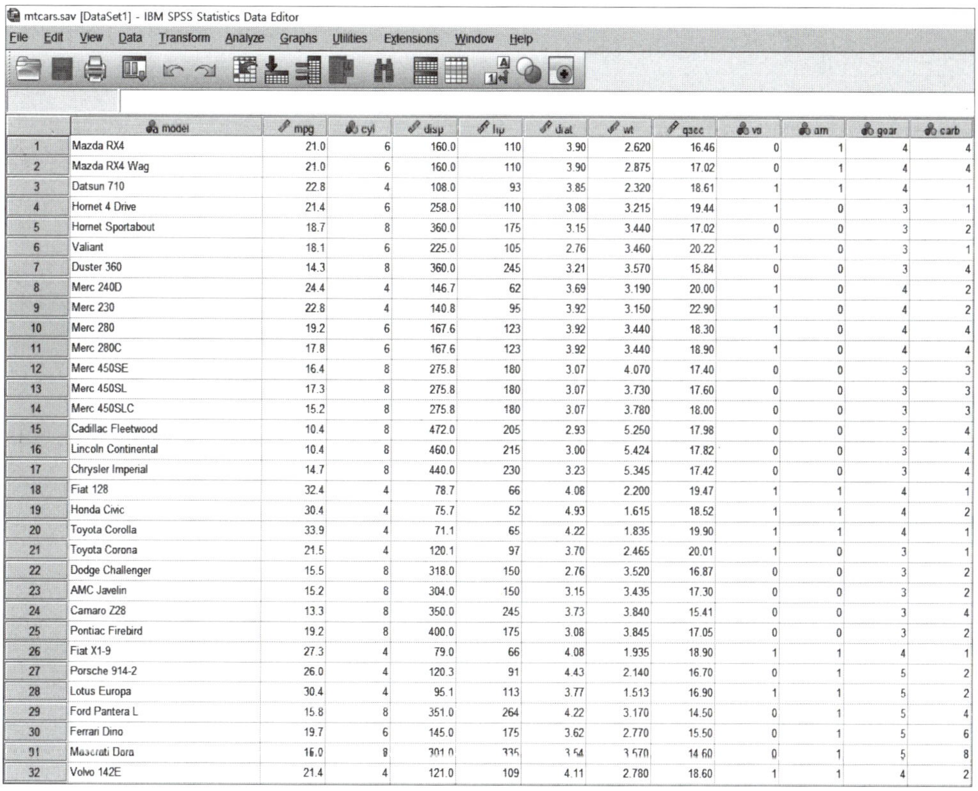


| | model | mpg | cyl | disp | hp | drat | wt | qsec | vs | am | gear | carb |
|---|---|---|---|---|---|---|---|---|---|---|---|---|
| 1 | Mazda RX4 | 21.0 | 6 | 160.0 | 110 | 3.90 | 2.620 | 16.46 | 0 | 1 | 4 | 4 |
| 2 | Mazda RX4 Wag | 21.0 | 6 | 160.0 | 110 | 3.90 | 2.875 | 17.02 | 0 | 1 | 4 | 4 |
| 3 | Datsun 710 | 22.8 | 4 | 108.0 | 93 | 3.85 | 2.320 | 18.61 | 1 | 1 | 4 | 1 |
| 4 | Hornet 4 Drive | 21.4 | 6 | 258.0 | 110 | 3.08 | 3.215 | 19.44 | 1 | 0 | 3 | 1 |
| 5 | Hornet Sportabout | 18.7 | 8 | 360.0 | 175 | 3.15 | 3.440 | 17.02 | 0 | 0 | 3 | 2 |
| 6 | Valiant | 18.1 | 6 | 225.0 | 105 | 2.76 | 3.460 | 20.22 | 1 | 0 | 3 | 1 |
| 7 | Duster 360 | 14.3 | 8 | 360.0 | 245 | 3.21 | 3.570 | 15.84 | 0 | 0 | 3 | 4 |
| 8 | Merc 240D | 24.4 | 4 | 146.7 | 62 | 3.69 | 3.190 | 20.00 | 1 | 0 | 4 | 2 |
| 9 | Merc 230 | 22.8 | 4 | 140.8 | 95 | 3.92 | 3.150 | 22.90 | 1 | 0 | 4 | 2 |
| 10 | Merc 280 | 19.2 | 6 | 167.6 | 123 | 3.92 | 3.440 | 18.30 | 1 | 0 | 4 | 4 |
| 11 | Merc 280C | 17.8 | 6 | 167.6 | 123 | 3.92 | 3.440 | 18.90 | 1 | 0 | 4 | 4 |
| 12 | Merc 450SE | 16.4 | 8 | 275.8 | 180 | 3.07 | 4.070 | 17.40 | 0 | 0 | 3 | 3 |
| 13 | Merc 450SL | 17.3 | 8 | 275.8 | 180 | 3.07 | 3.730 | 17.60 | 0 | 0 | 3 | 3 |
| 14 | Merc 450SLC | 15.2 | 8 | 275.8 | 180 | 3.07 | 3.780 | 18.00 | 0 | 0 | 3 | 3 |
| 15 | Cadillac Fleetwood | 10.4 | 8 | 472.0 | 205 | 2.93 | 5.250 | 17.98 | 0 | 0 | 3 | 4 |
| 16 | Lincoln Continental | 10.4 | 8 | 460.0 | 215 | 3.00 | 5.424 | 17.82 | 0 | 0 | 3 | 4 |
| 17 | Chrysler Imperial | 14.7 | 8 | 440.0 | 230 | 3.23 | 5.345 | 17.42 | 0 | 0 | 3 | 4 |
| 18 | Fiat 128 | 32.4 | 4 | 78.7 | 66 | 4.08 | 2.200 | 19.47 | 1 | 1 | 4 | 1 |
| 19 | Honda Civic | 30.4 | 4 | 75.7 | 52 | 4.93 | 1.615 | 18.52 | 1 | 1 | 4 | 2 |
| 20 | Toyota Corolla | 33.9 | 4 | 71.1 | 65 | 4.22 | 1.835 | 19.90 | 1 | 1 | 4 | 1 |
| 21 | Toyota Corona | 21.5 | 4 | 120.1 | 97 | 3.70 | 2.465 | 20.01 | 1 | 0 | 3 | 1 |
| 22 | Dodge Challenger | 15.5 | 8 | 318.0 | 150 | 2.76 | 3.520 | 16.87 | 0 | 0 | 3 | 2 |
| 23 | AMC Javelin | 15.2 | 8 | 304.0 | 150 | 3.15 | 3.435 | 17.30 | 0 | 0 | 3 | 2 |
| 24 | Camaro Z28 | 13.3 | 8 | 350.0 | 245 | 3.73 | 3.840 | 15.41 | 0 | 0 | 3 | 4 |
| 25 | Pontiac Firebird | 19.2 | 8 | 400.0 | 175 | 3.08 | 3.845 | 17.05 | 0 | 0 | 3 | 2 |
| 26 | Fiat X1-9 | 27.3 | 4 | 79.0 | 66 | 4.08 | 1.935 | 18.90 | 1 | 1 | 4 | 1 |
| 27 | Porsche 914-2 | 26.0 | 4 | 120.3 | 91 | 4.43 | 2.140 | 16.70 | 0 | 1 | 5 | 2 |
| 28 | Lotus Europa | 30.4 | 4 | 95.1 | 113 | 3.77 | 1.513 | 16.90 | 1 | 1 | 5 | 2 |
| 29 | Ford Pantera L | 15.8 | 8 | 351.0 | 264 | 4.22 | 3.170 | 14.50 | 0 | 1 | 5 | 4 |
| 30 | Ferrari Dino | 19.7 | 6 | 145.0 | 175 | 3.62 | 2.770 | 15.50 | 0 | 1 | 5 | 6 |
| 31 | Maserati Bora | 15.0 | 8 | 301.0 | 335 | 3.54 | 3.570 | 14.60 | 0 | 1 | 5 | 8 |
| 32 | Volvo 142E | 21.4 | 4 | 121.0 | 109 | 4.11 | 2.780 | 18.60 | 1 | 1 | 4 | 2 |

2단계 : 변수 mpg[Miles/(US) gallon, 연비]의 히스토그램(막대그림표)을 그리기 위해서 SPSS Syntax(명령문)창에서 다음과 같이 입력한다.

데이터 ch4-1.sps

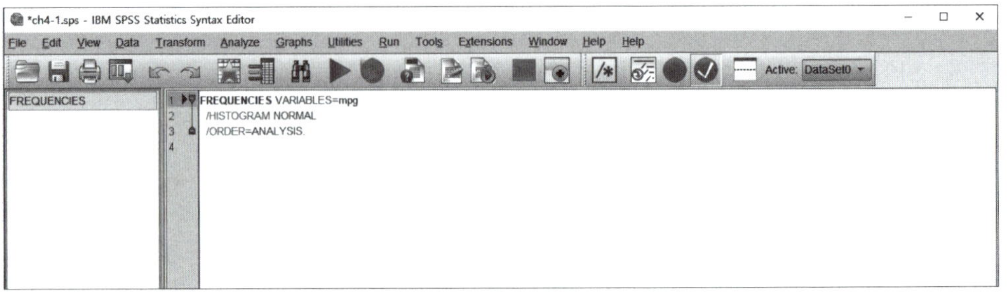


```
FREQUENCIES VARIABLES=mpg
 /HISTOGRAM NORMAL
 /ORDER=ANALYSIS.
```

FREQUENCIES VARIABLES=mpg는 빈도분석을 위한 변수로 mpg를 선택한다는 명령어이다. /HISTOGRAM NORMAL은 명령문이 이어질 때 슬래시(/)로 표시하고 히스토그램상에 정규분포 곡선을 표시하라는 명령문이다. /ORDER=ANALYSIS.은 분석을 실행하라는 명령어이다. SPSS 프로그램에서 명령문의 마무리는 반드시 마침표(.)로 한다는 사실을 기억하자.

3단계: 모든 명령어를 입력하고 마우스로 모든 범위를 지정한 다음 ▶(Run Selection) 단추를 클릭해 빈도분석을 실행한다.

**mpg**

| | | Frequency | Percent | Valid Percent | Cumulative Percent |
|---|---|---|---|---|---|
| Valid | 10.4 | 2 | 6.3 | 6.3 | 6.3 |
| | 13.3 | 1 | 3.1 | 3.1 | 9.4 |
| | 14.3 | 1 | 3.1 | 3.1 | 12.5 |
| | 14.7 | 1 | 3.1 | 3.1 | 15.6 |
| | 15.0 | 1 | 3.1 | 3.1 | 18.8 |
| | 15.2 | 2 | 6.3 | 6.3 | 25.0 |
| | 15.5 | 1 | 3.1 | 3.1 | 28.1 |
| | 15.8 | 1 | 3.1 | 3.1 | 31.3 |
| | 16.4 | 1 | 3.1 | 3.1 | 34.4 |
| | 17.3 | 1 | 3.1 | 3.1 | 37.5 |
| | 17.8 | 1 | 3.1 | 3.1 | 40.6 |
| | 18.1 | 1 | 3.1 | 3.1 | 43.8 |
| | 18.7 | 1 | 3.1 | 3.1 | 46.9 |
| | 19.2 | 2 | 6.3 | 6.3 | 53.1 |
| | 19.7 | 1 | 3.1 | 3.1 | 56.3 |
| | 21.0 | 2 | 6.3 | 6.3 | 62.5 |
| | 21.4 | 2 | 6.3 | 6.3 | 68.8 |
| | 21.5 | 1 | 3.1 | 3.1 | 71.9 |
| | 22.8 | 2 | 6.3 | 6.3 | 78.1 |
| | 24.4 | 1 | 3.1 | 3.1 | 81.3 |
| | 26.0 | 1 | 3.1 | 3.1 | 84.4 |
| | 27.3 | 1 | 3.1 | 3.1 | 87.5 |
| | 30.4 | 2 | 6.3 | 6.3 | 93.8 |
| | 32.4 | 1 | 3.1 | 3.1 | 96.9 |
| | 33.9 | 1 | 3.1 | 3.1 | 100.0 |
| | Total | 32 | 100.0 | 100.0 | |

**결과 설명** 변수 mpg[Miles/(US) gallon, 연비]의 빈도(Frequency), 퍼센트(Percent), 유효퍼센트(Valid Percent), 누적퍼센트(Valid Percent)가 나타나 있다. 첫 번째 행의 연비 10.4 마일의 경우는 빈도(Frequency)가 2, 퍼센트(Percent)가 6.3, 유효퍼센트(Valid Percent)가 6.3으로 나타나 있다. 누적퍼센트(Cumulative Percent, 앞에 퍼센트에서 현재 퍼센트를 합산한 것을 말함)는 6.3으로 나타나 있다.

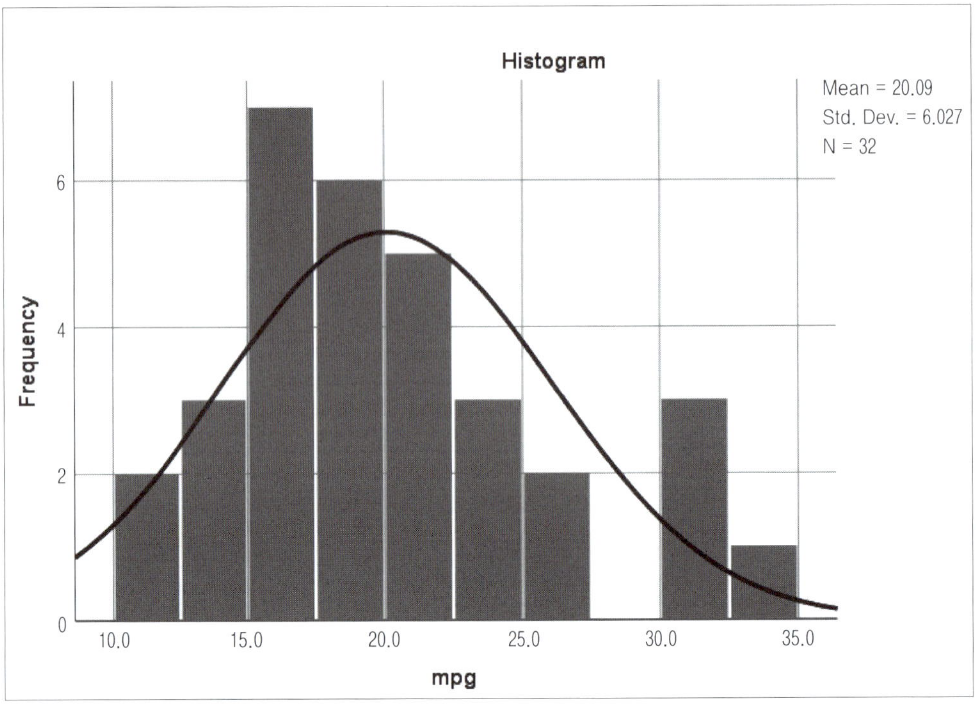


**결과 설명** 명령어 실행 결과 종모양 대칭분포(bell-shaped distribution)선이 나타나 있음을 알 수 있다. 변수 mpg의 평균은 20.09, 표준편차(Std. Dev.)는 6.027, 전체 표본수(N)는 32임을 알 수 있다.

## 3-2 Box Plot

box plot은 집단 간의 종속변수(양적변수)를 보여줄 수 있는 그래프이다. 일반적으로 x축에는 질적변수를, y축에는 양적변수를 배열한다.

1단계: SPSS의 Syntax(명령문)창에서 다음과 같은 명령어를 입력한다. 이는 cyl(엔진의 기통수)별 mpg(연비)를 box plot으로 나타내라는 내용이다.

데이터 ch4-2.sps

```
EXAMINE VARIABLES=mpg BY cyl
 /PLOT=BOXPLOT
 /STATISTICS=NONE
 /NOTOTAL.
```

**2단계:** 마우스로 입력한 명령어의 모든 범위를 지정한 다음, ▶(Run Selection) 단추를 클릭해 실행한다.

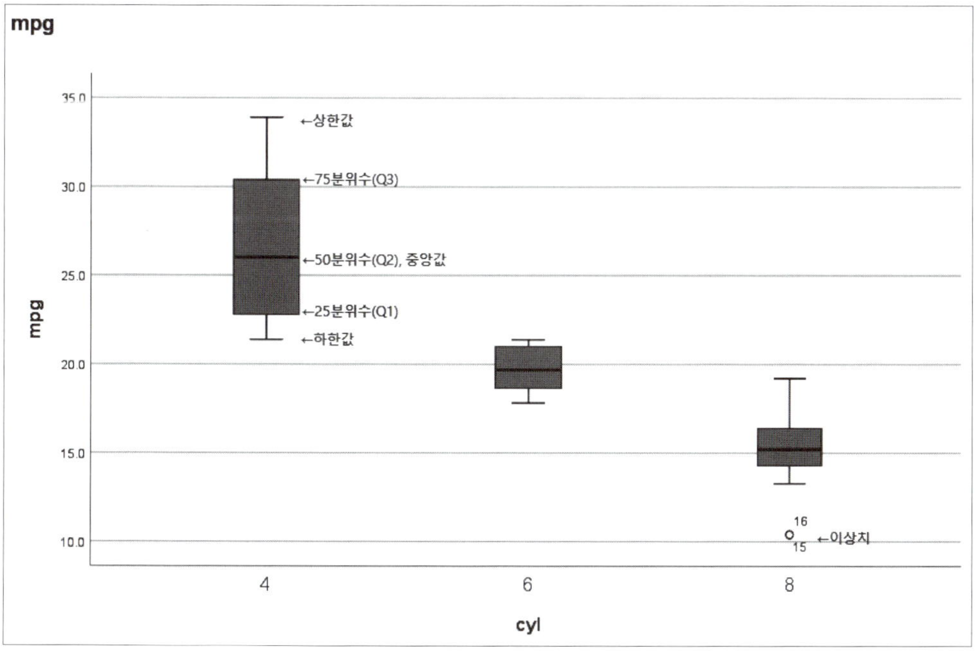


**결과 설명** cyl(엔진의 기통수)별 mpg(연비)를 box plot으로 표시한 결과가 나타나 있다. 4기통(cyl)의 경우를 보면 상한값, 75분위수(Q3), 50분위수(Q2, 중앙값), 25분위수(Q1), 하한값이 나타나 있다. 8기통의 경우도 4기통과 같은 방법으로 해석하면 된다. 다만, 하한값 아래의 표본 15, 16은 이상치(outlier)이다.

SPSS 패키지에서는 Legacy Dialogs를 이용하여 다양한 그래프 분석을 실시할 수 있다.

## 4 전략 수립

보고서 작성 시 내용에 알맞은 적절한 그래픽을 제시함으로써 정보전달 효과를 높일 수 있다. 기획실 직원은 다양한 변수별 성과(결과)를 시각적으로 나타내어 현재 문제를 진단하고, 해당 문제를 타파하기 위한 대응전략을 수립할 수 있다.

앞에서 다룬 예에서 볼 때, cyl(엔진의 기통수)의 개수가 적을수록 mpg(연비)가 높음을 알 수 있다. 자동차에서 실린더(cylinder)는 기통이라고 불린다. 자동차를 움직이는 데 쓰이는 가솔린 또는 디젤 연료를 엔진 내에서 공기와 함께 점화, 폭발시켜 피스톤 운동 기능을 수행한다. 실린더(기통) 개수에 따라서 3기통, 4기통, 5기통, 6기통, 8기통, 12기통으로 분류된다. 숫자가 높을수록 성능이 우수하나 엔진이 무거워져 연비 효율은 떨어진다. 기통수가 많을수록 성능은 매우 좋으나 엔진이 민감하여 고급 휘발유와 고급 엔진오일을 사용해야 하는 것이 일반적이다. H자동차 기획실에서는 불필요한 연료의 낭비를 막고, 고강도 알루미늄과 최첨단 소재를 이용하여 주행 시 공기 저항을 낮추고 엔진의 중량까지 낮춰 연비를 높일 수 있는 방법을 지속적으로 연구해야 한다.

**데이터 분석가의 한마디**

무지(無知)에서 출발한 문제 정의, 데이터 분석, 독창적인 시각화를 통해서 사실을 담으려는 노력이 '사실에 의한 경영(management by fact)'이다.

## 연습문제

**1.** SPSS 패키지와 R 패키지에서 구현할 수 있는 그래픽의 장단점은 무엇인지, 각각 어떤 용도로 사용할 때 적합한지 등에 대해 서로 토론해보자.

**2.** K대학의 데이터분석학 강의에서 실시한 관련 퀴즈 점수의 결과이다. 결과 차이를 알아보기 위해 그래프를 그리고 설명해보아라.

| 수강자 수 | A반 | B반 |
|---|---|---|
| 1 | 9 | 9 |
| 2 | 9 | 8 |
| 3 | 8 | 6 |
| 4 | 9 | 8 |
| 5 | 7 | 8 |
| 6 | 8 | 8 |
| 7 | 8 | 8 |
| 8 | 9 | 8 |
| 9 | 8 | 8 |
| 10 | 7 | 6 |

# ch.5 t검정

**학습목표**

- 단일 표본의 평균 검정과 독립적인 두 표본에 대한 평균 차이 검정(독립적인 t검정)을 할 수 있다.
- 동일 표본에 대해 프로그램에 효과가 있는지 여부를 분석하는 쌍표본 t검정 분석을 할 수 있다.
- t검정 분석결과를 전략 수립에 반영할 수 있다.

## 1 t검정

t검정은 표본평균 검정이라고도 한다. 표본평균 검정은 일정한 기준(임계치)에서 평균에 대한 가설을 채택할 것인가, 혹은 기각할 것인가를 결정하는 방법이다. 가설이란 앞에서 설명한 바와 같이 모집단의 특성을 잠정적으로 기술한 것으로서, 이것을 검정하는 절차가 가설 검정이다. 통계적 추론의 목적은 표본에서 얻은 정보를 근거로 모수에 대하여 유추하는 데 있다. 가설 검정은 모수를 유추하는 방법이다.

표본평균의 가설 검정은 크게 단일 표본 문제와 독립적인 두 표본 문제로 나눌 수 있다. 단일 표본은 하나의 모집단에서 추출된 하나의 표본에 대해서 검정하는 것이다. 그런데 두 표본의 비교 문제는 학문적인 연구나 일상생활에서의 단일 표본 문제보다 더 많이 이용된다. 예를 들어, 두 종류의 산업에서 기업들의 평균성장률이나 임금의 차이를 비교하는 문제이다. 그리고 광고를 하기 전과 하고 난 후 고객들의 반응을 비교하거나, 혹은 식이요법 전후의 체중을 비교하여 식이요법 효과를 분석하는 문제 등이 있다. 두 표본의 평균 차이에 대한 가설 검정은 ①독립적인 두 모집단으로부터 각각 추출된 두 표본의 경우와 ②동일한 모집단으로부터 추출된 두 표본의 경우로 나누어서 설명한다.

## 1-1 단일 표본

단일 표본의 추론은 모분산 $\sigma^2$을 아는 경우와 모르는 경우로 나누어 한다. 또한 대표본 $(n \geq 30)$, 소표본$(n < 30)$에 따라 적용하는 분포가 달라진다.

[표 5-1] 분포 구분

| | 모분산($\sigma^2$)을 아는 경우 | 모분산($\sigma^2$)을 모르는 경우 |
|---|---|---|
| 대표본 | Z | Z |
| 소표본 | Z | t |

여기서는 신뢰구간을 이용하여 설명하는데, 신뢰구간이란 일정한 확률 범위 내에 모수가 포함될 가능성이 있는 구간을 뜻한다. 이 신뢰구간에 귀무가설($H_0$)의 통계량이 포함되면 귀무가설은 채택된다고 해석한다. 반면에 신뢰구간에 귀무가설($H_0$)의 통계량이 포함되지 않으면 귀무가설은 기각된다고 해석한다.

① $\sigma^2$을 아는 경우

$$\mu \in \bar{X} \pm Z_{\frac{\alpha}{2}} \cdot \frac{\sigma}{\sqrt{n}}$$

② $\sigma^2$을 모르는 경우

$$\mu \in \bar{X} \pm Z_{\frac{\alpha}{2}} \cdot \frac{S}{\sqrt{n}}$$

③ $\sigma^2$을 모르나, 소표본인 경우 (모집단 정규분포 가정)

$$\mu \in \bar{X} \pm t_{(\frac{\alpha}{2}, n-1)} \cdot \frac{S}{\sqrt{n}}$$

## 1-2 독립적인 두 표본

독립적인 두 표본을 비교하는 데 가장 많이 사용하는 것은 두 평균의 차이를 검정하는 것이다. 두 모집단에서 각각의 표본을 뽑았을 때 그 평균차의 표본 분포의 평균과 분산은 다음과 같다.

$$\text{평균} : \mu_{\overline{x}_1-\overline{x}_2} = \mu_1 - \mu_2$$

$$\text{분산} : \sigma_{\overline{x}_1-\overline{x}_2} = \frac{\sigma_1^2}{n_1} + \frac{\sigma_2^2}{n_2}$$

두 표본의 평균 차이에 관하여 신뢰구간을 구하는 방법은 크게 3가지로 나눈다.

① $\sigma_1^2$과 $\sigma_2^2$을 알고 있을 때

$$\mu_1 - \mu_2 \in (\overline{x}_1 - \overline{x}_2) \pm z_{\frac{\alpha}{2}} \bullet \sigma_{\overline{x}_1-\overline{x}_2}$$

② $\sigma_1^2$과 $\sigma_2^2$을 모르나 같다고 가정하고, 대표본의 경우

$$\mu_1 - \mu_2 \in (\overline{x}_1 - \overline{x}_2) \pm z_{\frac{\alpha}{2}} \bullet S_{\overline{x}_1-\overline{x}_2}$$

$$\text{여기서 } S_{\overline{x}_1-\overline{x}_2} = \sqrt{\frac{S_1^2}{n_1} + \frac{S_2^2}{n_2}}$$

③ $\sigma_1^2$과 $\sigma_2^2$을 모르나 같다고 가정하고, 소표본의 경우

$$\mu_1 - \mu_2 \in (\overline{x}_1 - \overline{x}_2) \pm t_{(\frac{\alpha}{2},\, n-1)} \bullet S_{\overline{x}_1-\overline{x}_2}$$

$$\text{여기서 } S_{\overline{x}_1-\overline{x}_2} = S_p\sqrt{\frac{1}{n_1} + \frac{1}{n_2}}$$

$$S_p = \sqrt{\frac{(n_1-1)S_1 + (n_2-1)S_2}{n_1 + n_2 - 2}}$$

t의 자유도 $= n_1 + n_2 - 2$

## 1-3 동일 모집단으로부터의 두 표본

앞에서 설명한 두 모집단 추론 문제는 두 표본이 독립적이라고 가정하였다. 다시 말하면 한 표본의 관찰치는 다른 표본의 관찰치와 관련이 없다는 것이다. 여기에서는 두 표본이 독립적이 아니고 먼저 뽑은 표본의 통계량과 나중에 뽑은 표본의 통계량이 서로 관련이 있는 경우를 다룬다. 이것은 동일한 사람이나 사물에 대하여 일정한 시간을 두고 표본추출을 2번 하는 경우이다.

예를 들어, 어느 회사에서는 광고 기획을 준비하고 있다고 하자. 이 광고의 노출효과가 있는지 여부를 분석하기 위해서 10명을 표본추출하여 광고 전에 광고노출을 한 후, 한 달 후에 매출액을 산출해보면 된다. 이 경우에 두 평균 차이가 유의한지 여부를 분석하기 위해서는 앞에서 실시한 방법대로 검정을 하는 것은 옳지 않다. 실험 이전의 표본이나 실험 이후의 표본이 동일한 모집단에서 추출되었으므로 상당한 상관관계를 지니고 있기 때문이다. 이러한 경우에는 t검정 대신에 쌍표본 t검정(paired samples t-test)을 사용한다. 동일 모집단의 표본평균 차이 $\mu_d$의 신뢰구간은 다음과 같다.

$$\mu_d \in \bar{d} \pm t_{(\frac{\alpha}{2},\, n-1)} \frac{S_d}{\sqrt{n}}$$

여기서 $\bar{d} = \dfrac{\sum d}{n}$

$$S_d = \sqrt{\frac{\sum (d - \bar{d})^2}{n-1}}$$

# 2 R 분석

## 2-1 단일표본 검정

### 1) 문제 정의 및 가설 설정

환자들은 A내과 대기시간(분)에 대한 불만이 많다. 이에 A내과 사무장이 대기시간을 조사하기 위해서 표본추출을 하였다. 대기시간에 대한 귀무가설($H_0$)과 연구가설($H_1$)을 설정한다.

- $H_0$ : 대기시간은 15분 정도일 것이다.
- $H_1$ : 대기시간은 15분이 아닐 것이다.

$$\text{대기시간}\ (\mu) = 15\text{분}$$

데이터 ch5-1.csv

| time | 15 | 10 | 15 | 17 | 18 | 20 | 25 | 26 | 30 | 25 |
|---|---|---|---|---|---|---|---|---|---|---|

### 2) 분석

1단계 : 사전에 입력한 ch5-1.csv 데이터 파일을 확인한다. 이후 아래와 같은 명령어를 입력한다.

```
time=read.csv("C:/gskim/SSA/data/ch5-1.csv")
# one sample t-test
t.test(time,mu=15) # Ho: mu=15
```

2단계 : 이어서 Run (Ctrl + Enter) 버튼을 실행하면 다음과 같은 결과를 얻을 수 있다.

```
One Sample t-test
data: time
t = 2.5902, df = 9, p-value = 0.0292
alternative hypothesis: true mean is not equal to 15
95 percent confidence interval:
 15.64598 24.55402
sample estimates:
mean of x
     20.1
```

**결과 설명** 표본(n = 10)에 대한 평균(Mean)대기시간은 20.1분임을 알 수 있다, 또한 t통계량은 2.590, 자유도(df, degree of freedom)는 9, 이에 대한 유의확률은 $0.029 < \alpha = 0.05$ 이므로 $H_0$을 기각하고 $H_1$을 채택한다. 평균대기시간은 15분이 아님을 알 수 있다.

- $H_0$: 대기시간은 15분 정도일 것이다. $p > \alpha = 0.05$
- $H_1$: 대기시간은 15분이 아닐 것이다. $p = 0.029 < \alpha = 0.05$

## 2-2 독립표본 t검정

### 1) 문제 정의 및 가설 설정

경쟁관계에 있는 A내과와 B내과의 대기시간(분)을 비교해보기로 하였다. 이에 의뢰를 받은 컨설팅 기관은 대기시간을 조사하기 위해서 표본추출을 하고, 대기시간에 대한 가설을 설정하였다. 다음과 같이 귀무가설($H_0$)과 연구가설($H_1$)을 설정한다.

- $H_0$: A내과와 B내과의 대기시간은 동일할 것이다.
- $H_1$: A내과와 B내과의 대기시간은 동일하지 않을 것이다.

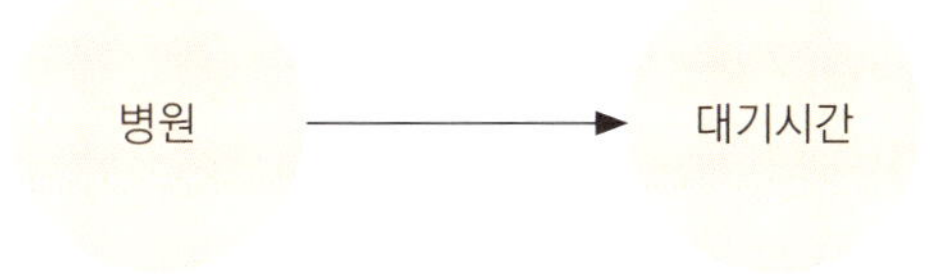

## 2) 분석

1단계: 분석에 앞서 A병원과 B병원의 대기시간을 측정한다.

데이터 ch5-2.csv

| A | 15 | 10 | 15 | 17 | 18 | 20 | 25 | 26 | 30 | 25 |
|---|---|---|---|---|---|---|---|---|---|---|
| B | 5 | 7 | 10 | 10 | 9 | 10 | 17 | 15 | 15 | 18 |

2단계: 입력한 ch5-2.csv 파일을 확인한다. 데이터 입력 시 주의해야 할 사항은 수치 앞에 문자(예: 1은 a, 2는 b)를 입력해주어야 R 프로그램이 구동될 수 있다는 점이다.

|  | A | B | C | D | E | F | G | H | I | J | K |
|---|---|---|---|---|---|---|---|---|---|---|---|
| 1 | hospital | wt | | | | | | | | | |
| 2 | a | 15 | | | | | | | | | |
| 3 | a | 10 | | | | | | | | | |
| 4 | a | 15 | | | | | | | | | |
| 5 | a | 17 | | | | | | | | | |
| 6 | a | 18 | | | | | | | | | |
| 7 | a | 20 | | | | | | | | | |
| 8 | a | 25 | | | | | | | | | |
| 9 | a | 26 | | | | | | | | | |
| 10 | a | 30 | | | | | | | | | |
| 11 | a | 25 | | | | | | | | | |
| 12 | b | 5 | | | | | | | | | |
| 13 | b | 7 | | | | | | | | | |
| 14 | b | 10 | | | | | | | | | |
| 15 | b | 10 | | | | | | | | | |
| 16 | b | 9 | | | | | | | | | |
| 17 | b | 10 | | | | | | | | | |
| 18 | b | 17 | | | | | | | | | |
| 19 | b | 15 | | | | | | | | | |
| 20 | b | 15 | | | | | | | | | |
| 21 | b | 18 | | | | | | | | | |

3단계: R 프로그램에서 다음과 같은 명령어를 입력한다.

데이터 ch5-2.R

```
ch52=read.csv("C:/gskim/SSA/data/ch5-2.csv")
# independent 2-group t-test
t.test(wt~hospital,ch52) # where Hospital is numeric and wt is a binary factor
library(ggplot2)
library(ggpubr)
theme_set(
 theme_pubr() +
  theme(legend.position = "right")
)
```

```
bxp <- ggplot(ch52, aes(x=hospital, y=wt)) +
 geom_boxplot(aes(color = hospital)) +
 scale_color_manual(values = c("#00AFBB", "#E7B800"))
bxp <- bxp + labs(title = "independent 2-group t-test")
bxp
```

**4단계**: 작업에 이어 Run (Ctrl + Enter) 버튼을 누르면 다음과 같은 결과를 얻을 수 있다.

```
        Welch Two Sample t-test
data:  wt by hospital
t = 3.5318, df = 16.149, p-value = 0.002738
alternative hypothesis: true difference in means is not equal to 0
95 percent confidence interval:
 3.401834 13.598166
sample estimates:
mean in group a mean in group b
     20.1       11.6
```

**결과 설명** 제시된 통계량(Welch Two Sample t-test)에서 A내과의 대기시간과 B내과의 대기시간 차이는 8.500(20.10 − 11.60)이다. 유의확률(양쪽)은 0.002 < 0.05이므로 아래의 귀무가설($H_0$)은 기각되고 연구가설($H_1$)이 채택된다.

- $H_0: \mu_1 - \mu_2 = 0$
- $H_1: \mu_1 - \mu_2 \neq 0$

따라서 A병원과 B병원 간의 평균 대기시간의 차이 8.5는 통계적으로 유의하다. 그리고 이 평균 차이의 95% 신뢰구간을 계산하면 [3.401 13.598]이다. 신뢰구간이 0을 포함하지 않아 귀무가설이 기각되었음을 알 수 있다.

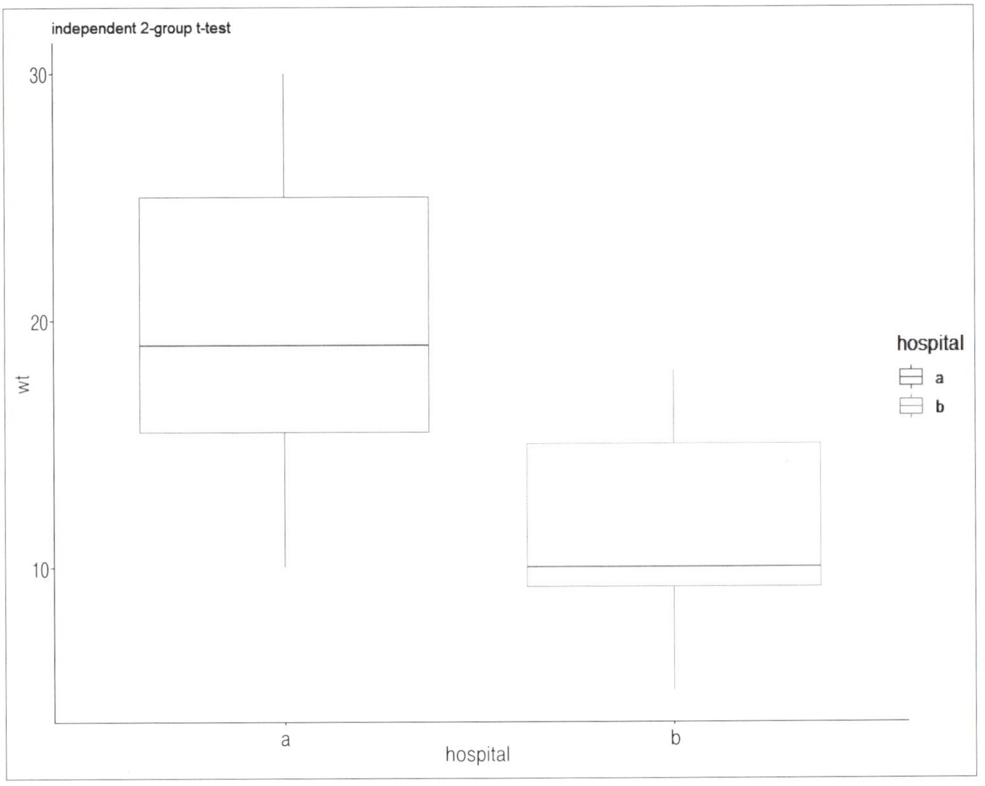


**결과 설명** 출력된 분석결과를 통해 A병원과 B병원 간 평균 대기시간의 차이가 통계적으로 유의한 것을 확인하였다. 그리고 box plot 결과를 통해 이러한 차이를 시각적으로 확인하였다.

## 2-3 쌍체표본 검정

### 1) 문제 정의 및 가설 설정

콜레스테롤은 올바른 신체 기능을 돕는 필수적인 지방이다. 콜레스테롤은 호르몬 분비, 간에서의 담즙 생산, 세포의 구조 유지를 돕는 등 많은 기능을 한다. 하지만 특정 콜레스테롤 수치(저밀도 리포단백질, LDL)가 지나치게 높은 경우에는 심근경색을 일으킬 수 있는 아테롬성 동맥경화증과 같은 건강의 위험에 노출될 수 있다. A약품에서 개발한 LDL 억제제의 효과(X, Experiement)를 알아보기 위해서 12명의 표본을 대상으로 LDL억제제 처방 전후의 콜레스테롤 수치를 측정하였다.

다음과 같이 귀무가설($H_0$)과 연구가설($H_1$)을 설정한다.

- $H_0$ : 처방 전(before)과 처방 후(after) 콜레스테롤 수치는 동일할 것이다.
- $H_1$ : 처방 전(before)과 처방 후(after) 콜레스테롤 수치는 다를 것이다.

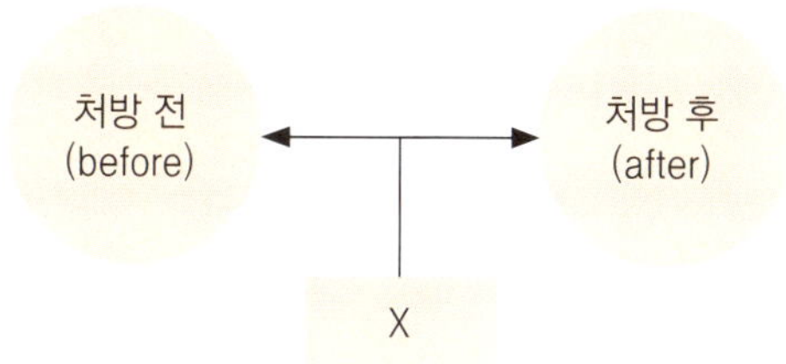


## 2) 분석

**1단계**: 분석에 앞서 동일 표본을 대상으로 처방 전과 후에 대한 LDL 수치를 측정한다. 이어 엑셀창에서 데이터를 입력한다.

데이터 ch5-3.csv

| before | 187 | 196 | 184 | 180 | 208 | 203 | 184 | 185 | 212 | 206 | 192 | 175 |
|---|---|---|---|---|---|---|---|---|---|---|---|---|
| after | 144 | 146 | 117 | 104 | 114 | 135 | 105 | 104 | 138 | 125 | 120 | 121 |

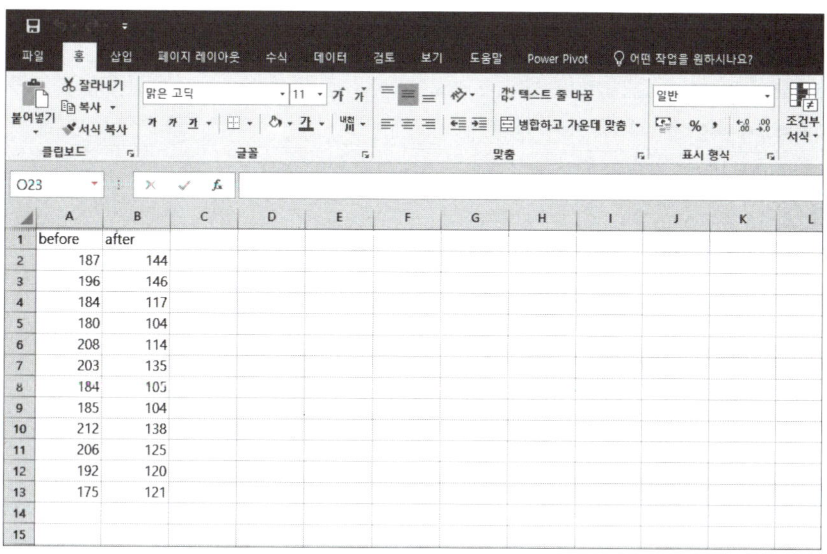

| | A | B |
|---|---|---|
| 1 | before | after |
| 2 | 187 | 144 |
| 3 | 196 | 146 |
| 4 | 184 | 117 |
| 5 | 180 | 104 |
| 6 | 208 | 114 |
| 7 | 203 | 135 |
| 8 | 184 | 105 |
| 9 | 185 | 104 |
| 10 | 212 | 138 |
| 11 | 206 | 125 |
| 12 | 192 | 120 |
| 13 | 175 | 121 |

2단계: 데이터(ch5-3.csv)를 이용하여 쌍체표본 검정을 하기 위해서 데이터 코딩 방식을 조정해야 한다. group 변수에 숫자가 아닌 문자로 입력한 것을 확인하면 된다.

데이터 ch5-4.csv

|  | A | B |
|---|---|---|
| 1 | group | ldl |
| 2 | before | 187 |
| 3 | before | 196 |
| 4 | before | 184 |
| 5 | before | 180 |
| 6 | before | 208 |
| 7 | before | 203 |
| 8 | before | 184 |
| 9 | before | 185 |
| 10 | before | 212 |
| 11 | before | 206 |
| 12 | before | 192 |
| 13 | before | 175 |
| 14 | after | 144 |
| 15 | after | 146 |
| 16 | after | 117 |
| 17 | after | 104 |
| 18 | after | 114 |
| 19 | after | 135 |
| 20 | after | 105 |
| 21 | after | 104 |
| 22 | after | 138 |
| 23 | after | 125 |
| 24 | after | 120 |
| 25 | after | 121 |

3단계: 다음과 같은 명령어를 입력한다. 쌍체표본 검정과 ggplot2 프로그램 명령어를 통해서 결과를 시각화하는 데 주된 목적이 있다.

데이터 ch5-3.R

```
ch54=read.csv("C:/gskim/SSA/data/ch54.csv")
# Compute t-test
res <- t.test(ldl ~ group, data = ch54, paired = TRUE)
res
# Plot ldl by group and color by group
library(ggplot2)
# Basic box plot
ggplot(data=ch54, aes(x=group, y=ldl, group=group)) + geom_boxplot()
```

Paired t-test 결과는 다음과 같다.

```
Paired t-test

data: ldl by group
t = -16.56, df = 11, p-value = 4.005e-09
alternative hypothesis: true difference in means is not equal to 0
95 percent confidence interval:
 -79.20918 -60.62415
sample estimates:
mean of the differences
              -69.91667
```

**결과 설명** LDL 처방 이후의 LDL 수치와 처방 이전 수치 차이(mean of the differences)가 −69.917(122.75−192.67)이다. 이 평균 차이의 95% 신뢰구간은 [−79.209 ~ −60.624]이다. 이것은 0을 포함하고 있지 않으므로 LDL억제제 처방효과는 있다고 할 수 있다. 그리고 t검정을 해보면 Sig = .000 < 0.05이므로 "유의수준 0.05에서 두 집단 간의 평균 차이는 유의하다"라고 할 수 있다. 따라서 LDL억제제의 효과가 있다고 결론을 내릴 수 있다.

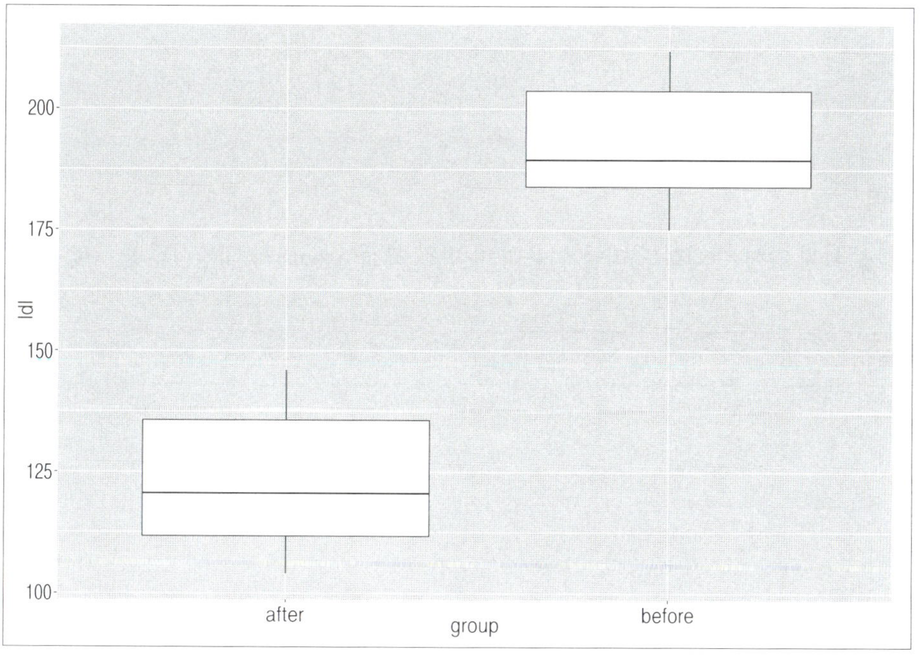


**결과 설명** LDL억제제 처방 이전(before)의 LDL수치와 이후(after)의 수치 차이가 box plot에 시각적으로 나타나 있다. box plot에서 박스 안의 굵은 선은 중앙값을 나타낸다.

# 3 SPSS 분석

## 3-1 단일표본 검정

### 1) 문제 정의 및 가설 설정

환자들은 A내과 대기시간(분)에 대한 불만이 많다. 이에 A내과 사무장이 대기시간을 조사하기 위해서 표본추출하였다. 대기시간에 대한 가설을 설정하였다. 다음과 같이 귀무가설($H_0$)과 연구가설($H_1$)을 설정한다.

- $H_0$ : 대기시간은 15분 정도일 것이다.
- $H_1$ : 대기시간은 15분이 아닐 것이다.

대기시간 ($\mu$) = 15분

### 2) 분석

1단계 : 분석에 앞서 랜던화 원리를 이용하여 병원 고객(n = 10)의 대기시간을 측정하였다,

| time | 15 | 10 | 15 | 17 | 18 | 20 | 25 | 26 | 30 | 25 |
|---|---|---|---|---|---|---|---|---|---|---|

2단계 : 다음과 같이 데이터를 입력하고 ch5-1.sav 또는 ch5-1.csv 파일로 저장한다.

데이터 ch5-1.sav, ch5-1.csv

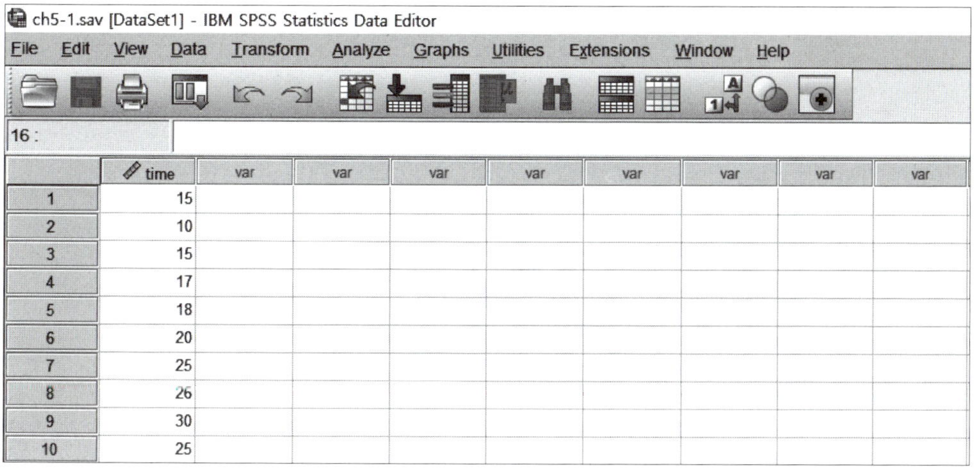


3단계 : [File] → [NewSyntax(명령문)] 창에서 다음과 같이 명령어를 입력한다.

데이터 ch5-1.sps

```
T-TEST
 /TESTVAL=15
 /MISSING=ANALYSIS
 /VARIABLES=time
 /CRITERIA=CI(.95).
```

4단계 : 마우스로 모든 범위를 지정한 다음 ▶(Run Selection) 단추를 눌러 실행한다.

**One-Sample Statistics**

| | N | Mean | Std. Deviation | Std. Error Mean |
|---|---|---|---|---|
| time | 10 | 20.10 | 6.226 | 1.969 |

**One-Sample Test**

| | Test Value = 15 | | | | | |
|---|---|---|---|---|---|---|
| | | | | | 95% Confidence Interval of the Difference | |
| | t | df | Sig. (2-tailed) | Mean Difference | Lower | Upper |
| time | 2.590 | 9 | .029 | 5.100 | .65 | 9.55 |

**결과 설명** 표본(n = 10)에 대한 평균(Mean) 대기시간은 20.10분, 표준편차(Std, Deviation)는 6.226, 표준오차(Std. Error Mean)는 1.969임을 알 수 있다, 또한 t통계량은 2.590, 자유도(df, degree of freedom)는 9, 이에 대한 유의확률은 0.029 < $\alpha$ = 0.05이므로 $H_0$을 기각하고 $H_1$을 채택한다.

- $H_0$: 대기시간은 15분 정도일 것이다. p > $\alpha$ = 0.05
- $H_1$: 대기시간은 15분이 아닐 것이다. p = 0.029 < $\alpha$ = 0.05

평균 대기시간은 15분이 아니고 평균 차이(Mean Difference) 5.1(20 − 15)분임을 알 수 있다.

### 3) 전략 수립

환자의 대기시간은 15분 이상으로 나타났다. 이에 A내과에서는 환자들의 대기시간을 관리하기 위해서 예약제를 전면적으로 시행해야 한다. 그리고 대기시간 동안 환자들이 지루해하지 않도록 의학 정보를 담은 시각적인 의학정보를 제공하거나 신문이나 잡지 같은 읽을거리를 제공해야 한다. 아울러 환자들이 대기시간을 예측할 수 있도록 해당 정보를 고지해야 한다.

## 3-2 독립적인 t검정

### 1) 문제 정의 및 가설 설정

경쟁 관계에 있는 A내과와 B내과의 대기시간(분)을 비교해보기로 하였다. 이에 의뢰를 받은 컨설팅 기관은 대기시간을 조사하기 위해서 표본추출을 하고, 대기시간에 대한 가설을 설정하였다. 다음과 같이 귀무가설($H_0$)과 연구가설($H_1$)을 설정한다.

- $H_0$: A내과와 B내과의 대기시간은 동일할 것이다.
- $H_1$: A내과와 B내과의 대기시간은 동일하지 않을 것이다.

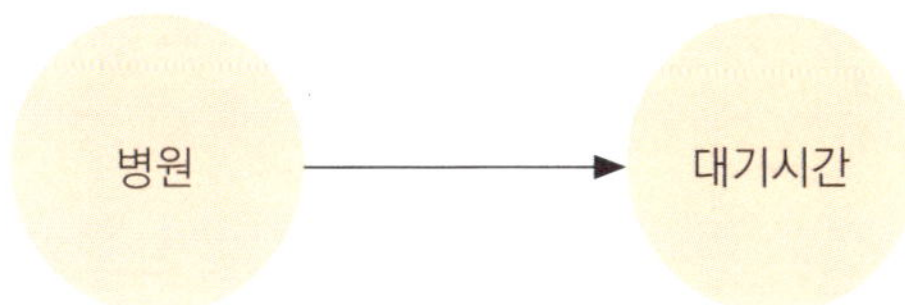


### 2) 분석

1단계: 분석에 앞서 A병원과 B병원의 대기시간을 측정하기로 한다.

| A | 15 | 10 | 15 | 17 | 18 | 20 | 25 | 26 | 30 | 25 |
|---|---|---|---|---|---|---|---|---|---|---|
| B | 5 | 7 | 10 | 10 | 9 | 10 | 17 | 15 | 15 | 18 |

2단계: 관련 자료를 아래와 같이 입력한다. 변수 Hospital에서 1은 A병원, 2는 B병원이며, wt(waiting time)는 대기시간을 나타낸다.

데이터 ch5-2.sav, ch5-2.csv

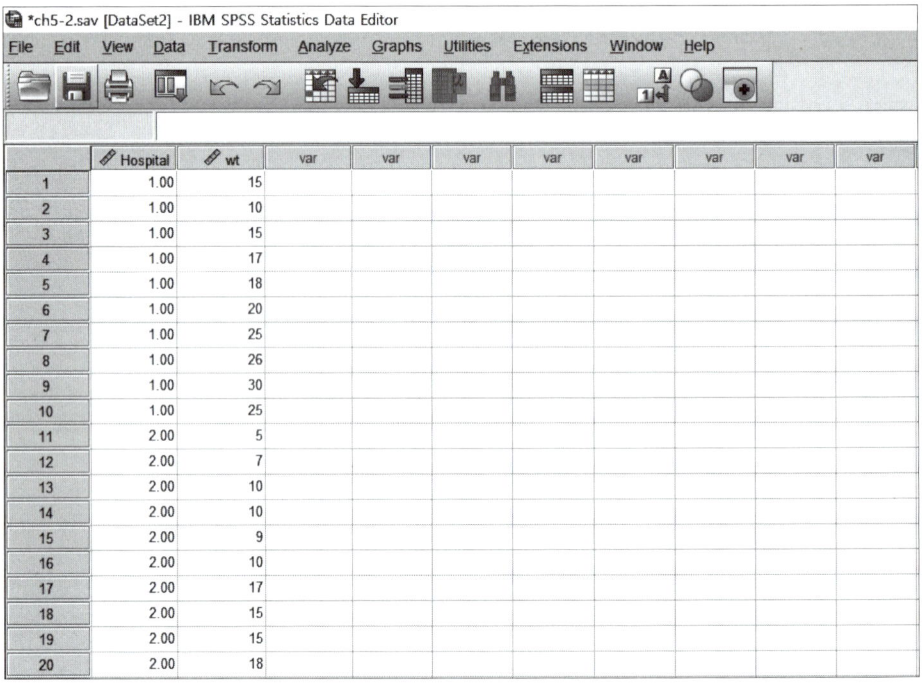


3단계 : 다음과 같은 명령문을 입력하고 실행한다.

데이터 ch5-2.sps

```
T-TEST GROUPS=Hospital(1 2)
 /MISSING=ANALYSIS
 /VARIABLES=wt
 /CRITERIA=CI(.95).
```

**Group Statistics**

| | Hospital | N | Mean | Std. Deviation | Std. Error Mean |
|---|---|---|---|---|---|
| wt | A | 10 | 20.10 | 6.226 | 1.969 |
| | B | 10 | 11.60 | 4.377 | 1.384 |

**Independent Samples Test**

| | | Levene's Test for Equality of Variances | | t-test for Equality of Means | | | | | 95% Confidence Interval of the Difference | |
|---|---|---|---|---|---|---|---|---|---|---|
| | | F | Sig. | t | df | Sig. (2-tailed) | Mean Difference | Std. Error Difference | Lower | Upper |
| wt | Equal variances assumed | 1.461 | .242 | 3.532 | 18 | .002 | 8.500 | 2.407 | 3.444 | 13.556 |
| | Equal variances not assumed | | | 3.532 | 16.149 | .003 | 8.500 | 2.407 | 3.402 | 13.598 |

**결과 설명** 평균 차이 검정에 앞서 분산의 동일성 검정(Levene의 등분산 검정)을 먼저 하기로 한다. 여기서는 분석결과에서 두 집단의 모집단이 동일할 때는 Equal variances assumed를 이용하여 가설을 검정하고, 모분산이 다를 때에는 Equal variances not assumed를 이용한다. 분산 동일성에 대한 가설 검정은 다음과 같다.

**[Levene 등분산 검정: F = 1.461 유의확률 = 0.242]** 독립표본 t검정을 위해서 두 집단의 분산의 동질성 가정을 검정하여야 한다. 이러한 분산의 동질성 여부는 Levene의 검정, 즉 F값을 이용한다.

- $H_0$: $\sigma_1^2 = \sigma_2^2$
- $H_1$: $\sigma_1^2 \neq \sigma_2^2$

F값이 1.461이고 유의확률은 $0.242 > \alpha = 0.05$이므로 두 모집단의 분산이 동일하다는 귀무가설($H_0$)이 채택되어, 등분산이 가정된 상황에서 t검정을 실시한다. 만약, 유의확률(p) < 0.05이면 등분산이 가정되지 않은 상황에서 t검정을 실시한다.

[Mean Difference = 8.500] 제시된 통계량에서 A병원과 B병원 간의 대기시간 차이는 8.500(20.10 − 11.60)이다. 유의확률(양쪽)은 0.002 < 0.05이므로 아래의 귀무가설은 기각되고 연구가설이 채택된다.

- $H_0$: $\mu_1 - \mu_2 = 0$
- $H_1$: $\mu_1 - \mu_2 \neq 0$

따라서 A병원과 B병원 간의 평균 대기시간의 차이 8.5는 통계적으로 유의하다. 그리고 이 평균 차이의 95% 신뢰구간을 계산하면 [3.444, 13.556]이다. 신뢰구간이 0을 포함하지 않아 귀무가설이 기각되었음을 알 수 있다.

### 3) 전략 수립

비교는 발전의 자극제가 될 수 있다. 개인이나 조직은 벤치마킹을 통해서 발전의 자극제를 마련할 수 있다. 먼저, 경쟁사 대비 자사 병원이 어떤 위치인지를 확인한다. A병원 입장에서 B병원 대비 평균 대기시간이 8.5분 길기 때문에 이를 줄이기 위한 전략을 마련해야 한다. 원장과 사무장, 간호사들 간의 자유로운 집단 토의를 통해서 전략을 수립하고 다음과 같은 개선방안을 마련할 수 있다.

- B병원에 대한 벤치마킹 및 탐방
- 환자 고객의 의견을 적극 반영한 대기시간 단축 방법 도입
- 환자의 지루함을 해소하기 위해 대기시간 동안 각종 흥미거리 제공

## 3-3 쌍체표본 검정

### 1) 문제 정의 및 가설 설정

콜레스테롤은 올바른 신체 기능을 돕는 필수적인 지방이다. 콜레스테롤은 호르몬 분비, 간에서의 담즙 생산, 세포의 구조 유지를 돕는 등 많은 기능을 한다. 하지만 특정 콜레스테롤 수치(저밀도 리포단백질, LDL)가 지나치게 높은 경우에는 심근경색을 일으킬 수 있는 아테롬성 동맥경화증과 같은 건강의 위험에 노출될 수 있다. A약품에서 개발한 LDL 억제제의 효과(X, Experiement)를 알아보기 위해서 12명의 표본을 대상으로 LDL억제제 처방 전후의 콜레스테롤 수치를 측정하였다.

다음과 같이 귀무가설($H_0$)과 연구가설($H_1$)을 설정한다.

- $H_0$: 처방 전(before)과 처방 후(after) 콜레스테롤 수치는 동일할 것이다.
- $H_1$: 처방 전(before)과 처방 후(after) 콜레스테롤 수치는 다를 것이다.

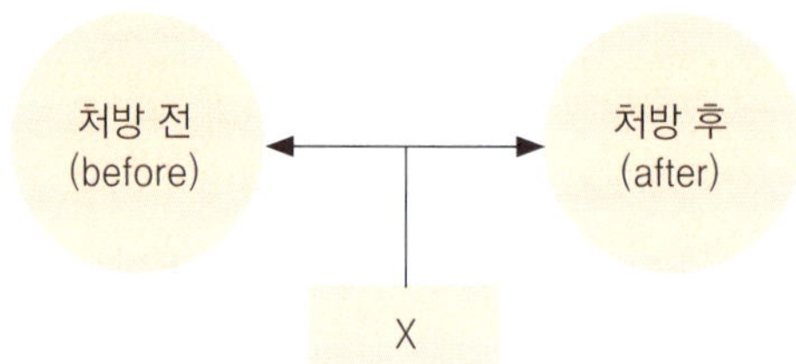


### 2) 분석

1단계: 분석에 앞서 동일 표본을 대상으로 처방 전과 후에 대한 LDL수치를 측정한다.

| before | 187 | 196 | 184 | 180 | 208 | 203 | 184 | 185 | 212 | 206 | 192 | 175 |
|---|---|---|---|---|---|---|---|---|---|---|---|---|
| after | 144 | 146 | 117 | 104 | 114 | 135 | 105 | 104 | 138 | 125 | 120 | 121 |

2단계: 샘플링한 데이터를 SPSS 창에서 입력하도록 한다.

데이터 ch5-3.sav, ch5-3.csv

ch5-3.sav [DataSet1] - IBM SPSS Statistics Data Editor

File Edit View Data Transform Analyze Graphs Utilities Extensions Window Help

| | before | after | var | var | var | var | var | var | var | var | var |
|---|---|---|---|---|---|---|---|---|---|---|---|
| 1 | 187 | 144 | | | | | | | | | |
| 2 | 196 | 146 | | | | | | | | | |
| 3 | 184 | 117 | | | | | | | | | |
| 4 | 180 | 104 | | | | | | | | | |
| 5 | 208 | 114 | | | | | | | | | |
| 6 | 203 | 135 | | | | | | | | | |
| 7 | 184 | 105 | | | | | | | | | |
| 8 | 185 | 104 | | | | | | | | | |
| 9 | 212 | 138 | | | | | | | | | |
| 10 | 206 | 125 | | | | | | | | | |
| 11 | 192 | 120 | | | | | | | | | |
| 12 | 175 | 121 | | | | | | | | | |
| 13 | | | | | | | | | | | |
| 14 | | | | | | | | | | | |
| 15 | | | | | | | | | | | |

3단계 : 다음과 같은 명령문을 입력하고 실행한다.

데이터 ch5-3.sps

```
T-TEST PAIRS=before WITH after (PAIRED)
 /CRITERIA=CI(.9500)
 /MISSING=ANALYSIS.
```

**Paired Samples Statistics**

| | | Mean | N | Std. Deviation | Std. Error Mean |
|---|---|---|---|---|---|
| Pair 1 | before | 192.67 | 12 | 12.131 | 3.502 |
| | after | 122.75 | 12 | 15.130 | 4.368 |

**Paired Samples Correlations**

| | | N | Correlation | Sig. |
|---|---|---|---|---|
| Pair 1 | before & after | 12 | .442 | .150 |

**Paired Samples Test**

| | | Paired Differences | | | | | t | df | Sig. (2-tailed) |
|---|---|---|---|---|---|---|---|---|---|
| | | | | | 95% Confidence Interval of the Difference | | | | |
| | | Mean | Std. Deviation | Std. Error Mean | Lower | Upper | | | |
| Pair 1 | before - after | 69.917 | 14.625 | 4.222 | 60.624 | 79.209 | 16.560 | 11 | .000 |

**결과 설명** 두 변수의 대응표본 상관계수는 0.442로 상관관계가 약간 있는 것으로 보인다. LDL 억제제 처방 이전의 LDL 수치와 이후의 수치 차이가 69.917(192.67 - 122.75)이며, 표준편차는 14.625, 표준오차는 4.222이다. 이 평균 차이의 95% 신뢰구간은 [60.624~79.209]이며, 이것은 0을 포함하고 있지 않으므로 LDL억제제 처방의 효과는 있다고 할 수 있다. 그리고 t검정을 실시해보면, Sig = .000 < 0.05이므로 "유의수준 0.05에서 두 집단 간의 평균 차이는 유의하다"라고 할 수 있다. 따라서 LDL억제제의 효과가 있다고 결론을 내릴 수 있다.

### 3) 전략 수립

대응표본 t검정을 통해 분석한 결과, LDL억제제 처방 이전의 LDL 수치와 이후의 수치 차이가 69.917(192.67 - 122.75)로 유의하기 때문에 LDL억제제 처방은 효과가 있다고 할 수 있다. 이에 A약품에서는 LDL억제제의 홍보 및 판매 전략을 마련할 필요가 있다. 그리고 평소에 환자들에게 조개, 달걀, 버터, 치즈, 우유 등을 포함한 식품, 즉 콜레스테롤 함량이 높은 동물성 식품과 포화지방이나 트랜스 지방이 함유된 식품의 섭취를 줄이도록 권하고, 신선하게 생산된 식물성 지방과 단백질, 섬유질이 높은 식품 위주로 식단을 마련하도록 홍보해야 할 것이다.

**데이터 분석가의 한마디**

통계학에서 평균은 의사결정의 첫 번째 힘(first power)이다. 평균은 위대하다. 평균을 통해서 차이를 확인할 수 있다. 그러나 평균으로 집단을 비교할 때는 주의할 점이 있다. 평균의 간극에만 집중한 나머지, 평균을 구성하는 서로 겹치는 분산을 무시하면 해석의 오류나 판단의 오류를 범할 수 있다. 통계학에서는 분산을 의사결정의 두 번째 힘(second power)이라고 부른다.

## 연습문제

**1.** 단일 표본의 평균 검정, 독립적인 두 표본에 대한 평균 차이 검정(독립적인 t검정), 쌍체 표본 검정 각각의 개념과 분석목적을 설명하고 차이점을 설명하라.

**2.** A회사는 다음과 같이 1년(4분기) 동안 네 차례에 걸쳐 고객만족도를 측정하였다. 고객만족도는 80점이라고 할 수 있는가? 없는가? $\alpha=0.05$에서 단일표본평균 검정을 실시하여라.

| | 1분기 | 2분기 | 3분기 | 4분기 |
|---|---|---|---|---|
| cs | 82 | 85 | 84 | 86 |

**3.** A반과 B반의 퀴즈 성적에 관한 표본자료를 나타낸 것이다. 퀴즈 성적에 차이가 있는지 없는지 $\alpha=0.05$에서 검정하여라.

A반 : 38.9, 61.2, 73.3, 21.8, 63.4, 64.6, 48.4, 48.8, 48.5
B반 : 67.8, 60.0, 63.4, 76.0, 89.4, 73.3, 67.3, 61.3, 62.4

**4.** 다음은 골프 레슨의 성과(x)를 알아보기 위해서 동일 표본을 대상으로 레슨 전(before)과 레슨 후(after)의 타수를 조사한 것이다. $\alpha = 0.05$에서 골프 레슨의 효과 여부를 평가해보자. 그리고 결과를 box plot으로 시각화해보자.

| | 1 | 2 | 3 | 4 | 5 | 6 | 7 | 8 | 9 |
|---|---|---|---|---|---|---|---|---|---|
| before | 96 | 88 | 94 | 86 | 102 | 90 | 100 | 90 | 99 |
| after | 88 | 81 | 95 | 79 | 95 | 85 | 101 | 85 | 95 |

# ch.6 카이제곱검정

**학습목표**

- 카이제곱검정($\chi^2$검정)의 개념과 방법을 이해한다.
- 카이제곱검정의 3가지 목적을 이해한다.
- SPSS와 R 프로그램을 이용해 카이제곱검정을 수행한다.

## 1 카이제곱검정

### 1-1 카이제곱검정의 기본 원리와 목적

통계자료를 수집 분석할 때에 해당 자료를 분류기준에 따라 표로 만들어 정리하면 복잡한 자료를 쉽게 이해할 수 있다. 이것을 분할표(contingency table)라 하는데, 일반적으로 행(row)에는 r개, 열(column)에는 c개의 범주가 있다. 우리는 행과 열의 분류기준에 따라 관찰대상을 분류하여 $r \times c$ 분할표를 만들 수 있다. 이 장에서는 분할표를 이용하여 여러 모집단의 성질에 대해 설명하는 교차분석(crosstabulation analysis)을 다루기로 한다.

교차분석은 두 변수 간에 어떠한 관계가 있는지를 분석하는 가장 기본적인 방법이다. 분할표로 정리된 자료를 분석하는 데에는 카이제곱검정(chi-square test, $\chi^2$)이 이용된다. $\chi^2$검정 기본 원리는 다음과 같다.

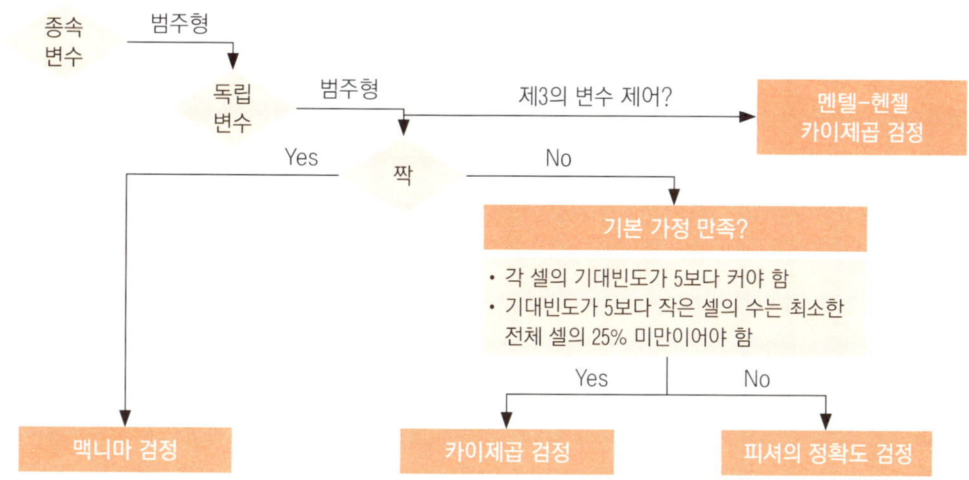

[그림 6-1] $\chi^2$검정 기본 원리

$\chi^2$검정은 다음의 3가지 목적을 갖는다. ① 자료를 범주에 따라 분류하였을 때에 그 범주 사이에 관계가 있는지 여부를 알고자 한다. 이를 독립성 검정이라고 한다. ② 통계분석에서 모집단에 대한 확률분포를 이론적으로 가정하는 경우에 조사자료가 어떤 특정 분포에서 나온 것인가를 알고자 한다. 이를 적합성 검정이라 한다. ③ 2개 이상의 다항분포가 동일한지 여부를 검정하고자 한다. 이를 동일성 검정이라고 한다.

## 1-2 독립성 검정

관찰자료를 2가지 분류기준으로 나누었을 때 분류기준이 된 변수들이 서로 독립적인가를 알아보기 위해서는 $\chi^2$검정을 이용한다.

독립성에 대한 $\chi^2$검정 절차는 다음과 같다.

① 귀무가설과 대립가설을 설정한다.

② 유의수준 $a$에서 $\chi^2_{(\alpha,df)}$을 구한다. 자유도 df=(r-1) (c-1)이며, r은 분할표의 행의 수, c는 열의 수를 나타낸다.

③ 만일 $\chi^2 \le \chi^2_{(\alpha,df)}$이면, $H_0$를 채택한다.
만일 $\chi^2 > \chi^2_{(\alpha,df)}$이면, $H_0$를 기각한다.

④ $\chi^2$을 계산한다.

$$\chi^2 = \sum \frac{(f_0 - f_e)^2}{f_e}$$

여기서 $f_0$=관찰도수, $f_e$=기대도수

⑤ 결론: 두 변수 사이의 독립성을 검정하기 위하여 다음과 같이 가설을 세울 수 있다.

- $H_0$: 구독서비스는 도시 종류와 독립적일 것이다.
- $H_1$: 구독서비스는 도시 종류와 독립적이지 않을 것이다.

p > $\alpha$=0.05이면 $H_0$를 채택하고, p < $\alpha$=0.05이면 $H_0$를 기각하고 $H_1$을 채택한다.

## 1-3 적합성 검정

통계분석을 하다 보면 모집단이나 표본에 대해 이론적으로 확률분포를 가정하는 경우가 많다. 이때 그 가정이 현실적으로 타당한지 여부를 검정할 수 있는데, 이를 적합성 검정(goodness-of-fit test)이라고 한다. 예를 들어, 어느 학교의 통계학 성적 분포가 정규분포인지를 검정하려면 다음과 같이 가설을 세우고 검정한다.

- $H_0$: 통계학 성적 분포는 정규분포이다.
- $H_1$: 통계학 성적 분포는 정규분포가 아니다.

연구모델의 적합도를 평가하기 위한 가설을 검정하려면 다음과 같이 가설을 세운다.

- $H_0$: 연구모델은 모집단 자료를 제대로 설명할 것이다. 연구모형은 적합하다.
- $H_1$: 연구모델은 모집단 자료를 제대로 설명하지 못할 것이다. 연구모형은 적합하지 않다.

$\chi^2$검정을 이용한 적합도 검정의 의사결정은 독립성 검정과 마찬가지이다. p > $\alpha$=0.05이면 $H_0$를 채택하고, p < $\alpha$=0.05이면 $H_0$를 기각하고 $H_1$을 채택한다.

## 1-4 동일성 검정

동일성 검정은 2개 이상의 독립적인 표본들이 동일성을 가지고 있는지 여부를 검정하는 것이다. 귀무가설과 연구가설 설정은 다음과 같이 한다.

- $H_0$ : A제품에 대한 품질 선호도는 성별(남, 여) 간에 동일할 것이다.
- $H_1$ : A제품에 대한 품질 선호도는 성별(남, 여) 간에 동일하지 않을 것이다.

$\chi^2$검정을 이용한 적합도 검정방법은 $\chi^2$검정의 일반적인 절차를 따른다. $p > \alpha = 0.05$이면 $H_0$를 채택하고, $p < \alpha = 0.05$이면 $H_0$를 기각하고 $H_1$을 채택한다.

### 1) 문제 정의 및 가설 설정

A자동차 기획실에서는 회의자료를 작성 중이다. 통계분석 결과를 일목요연하게 배치하여 가독성이 높은 보고서를 만들기 위해서 고민하고 있다. 이에 김분석 직원은 행(row)에는 cyl(엔진의 기통수), 열(column)에는 gear(전진기어 개수) 변수를 배치하여 $\chi^2$검정을 실시하기로 한다.

김분석 직원은 본격적인 회의자료 작성에 앞서 앞에서 다룬 mtcars.csv 파일을 이용하여 $\chi^2$검정을 연습해보기로 하였다. 이 데이터는 Trend US Magazine에서 추출한 것으로 32개 자동차의 디자인과 성능을 비교한 것이다.

데이터 mtcars.csv

| | A | B | C | D | E | F | G | H | I | J | K | L |
|---|---|---|---|---|---|---|---|---|---|---|---|---|
| 1 | model | mpg | cyl | disp | hp | drat | wt | qsec | vs | am | gear | carb |
| 2 | Mazda RX4 | 21 | 6 | 160 | 110 | 3.9 | 2.62 | 16.46 | 0 | 1 | 4 | 4 |
| 3 | Mazda RX4 W | 21 | 6 | 160 | 110 | 3.9 | 2.875 | 17.02 | 0 | 1 | 4 | 4 |
| 4 | Datsun 710 | 22.8 | 4 | 108 | 93 | 3.85 | 2.32 | 18.61 | 1 | 1 | 4 | 1 |
| 5 | Hornet 4 Driv | 21.4 | 6 | 258 | 110 | 3.08 | 3.215 | 19.44 | 1 | 0 | 3 | 1 |
| 6 | Hornet Sporta | 18.7 | 8 | 360 | 175 | 3.15 | 3.44 | 17.02 | 0 | 0 | 3 | 2 |
| 7 | Valiant | 18.1 | 6 | 225 | 105 | 2.76 | 3.46 | 20.22 | 1 | 0 | 3 | 1 |
| 8 | Duster 360 | 14.3 | 8 | 360 | 245 | 3.21 | 3.57 | 15.84 | 0 | 0 | 3 | 4 |
| 9 | Merc 240D | 24.4 | 4 | 146.7 | 62 | 3.69 | 3.19 | 20 | 1 | 0 | 4 | 2 |
| 10 | Merc 230 | 22.8 | 4 | 140.8 | 95 | 3.92 | 3.15 | 22.9 | 1 | 0 | 4 | 2 |
| 11 | Merc 280 | 19.2 | 6 | 167.6 | 123 | 3.92 | 3.44 | 18.3 | 1 | 0 | 4 | 4 |
| 12 | Merc 280C | 17.8 | 6 | 167.6 | 123 | 3.92 | 3.44 | 18.9 | 1 | 0 | 4 | 4 |
| 13 | Merc 450SE | 16.4 | 8 | 275.8 | 180 | 3.07 | 4.07 | 17.4 | 0 | 0 | 3 | 3 |
| 14 | Merc 450SL | 17.3 | 8 | 275.8 | 180 | 3.07 | 3.73 | 17.6 | 0 | 0 | 3 | 3 |
| 15 | Merc 450SLC | 15.2 | 8 | 275.8 | 180 | 3.07 | 3.78 | 18 | 0 | 0 | 3 | 3 |
| 16 | Cadillac Fleet | 10.4 | 8 | 472 | 205 | 2.93 | 5.25 | 17.98 | 0 | 0 | 3 | 4 |
| 17 | Lincoln Conti | 10.4 | 8 | 460 | 215 | 3 | 5.424 | 17.82 | 0 | 0 | 3 | 4 |
| 18 | Chrysler Impe | 14.7 | 8 | 440 | 230 | 3.23 | 5.345 | 17.42 | 0 | 0 | 3 | 4 |
| 19 | Fiat 128 | 32.4 | 4 | 78.7 | 66 | 4.08 | 2.2 | 19.47 | 1 | 1 | 4 | 1 |
| 20 | Honda Civic | 30.4 | 4 | 75.7 | 52 | 4.93 | 1.615 | 18.52 | 1 | 1 | 4 | 2 |

해당 변수에 대한 설명은 다음과 같다.

[표 6-1] 변수명 및 설명

| 변수명 | 레이블 | 설명 |
|---|---|---|
| mpg | Miles / (US) gallon | 연비 |
| cyl | Number of cylinders | 엔진의 기통수 |
| disp | Displacement (cu.in.) | 배기량 (cc, 변위) |
| hp | Gross horsepower | 마력 |
| drat | Rear axle ratio | 뒤차축비 |
| wt | Weight (1000 lbs) | 무게 |
| qsec | 1/4 mile time | 1/4mile 도달시간 |
| vs | V/S | V engine / Straight engine |
| am | Transmission (0 = automatic, 1 = manual) | 변속기어 (0=자동, 1=수동) |
| gear | Number of forward gears | 전진기어 개수 |
| carb | Number of carburetors | 기화기 개수 |

### 2) R 분석

R 프로그램에 이미 설치되어 있는 데이터 mtcars를 이용하여 교차분석표를 만들어보자. 행(row)에는 cyl 변수를, 열(column)에는 gear 변수를 위치시키고, 두 변수세트 사이의 독립성을 검정해보자.

**1단계**: R에서 교차분석표를 만들기 위해서는 우선 'gmodels' 프로그램을 설치해야 한다. 이어서 교차분석표 독립성 검정 관련 통계량을 산출하기 위해 vcd 프로그램을 설치해야 한다. R 패키지 설치는 install.packages("vcd") 함수를 사용한다. 다음과 같은 명령어를 입력하면 된다.

데이터 ch6-1.R

```
mtcars=read.csv("C:/gskim/SSA/data/mtcars.csv")
library(gmodels)
library(vcd)
CrossTable(mtcars$cyl, mtcars$gear)
mytable<-xtabs(~cyl+gear,data=mtcars)
chisq.test(mytable)
library(ggplot2)
library(ggplot2)
ggplot(mtcars, aes(x = gear, y = cyl, fill = cyl)) +
       geom_bar(stat = "identity") +
       theme_classic()
```

library(gmodels)와 library(vcd)는 교차분석과 관련 통계량을 산출하기 위해 필요한 프로그램을 불러오는 명령어다.

CrossTable(mtcars$cyl, mtcars$gear)은 교차분석표를 그릴 때 mtcars 데이터에서 cyl 변수를 행에 위치시키고, mtcars$gear은 mtcars 데이터에서 gear 변수를 열에 위치시키라는 뜻이다.

mytable<-xtabs(~cyl+gear,data=mtcars)는 분석자가 mytable이라고 지정한 속성에는 mtcar의 데이터에서 cyl과 gear 변수가 지정되어 있음을 알려주는 명령어이다.

chisq.test(mtcars)는 독립성 검정을 위한 통계량을 산출하는 명령어이다.

ggplot(mtcars, aes(x = gear, y = cyl, fill = cyl)) + geom_bar(stat = "identity") + theme_ classic( )는 그래픽을 그리기 위한 패키지 명령어[ggplot2는 2005년부터 해들리 위컴(Hadley Wickham) 교수가 개발하기 시작한 데이터를 각 기하객체(geometric object)의 미적 속성(aesthetic attributes)에 매핑하는 방법임]이다. 여기서 mtcars는 분석 대상 데이터 파일이다. x는 x축에 위치할 변수, y는 y축에 위치할 변수를 나타낸다. 그래프의 종류는 geom_으로 나타내는데 산점도/산포도는 geom_point( ), 선그래프는 geom_line( ), 박스플롯은 geom_boxplot( ), 히스토그램은 geom_histogram( ), 막대그래프는 geom_bar( ) 등으로 나타낸다. geom_bar 안에 stat="identity"라고 표기했는데 이는 stat="identity"는 geom_bar( )의 STAT 값을 원데이터셋에 있는 값으로 쓰겠다는 것을 설정하는 의미이다. 마지막으로 ggplot2의 테마를 설정하기 위해서 초기설정 상태인 theme_classic( )을 나타냈다.

2단계 : 마우스로 모든 범위를 지정하고 Run 단추를 누르면 결과창에 다음과 같이 교차분석표가 나타난다.

```
 Cell Contents
|-------------------------|
|                       N |
| Chi-square contribution |
|           N / Row Total |
|           N / Col Total |
|         N / Table Total |
|-------------------------|


Total Observations in Table:  32


             | mtcars$gear
  mtcars$cyl |         3 |         4 |         5 | Row Total |
-------------|-----------|-----------|-----------|-----------|
           4 |         1 |         8 |         2 |        11 |
             |     3.350 |     3.640 |     0.046 |           |
             |     0.091 |     0.727 |     0.182 |     0.344 |
             |     0.067 |     0.667 |     0.400 |           |
             |     0.031 |     0.250 |     0.062 |           |
-------------|-----------|-----------|-----------|-----------|
```

```
           6 |         2 |         4 |         1 |         7 |
             |     0.500 |     0.720 |     0.008 |           |
             |     0.286 |     0.571 |     0.143 |     0.219 |
             |     0.133 |     0.333 |     0.200 |           |
             |     0.062 |     0.125 |     0.031 |           |
-------------|-----------|-----------|-----------|-----------|
           8 |        12 |         0 |         2 |        14 |
             |     4.505 |     5.250 |     0.016 |           |
             |     0.857 |     0.000 |     0.143 |     0.438 |
             |     0.800 |     0.000 |     0.400 |           |
             |     0.375 |     0.000 |     0.062 |           |
-------------|-----------|-----------|-----------|-----------|
Column Total |        15 |        12 |         5 |        32 |
             |     0.469 |     0.375 |     0.156 |           |
-------------|-----------|-----------|-----------|-----------|
```

**결과 설명** 첫 번째 셀에 입력된 수치 1, 3.350, 0.091, 0.067, 0.031은 각각 빈도수, 교차분석 공헌(Chi-square contribution), 빈도수/행합계, 빈도수/열합계, 빈도수/전체합계의 비율을 나타낸다.

```
Pearson's Chi-squared test

data: mytable
X-squared = 18.036, df = 4, p-value = 0.001214
```

**결과 설명** 앞에서 두 변수세트 사이의 독립성을 검정하기 위하여 다음과 같이 가설을 세웠다.

- $H_0$: cyl는 gear와 독립적이다.
- $H_1$: cyl는 gear와 독립적이지 않다.

계산된 $\chi^2$통계량이 18.036이고, $p = 0.001 < \alpha = 0.05$이므로 '실린더(cyl)는 기어(gear)와 독립적이다'라는 귀무가설은 기각됨을 알 수 있다. 따라서 실린더는 기어와 독립적이지 않음을 알 수 있다. 이는 실린더 수와 기어 수가 관련성이 있음을 나타낸다. 엔진의 회전속도가 빨라지면 펌프와 기어 역시 빠르게 회전하기 때문에 실린더 수와 기어 수는 관련성이 있다고 할 수 있다.

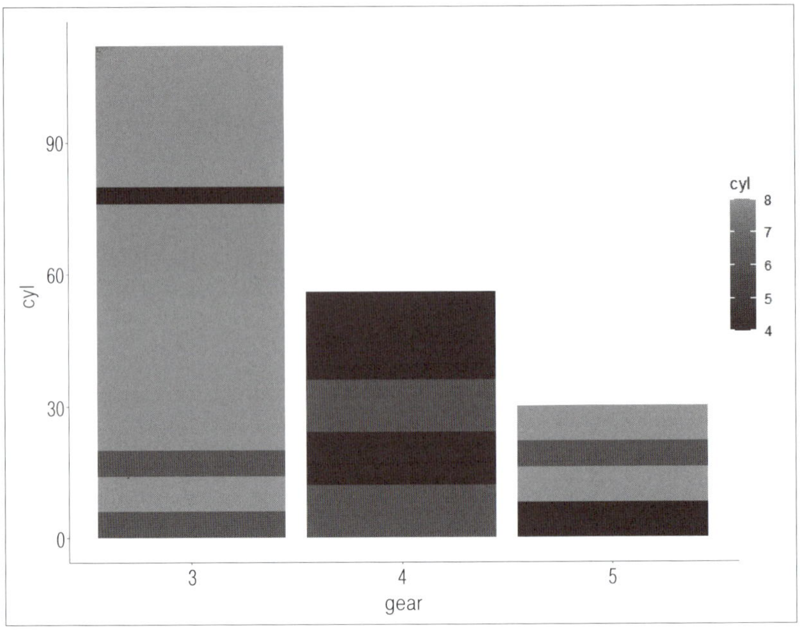


결과 설명 cyl와 gear의 히스토그램이 제시되어 있다. 이 그림은 기어와 실린더의 관계를 보여준다.

### 3) SPSS 분석

1단계 : 우선 mtcars.sav 파일을 불러온다.

2단계 : 다음과 같은 명령문을 syntax 창에 입력하고 실행한다.

데이터 ch6-1.sps

```
CROSSTABS
  /TABLES=cyl BY gear
  /FORMAT=AVALUE TABLES
  /STATISTICS=CHISQ
  /CELLS=COUNT ROW COLUMN TOTAL
  /COUNT ROUND CELL.
```

명령문 입력 과정에서 기억해야 할 사항은 명령문장이 계속될 경우는 슬래시(/)로 표시하고, 명령문이 끝날 때는 반드시 마침표(.)를 표시한다는 점이다.

| cyl * gear Crosstabulation | | | | | | |
|---|---|---|---|---|---|---|
| | | | gear | | | |
| | | | 3 | 4 | 5 | Total |
| cyl | 4 | Count | 1 | 8 | 2 | 11 |
| | | % within cyl | 9.1% | 72.7% | 18.2% | 100.0% |
| | | % within gear | 6.7% | 66.7% | 40.0% | 34.4% |
| | | % of Total | 3.1% | 25.0% | 6.3% | 34.4% |
| | 6 | Count | 2 | 4 | 1 | 7 |
| | | % within cyl | 28.6% | 57.1% | 14.3% | 100.0% |
| | | % within gear | 13.3% | 33.3% | 20.0% | 21.9% |
| | | % of Total | 6.3% | 12.5% | 3.1% | 21.9% |
| | 8 | Count | 12 | 0 | 2 | 14 |
| | | % within cyl | 85.7% | 0.0% | 14.3% | 100.0% |
| | | % within gear | 80.0% | 0.0% | 40.0% | 43.8% |
| | | % of Total | 37.5% | 0.0% | 6.3% | 43.8% |
| Total | | Count | 15 | 12 | 5 | 32 |
| | | % within cyl | 46.9% | 37.5% | 15.6% | 100.0% |
| | | % within gear | 100.0% | 100.0% | 100.0% | 100.0% |
| | | % of Total | 46.9% | 37.5% | 15.6% | 100.0% |

**결과 설명** 첫 번째 셀에 입력된 수치 1, 9.1%, 6.7%, 3.1%는 각각 빈도수, 빈도수/행합계 비율, 빈도수/열합계 비율, 빈도수/전체합계 비율을 나타낸다. 여기서는 실린더(cyl) 개수가 8이고 기어(gear) 개수가 3인 경우의 빈도수가 가장 많음을 알 수 있다.

| Chi-Square Tests | | | |
|---|---|---|---|
| | Value | df | Asymptotic Significance (2-sided) |
| Pearson Chi-Square | 18.036[a] | 4 | .001 |
| Likelihood Ratio | 23.260 | 4 | .000 |
| Linear-by-Linear Association | 7.525 | 1 | .006 |
| N of Valid Cases | 32 | | |

a. 6 cells (66.7%) have expected count less than 5. The minimum expected count is 1.09.

**결과 설명** 앞에서 두 변수세드 사이의 독립성을 검정하기 위해 다음과 같이 가설은 설정하였다.

- $H_0$: cyl는 gear와 독립적이다.
- $H_1$: cyl는 gear와 독립적이지 않다.

계산된 $\chi^2$통계량이 18.036이고, 자유도[df, (3−1)*(3−1)]는 4, p=0.001이므로 'cyl는 gear와 독립적이다'라는 귀무가설은 기각됨을 알 수 있다. 따라서 cyl는 gear와 독립적이지 않음을 알 수 있다.

### 4) 전략 수립

실린더 개수에 따라 기어 수가 연관성이 있는지 검정하기 위하여 카이제곱 검정을 실시한 결과, 귀무가설에 대한 $\chi^2 = 18.036$, $p = 0.001 < \alpha = 0.05$이므로 실린더 개수와 기어 수는 통계적으로 연관성이 없다는 귀무가설을 기각하고 연구가설을 채택한다. 엔진의 회전 속도가 빨라지면 펌프와 기어 역시 빠르게 회전하게 되기 때문에 실린더 수와 기어 수는 관련성이 있다고 할 수 있다. 분석자는 $\chi^2$검정을 통해 변수 간 독립성 여부 및 연관성 여부를 확인할 수 있다.

실린더 수와 기어 수 사이에 관련성이 확인되었으므로 실린더 회전구동장치가 장착된 턴테이블(turn table having cylinder driving device) 등을 구비해야 할 것이다.

**데이터 분석가의 한마디**

데이터 분석기반 사업계획을 전략적으로 세우는 일을 하는 사람은 사실에 근거한 의사결정을 습관화해야 한다. 이를 위해서 항상 큰 수와 작은 수를 구분해서 비교해보고 주된 원인(약 80% 이상)이 무엇인지(대략적으로 20%의 사건이나 이유로 발생)를 분류해본다(80 대 20 법칙). 크기가 다른 집단을 비교할 때는 평균을 비교해보는 것도 사실을 파악하는 방법이다.

## 연습문제

**1.** $\chi^2$검정의 개념과 3가지 목적을 설명하라.

**2.** 다음은 연령별(1: 20대, 2: 30대, 3=40대 이상) 온라인쇼핑 이용 여부(1=온라인쇼핑 이용, 0=온라인쇼핑 이용 안 함)를 조사한 데이터의 일부 자료이다.

데이터 chex6.csv, chex6.sav

| | A | B | C | D | E | F | G | H | I |
|---|---|---|---|---|---|---|---|---|---|
| 1 | os | age | | | | | | | |
| 2 | 1 | 1 | | | | | | | |
| 3 | 1 | 1 | | | | | | | |
| 4 | 1 | 1 | | | | | | | |
| 5 | 1 | 1 | | | | | | | |
| 6 | 1 | 1 | | | | | | | |
| 7 | 1 | 1 | | | | | | | |
| 8 | 1 | 1 | | | | | | | |
| 9 | 1 | 1 | | | | | | | |
| 10 | 1 | 1 | | | | | | | |
| 11 | 1 | 1 | | | | | | | |
| 12 | 1 | 1 | | | | | | | |
| 13 | 1 | 1 | | | | | | | |
| 14 | 1 | 1 | | | | | | | |
| 15 | 1 | 1 | | | | | | | |
| 16 | 1 | 1 | | | | | | | |
| 17 | 1 | 1 | | | | | | | |
| 18 | 1 | 1 | | | | | | | |
| 19 | 1 | 1 | | | | | | | |
| 20 | 1 | 1 | | | | | | | |
| 21 | 1 | 1 | | | | | | | |

이에 관련된 가설은 다음과 같이 설정할 수 있다.

- $H_0$: 연령과 온라인쇼핑 여부는 독립적이다.
- $H_1$: 연령과 온라인쇼핑 여부는 독립적이지 않다.

$\alpha=0.05$에서 가설 검정을 실시하고 결과를 설명하라.

# Part 3

# 중급 분석

# ch.7 분산분석

학습목표

- 질적인 단일요인과 양적인 종속변수와의 관계를 분석하는 일원분산분석을 이해한다.
- 이원분산분석 방법과 해석방법을 이해한다.
- 반복적인 측정방법을 이해한다.

## 1 분산분석

### 1-1 분산분석 의의

실생활이나 학문 연구에서는 2개 이상의 여러 모집단을 한꺼번에 비교하는 경우가 많다. 예를 들어, 교육수준별로 월급여액을 조사한다고 하자. 이들을 교육수준별로 고졸, 전문대졸, 대졸 등으로 구분한 후에 각 집단별 월급액을 비교연구할 때 단일변량분산분석(ANOVA, analysis of variance) 기법을 이용할 수 있다. 이 기법은 2개 이상의 모집단 평균 차이를 한 번에 검정할 수 있게 해준다. 위의 예에서 보면 ANOVA는 교육수준이라는 하나의 질적인 독립변수(명목척도, 서열척도)와 월급액이라는 양적인 종속변수 사이의 관계를 연구하는 기법이다. 다시 말하면 하나의 변수를 상대로 개체를 연구하였을 때 우리는 ANOVA라고 부른다.

단일변량분산분석은 독립변수(들)에 대한 효과를 분석하는 데 기본적으로 사용된다. 위의 경우에서 교육수준은 독립변수가 되며, 월급액은 종속변수가 된다. 그리고 독립변수를 요인(factor)이라고 부른다. 한 요인 내에서 실험 개체에 영향을 미치는 여러 가지 특별한 형태를 요인수준(factor level) 또는 처리(treatment)라고 한다. 교육수준을 요인이라고 하면 고졸, 전문대졸, 대졸은 한 요인 내에서 요인수준 또는 처리가 된다. 요인수준과 처리는 같은 용어로 사용된다.

단일변량분산분석은 독립변수의 종류에 따라서 여러 종류로 나눌 수 있다. 만약, 연령층의 단일요인과 만족도 사이의 관계를 분석할 경우 일원분산분석(one way ANOVA)이라고 한다. 이것은 표본자료 조사에 대한 측정치의 한 가지 기준으로만 구분하여 분석하는 것이 된다. 그런데 이 모형에 교육수준뿐만 아니라 남녀라는 성별요인을 추가하여 두 요인이 월급액에 미치는 영향을 조사한다면 이원분산분석(two way ANOVA)이 된다. 요인의 수가 늘어나면 종속변수에 대한 영향력을 더 정밀하게 분석할 수 있다.

반면에 하나의 개체에 대하여 2개 이상의 주제 또는 변수를 동시에 관찰하였을 때 이용하는 기법을 다변량분산분석(MANOVA, multivariate analysis of variance)이라고 한다. 위의 경우에서 월급액뿐만 아니라 전기요금에 대해서도 동시에 연구한다고 할 때 MANOVA가 된다. ANOVA와 MANOVA의 차이는 실험개체를 대상으로 놓고 측정되는 종속변수가 하나인가 혹은 복수인가에 달려 있다.

MANOVA는 종속변수의 수가 2개 이상인 경우에서 여러 모집단의 평균벡터를 동시에 비교하는 분석기법이다. 예를 들어, 어느 동물의 암컷과 수컷에서 몸무게, 길이, 가슴너비를 각각 잰 후에 두 모집단의 크기에 차이가 있는지 여부를 연구하고자 할 때, 또는 세 종류의 산업에 속한 여러 회사의 경영실태를 분석하기 위하여 유동성 비율, 부채비율, 자본 수익률 등을 자료로 하여 비교할 때 MANOVA를 이용할 수 있다. 그리고 MANOVA에서는 종속변수의 조합에 대한 효과의 동시 검정을 중요시한다. 그 이유는 대부분의 경우에 종속변수들은 서로 독립적이 아니고, 또한 이 변수들은 동일한 개체에서 채택되어서 상관관계가 있기 때문이다.

MANOVA는 여러 모집단을 비교분석할 때 쓰일 뿐만 아니라, 모집단에 대하여 여러 상황을 놓고서 여러 개의 변수를 동시에 반복적으로 관찰하는 경우에도 유용하다. ANOVA와 MANOVA의 차이는 실험개체를 대상으로 놓았을 때 변수가 단수인가 혹은 복수인가에 달려 있다. MANOVA 설계의 특징은 종속변수가 벡터변수라는 점이다. 이 종속변수는 각 모집단에 대하여 같은 공분산행렬을 가지며 다변량 정규분포를 이룬다고 가정한다. 공분산행렬이 같다는 것은 ANOVA에서 분산이 같다는 가정을 MANOVA로 연장시킨 것이다. MANOVA의 연구 초점은 모집단의 중심, 즉 평균벡터 사이에 차이가 있는지 여부에 대한 것이다. 다시 말해, 모집단들의 종속변수(벡터)에 의해 구성된 공간에서 중심(평균)이 같은지 여부를 조사하고자 하는 것이다.

이해를 돕기 위하여 간략하게 설명하면, 가령 세 모집단에 대하여 2개의 변수를 동시에 비교할 때 귀무가설은 다음과 같다.

$$H_0 : \begin{bmatrix} \mu_{11} \\ \mu_{12} \end{bmatrix} = \begin{bmatrix} \mu_{21} \\ \mu_{22} \end{bmatrix} = \begin{bmatrix} \mu_{31} \\ \mu_{32} \end{bmatrix}$$

한편, 다변량분산분석(MANOVA)은 요인의 수에 따라 단일변량의 경우와 마찬가지로 일원 다변량분산분석(one way MANOVA), 이원 다변량분산분석(two way MANOVA) 등으로 나눈다.

반복측정(repeated measurement)은 사회과학 분야나 의학 분야에서 유용하게 이용할 수 있는 방법이다. 연구자는 실험대상이나 실험동물에게 행한 실험의 효과를 특정 시점마다 수치로 확인할 수 있는데, 반복측정 분산분석은 이 경우에 적합한 분석법이라고 할 수 있다.

정리하면, 분산분석은 질적인 독립변수와 양적인 종속변수 관계를 분석하는 방법이다. 분산분석은 질적인 독립변수와 양적인 종속변수의 종류에 따라 다음 [표 7-1]과 같이 명칭과 분석방법을 달리한다.

[표 7-1] 분산분석 종류

| 종류 | 독립변수의 수(질적) | 종속변수의 수(양적) |
|---|---|---|
| 일원분산분석(one way ANOVA) | 1 | 1 |
| 이원분산분석(two way ANOVA) | 2 | 1 |
| 다변량분산분석(MANOVA) | 2개 이상 | 2개 이상 |
| 반복측정 분산분석 | 동일 표본 시점별 측정 | 동일 표본 시점별 측정 |

## 1-2 분산분석 절차

### 1) 일원분산분석

분산분석의 귀무가설은 여러 모집단의 평균들이 같다는 것이다. 분산분석에서 평균 차이는 사실상 처리효과를 뜻하며, 따라서 서로 다른 처리에 대한 평균치에 초점을 맞춘다. 비모수적 방법으로는 크루스칼-왈리스 검정(Kruskal-Wallis test)을 이용한다. 각 요인수준의 확률분포로부터 얻어진 표본자료의 분석은 다음의 두 단계를 거친다.

먼저 모든 요인수준의 평균이 같은가를 결정한다.

- $H_0 : \mu_1 = \mu_2 = \mu_3$
- $H_1$ : 세 평균이 반드시 같지는 않다.

위 가설을 검정하기 위하여 다음과 같은 분산분석 표(ANOVA table)를 만든다.

[표 7-2] 분산분석 표

| 원천 | 제곱합(SS) | 자유도(DF) | 평균제곱(MS) | F |
|---|---|---|---|---|
| 그룹 간 | $SSB = \sum_{n_j} (\bar{Y}_j - \bar{Y})^2$ | g-1 | $MSE = \frac{SSB}{g-1}$ | $\frac{MSE}{MSW}$ |
| 그룹 내 | $SSW = \sum_{n_j} (Y_{ij} - \bar{Y}_j)^2$ | n-g | $MSW = \frac{SSW}{n-g}$ | |
| 합계 | $SST = \sum\sum (Y_{ij} - \bar{Y})^2$ | n-1 | | |

검정통계량(F=MSE/MSW)이 임계치보다 작으면 귀무가설을 채택하고, 평균들이 같다고 결론을 내린다. 반대로 F값이 임계치보다 커서 귀무가설을 기각시키는 경우에는 다음 단계로 진행한다

만일 모평균들이 같지 않다면 신뢰구간을 이용하여 얼마나 다른가를 조사하며, 그 차이가 의미하는 것은 무엇인가를 규명한다.

$$\mu_j\text{의 신뢰구간}: \bar{Y}_j \pm t_{(\frac{\alpha}{2},\, n-g)} S_{\bar{y}_j}$$

$$\text{여기서 } S_{\bar{y}_j} = \sqrt{\frac{MSW}{n_j}}$$

$n_j$ = 각 요인수준의 관찰치 개수

### 2) 이원분산분석

이원분산분석을 실시할 때에 다음과 같은 순서대로 자료를 분석하면 도움이 된다.

- 1단계 : 두 요인에 상호작용 효과(interaction effect)가 있는가를 조사한다.
- 2단계 : 만일 상호작용이 없으면 두 요인을 따로 분석하여 하나씩 조사한다.
- 3단계 : 만일 상호작용은 있으나 중요하지 않으면 2단계로 돌아간다.
- 4단계 : 만일 상호작용이 중요하면, 자료를 변환하여 그 상호작용을 중요하지 않게 만들 수 있는지 여부를 결정한다. 만일 그렇게 할 수 있다면 자료를 변환한 후에 2단계로 간다.
- 5단계 : 자료의 의미 있는 변환으로도 상호작용이 중요하다면, 두 요인과 함께 분석한다.

### 3) 반복측정 분산분석

앞 장에서 다룬 대응표본 t검정은 같은 집단에 대해서 실험 전후의 차이만을 확인할 수 있는 반면, 반복측정 분석법은 두 집단 이상과 여러 시점별로 실험효과를 분석할 수 있다는 점이 특징이다. 즉, 반복측정 분산분석은 동일 개체에 대한 결과를 시간의 흐름에 따라 여러 번 반복측정한 자료를 분석하는 것이다. 반복측정한 자료들은 변수 내에서 서로 상관성을 가지며, 반복측정 분산분석은 ANOVA에 비해서 작은 변동도 잡아낼 수 있어 연구의 정확도가 증가된다는 장점을 지닌다.

반복측정 분산분석에서는 정규성, 등분산성, 구형성(sphericity)의 3가지 가정을 만족해야 한다. 정규성은 독립변수에 따른 종속변수는 정규분포를 만족해야 한다는 것을 의미한다. 등분산성은 독립변수에 따른 종속변수의 분포의 분산은 각군마다 동일해야 한다는 것을 의미한다. 구형성은 반복측정 시점 사이의 관측(측정)값들의 분산이 모두 동일해야 한다는 것을 의미한다.

연구자는 반복측정 분산분석에서 분석결과를 보고 다음 사항을 순차적으로 확인해야 한다.

- 1단계: 측정결과가 어떠한 실험수준에 따라 차이가 있는가? (개체 간 효과)
- 2단계: 측정결과는 관찰시점에 따라 차이가 있는가? (개체 내 효과)
- 3단계: 실험수준과 관찰시점에 따른 상호작용효과(interaction effect)는 존재하는가?
- 4단계: 시간에 따른 실험수준의 효과는 어떻게 변화하고 있는가? (프로파일 도표 분석)

### 4) 다변량분산분석

다변량분산분석에서 귀무가설은 여러 모집단의 평균벡터가 같다는 것을 서술한다. 다변량분산분석은 일반적으로 다음과 같은 단계로 수행된다.

- 1단계: 먼저 종속변수 사이에서 상관관계가 있는지 여부를 조사한다. 만일 상관관계가 없다면 변수들을 개별적으로 ANOVA 검정을 한다. 반대로 상관관계가 있으면 MANOVA를 준비한다.
- 2단계: 변수들의 기본 가정인 다변량 정규분포성과 등공분산성 등을 조사한다.
- 3단계: 모든 요인수준의 평균벡터들이 같은가를 검정한다.
- 4단계: 만일에 모든 평균벡터들이 같다는 귀무가설이 채택되면 검정은 여기서 끝이 난다. 그러나 귀무가설이 기각되어 모든 평균벡터들이 반드시 같지 않다면, 변수들을 개별적으로 조사하여 어떤 변수가 얼마나 다른가를 조사한다. 그리고 그 차이가 의미하는 것이 무엇인지 규명한다.

# 2 일원분산분석

## 2-1 문제 정의 및 가설 설정

스마트 컨설팅은 이동통신사별 4개사의 만족도를 조사하였다. 통신사는 com1, com2, com3, com4이며, 특정 시점에 고객만족도를 조사하였다. 다음 표는 각 회사별 고객만족도를 조사한 결과이다.

[표 7-3] 통신사별 만족도

| | com1 | com2 | com3 | com4 |
|---|---|---|---|---|
| 고객만족도 (satis) | 87 | 71 | 66 | 65 |
| | 85 | 82 | 74 | 69 |
| | 78 | 75 | 79 | 67 |
| | 82 | 80 | | 63 |

이와 같은 자료가 주어졌다고 할 때, 통신사별 만족도가 같은지 여부를 $\alpha=0.05$에서 검정하고자 한다.

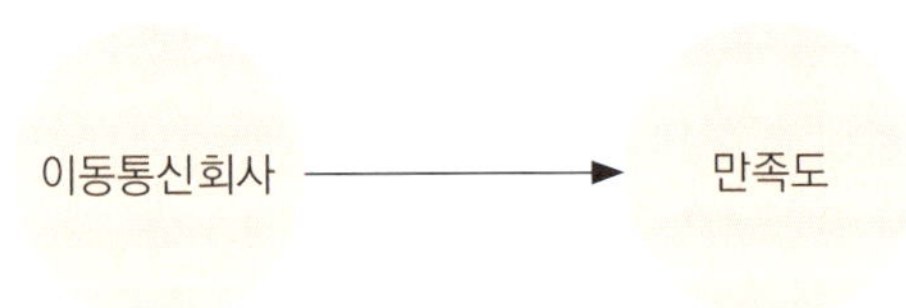


- $H_0: \mu_1=\mu_2=\mu_3=\mu_4$
- $H_1$: 만족도는 반드시 같지 않을 것이다.

분석에 앞서 다음과 같이 데이터를 입력한다. 여기서는 엑셀창에서 CSV(쉼표로 분리) 형식으로 저장하였다.

데이터 ch71.csv

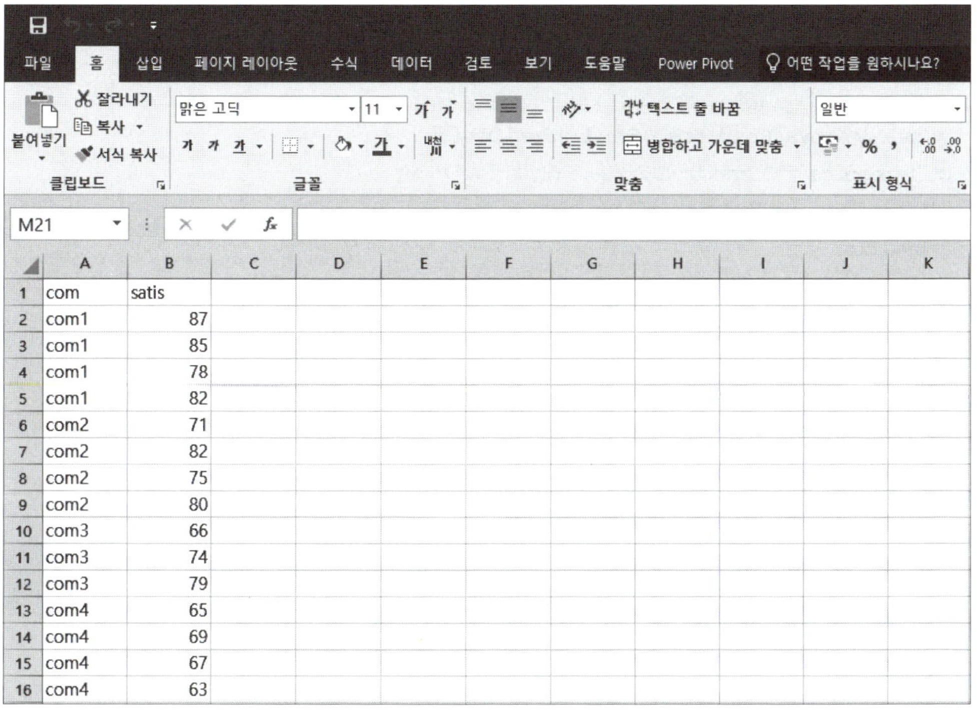

## 2-2 R 분석

1단계: R 프로그램을 이용하여 일원분산분석을 실시하기 위해서 다음과 같은 명령어를 입력한다.

데이터 ch7-1.R

```
# One Way Anova (Completely Randomized Design)
ch71=read.csv("C:/gskim/SSA/data/ch71.csv")
fit=aov(satis~com,data=ch71)
anova(fit)
# Description statistics
with(ch71, tapply(satis,com,mean))
TukeyHSD(fit)
# Boxplot graph
library(ggplot2)
ggplot(data=ch71, aes(x=com, y=satis, group=com)) + geom_boxplot()
```

2단계: 마우스로 모든 범위를 지정하고 Run 단추를 누르면 다음과 같은 결과를 얻을 수 있다.

```
Analysis of Variance Table

Response: satis
          Df  Sum Sq  Mean Sq  F value    Pr(>F)
com        3  607.73  202.578     9.86  0.001887 **
Residuals 11  226.00   20.545
---
Signif. codes: 0 '***' 0.001 '**' 0.01 '*' 0.05 '.' 0.1 ' ' 1
> # Description statistics
> with(ch71, tapply(satis,com,mean))
com1 com2 com3 com4
  83   77   73   66
```

**결과 설명** 분산분석표(Analysis of Variance Table)에 제시된 통계량을 이해하는 것은 매우 중요하다고 할 수 있다. 집단간제곱합(between groups sum of squares)은 607.733, 집단내제곱합(within groups sum of squares)은 226.000이다. 집단간자유도(Df)는 3(4-1), 집단내자유도는 11(15-4)이다. 집단간평균제곱은 집단간제곱합을 자유도로 나눈 값으로 202.578이다. 집단내평균제곱은 집단내제곱합을 자유도로 나눈 값으로 20.545이다. F값(집단간평균제곱 / 집단내평균제곱)은 9.860이다. 이를 확률로 나타내면 0.002이다. $p = 0.002 < \alpha = 0.05$이므로 '네 회사의 만족도는 동일하다'라는 귀무가설($H_0$)은 기각된다. 또한 기술통계량(description statistics)으로 이동통신사(com)별 평균(mean)이 각각 나타나 있다.

```
> TukeyHSD(fit)
 Tukey multiple comparisons of means
  95% family-wise confidence level

Fit: aov(formula = satis ~ com, data = ch71)

$com
          diff       lwr        upr     p adj
com2-com1   -6 -15.64593  3.6459305 0.2936182
com3-com1  -10 -20.41880  0.4187957 0.0611019
com4-com1  -17 -26.64593 -7.3540695 0.0012181
com3-com2   -4 -14.41880  6.4187957 0.6650743
com4-com2  -11 -20.64593 -1.3540695 0.0246781
com4-com3   -7 -17.41880  3.4187957 0.2378560
```

**결과 설명** 그룹 간(기업 간) 평균 차이를 검정하기 위해 Tukey HSD(튜키 사후검정)을 실시한 결과, 회사1(com1)과 회사4(com) 간의 평균값 차이가 있고, 회사2(com2)와 회사4(com) 간에 평균 차이가 유의함을 알 수 있다($p < \alpha = 0.05$). 또한 신뢰구간의 하한값(lwr)과 상한값(upr)이 제시되어 있는데 신뢰구간 안에 0을 포함하면 '그룹 간 평균 차이가 없다'는 귀무가설($H_0$)을 채택한다. 반면에 신뢰구간 안에 0을 포함하지 않으면 귀무가설($H_0$)을 기각한다.

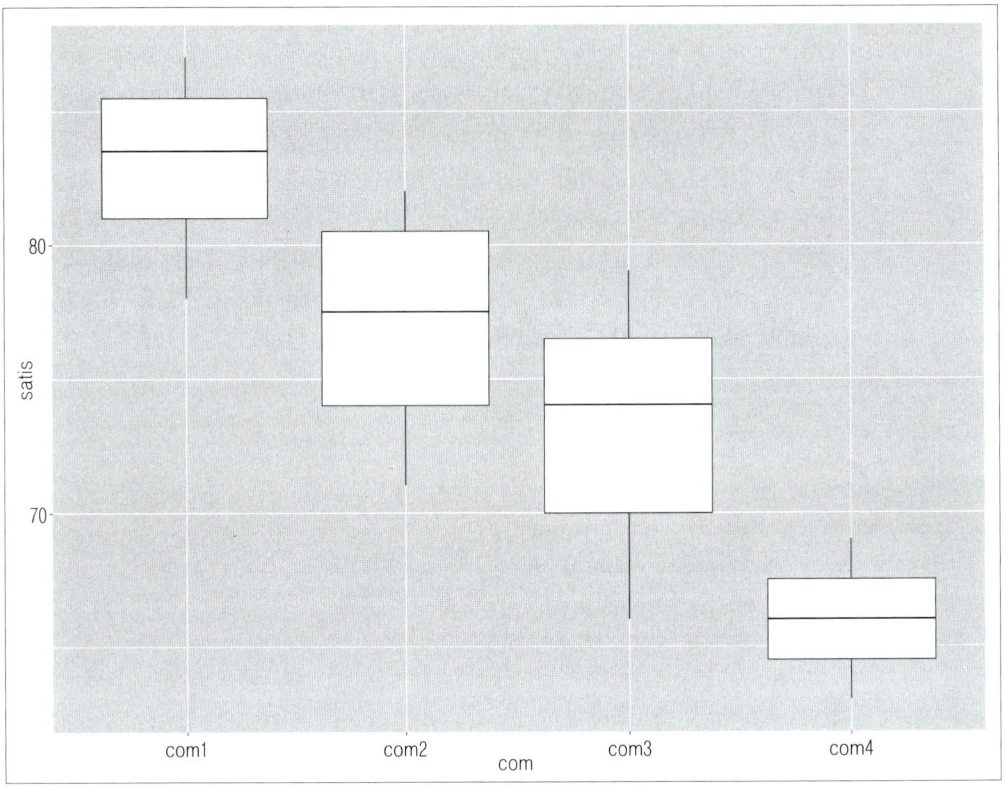


**결과 설명** box plot 결과를 보면, 회사1(com1), 회사2(com2), 회사3(com3), 회사4(com) 순으로 만족도가 낮아짐을 시각적으로 알 수 있다.

## 2-3 SPSS 분석

1단계: 다음과 같이 데이터를 입력한다.

데이터 ch71.sav

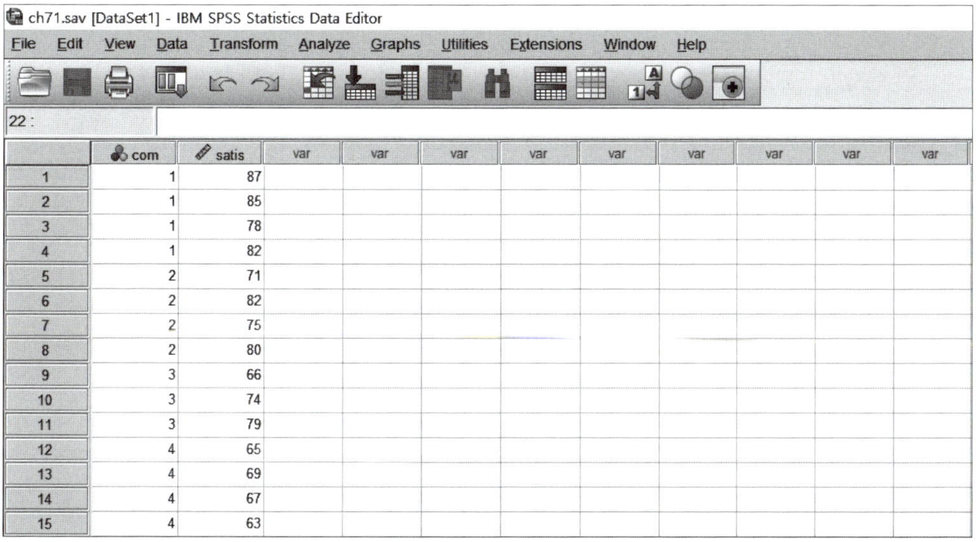
ch71.sav [DataSet1] - IBM SPSS Statistics Data Editor

File Edit View Data Transform Analyze Graphs Utilities Extensions Window Help

22 :

| | com | satis | var | var | var | var | var | var | var | var | var |
|---|---|---|---|---|---|---|---|---|---|---|---|
| 1 | 1 | 87 | | | | | | | | | |
| 2 | 1 | 85 | | | | | | | | | |
| 3 | 1 | 78 | | | | | | | | | |
| 4 | 1 | 82 | | | | | | | | | |
| 5 | 2 | 71 | | | | | | | | | |
| 6 | 2 | 82 | | | | | | | | | |
| 7 | 2 | 75 | | | | | | | | | |
| 8 | 2 | 80 | | | | | | | | | |
| 9 | 3 | 66 | | | | | | | | | |
| 10 | 3 | 74 | | | | | | | | | |
| 11 | 3 | 79 | | | | | | | | | |
| 12 | 4 | 65 | | | | | | | | | |
| 13 | 4 | 69 | | | | | | | | | |
| 14 | 4 | 67 | | | | | | | | | |
| 15 | 4 | 63 | | | | | | | | | |

2단계: 일원분산분석(one way ANOVA)을 실시하기 위해 다음과 같이 명령문을 입력한다.

데이터 ch71.sps

```
ONEWAY satis BY com
  /STATISTICS DESCRIPTIVES
  /PLOT MEANS
  /MISSING ANALYSIS
  /POSTHOC=TUKEY ALPHA(0.05).
```

3단계: 명령어를 입력하고 실행하면 다음과 같은 결과를 얻을 수 있다.

**Descriptives**

satis

| | N | Mean | Std. Deviation | Std. Error | 95% Confidence Interval for Mean Lower Bound | 95% Confidence Interval for Mean Upper Bound | Minimum | Maximum |
|---|---|---|---|---|---|---|---|---|
| com1 | 4 | 83.00 | 3.916 | 1.958 | 76.77 | 89.23 | 78 | 87 |
| com2 | 4 | 77.00 | 4.967 | 2.483 | 69.10 | 84.90 | 71 | 82 |
| com3 | 3 | 73.00 | 6.557 | 3.786 | 56.71 | 89.29 | 66 | 79 |
| com4 | 4 | 66.00 | 2.582 | 1.291 | 61.89 | 70.11 | 63 | 69 |
| Total | 15 | 74.87 | 7.717 | 1.993 | 70.59 | 79.14 | 63 | 87 |

**결과 설명** 기술통계량을 보면 이동통신사별 평균(Mean), 표준편차(Std. Deviation), 표준오차(Std. Error), 95%의 신뢰구간(하한값, 상한값)이 나타나 있다.

**ANOVA**

satis

| | Sum of Squares | df | Mean Square | F | Sig. |
|---|---|---|---|---|---|
| Between Groups | 607.733 | 3 | 202.578 | 9.860 | .002 |
| Within Groups | 226.000 | 11 | 20.545 | | |
| Total | 833.733 | 14 | | | |

**결과 설명** 분산분석표(Analysis of Variance Table)에 제시된 통계량을 이해하는 것은 매우 중요하다. 집단간제곱합(Between Groups Sum of Squares)은 607.733, 집단내제곱합(Within Groups Sum of Squares)은 226.000이다. 집단간자유도(df)는 3(4-1), 집단내자유도는 11(15-4)이다. 집단간평균제곱은 집단간제곱합을 자유도로 나눈 값으로 202.578이다. 집단내평균제곱은 집단내제곱합을 자유도로 나눈 값으로 20.545이다. F값(집단간평균제곱/집단내평균제곱)은 9.860이다. 이를 확률로 나타내면 0.002이다. $p=0.002<\alpha=0.05$이므로 '네 회사의 만족도는 동일하다'라는 귀무가설($H_0$)은 기각된다.

**Post Hoc Tests**

**Multiple Comparisons**

Dependent Variable: satis

Tukey HSD

| (I) com | (J) com | Mean Difference (I-J) | Std. Error | Sig. | 95% Confidence Interval Lower Bound | Upper Bound |
|---|---|---|---|---|---|---|
| com1 | com2 | 6.000 | 3.205 | .294 | -3.65 | 15.65 |
| | com3 | 10.000 | 3.462 | .061 | -.42 | 20.42 |
| | com4 | 17.000* | 3.205 | .001 | 7.35 | 26.65 |
| com2 | com1 | -6.000 | 3.205 | .294 | -15.65 | 3.65 |
| | com3 | 4.000 | 3.462 | .665 | -6.42 | 14.42 |
| | com4 | 11.000* | 3.205 | .025 | 1.35 | 20.65 |
| com3 | com1 | -10.000 | 3.462 | .061 | -20.42 | .42 |
| | com2 | -4.000 | 3.462 | .665 | -14.42 | 6.42 |
| | com4 | 7.000 | 3.462 | .238 | -3.42 | 17.42 |
| com4 | com1 | -17.000* | 3.205 | .001 | -26.65 | -7.35 |
| | com2 | -11.000* | 3.205 | .025 | -20.65 | -1.35 |
| | com3 | -7.000 | 3.462 | .238 | -17.42 | 3.42 |

*. The mean difference is significant at the 0.05 level.

**결과 설명** 그룹 간(기업 간) 평균 차이를 검정하기 위해 Tukey HSD(투키 사후검정)을 실시한 결과, 회사1(com1)과 회사4(com) 간의 평균 차이가 있고, 회사2(com2)와 회사4(com) 간에 평균 차이가 유의함을 알 수 있다($p < \alpha = 0.05$).

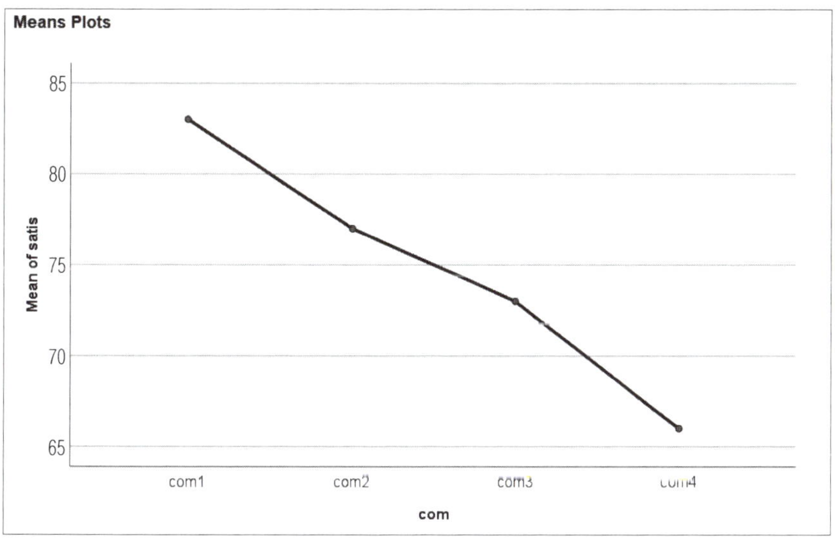


**결과 설명** 평균 그래프를 보면 회사1(com1), 회사2(com2), 회사3(com3), 회사4(com) 순으로 만족도가 낮아짐을 시각적으로 알 수 있다.

### 2-4 전략 수립

스마트폰은 의사소통의 기본수단이다. 스마트폰의 대중화로 인해 모바일 인터넷 서비스가 급속도로 발전하면서 사람들의 커뮤니케이션 방식에 영향을 미치고 있다. 각 이동통신사는 고객들의 만족도와 충성도를 높이기 위해서 이용동기(주관적 규범, 자기노출, 즐거움)와 품질요인(시스템 품질, 정보 품질, 디자인 품질)에 대한 세부 전략을 구체적으로 마련하고 실행해야 한다. 이후 각 전략의 효과를 검증하고 개선해나가야 한다. 아울러 고객이 체감할 수 있는 고객만족경영을 실천하기 위한 구체적인 방안을 마련해야 한다.

## 3 이원분산분석

### 3-1 문제 정의 및 가설 설정

대학생 성공연구소는 학교와 계열에 따른 토익점수를 알아보기 위해서 랜덤샘플링 방식으로 반복측정을 실시하였다.

| 계열 \ 학교 | 대학교 | | |
|---|---|---|---|
| | A | B | C |
| mgt (경영계열) | 889 | 896 | 990 |
| | 862 | 876 | 903 |
| | 818 | 869 | 984 |
| | 862 | 825 | 935 |
| | 795 | 802 | 929 |
| nonmgt (비경영계열) | 606 | 593 | 644 |
| | 569 | 577 | 621 |
| | 576 | 623 | 677 |
| | 615 | 600 | 667 |
| | 655 | 577 | 700 |

연구소는 계열에 따라 토익점수 차이 여부를 검정하기로 하였다. 다음과 같은 가설을 설정할 수 있다.

- $H_0 : \mu_1 = \mu_2$
- $H_1$ : 계열마다 토익점수는 같지 않을 것이다.

또한 학교에 따라 토익점수 차이 여부를 검정하기로 하였다. 다음과 같은 가설을 설정할 수 있다.

- $H_0 : \mu_1 = \mu_2 = \mu_3$
- $H_1$ : 학교마다 토익점수는 같지 않을 것이다.

이어 반복측정(replication measurement)을 실시하였으므로 독립변수(계열, 학교) 간 상호작용 여부에 대한 가설을 설정할 수 있다.

- $H_0$ : 두 변수 간 상호작용은 없을 것이다.
- $H_1$ : 두 변수 간 상호작용은 있을 것이다.

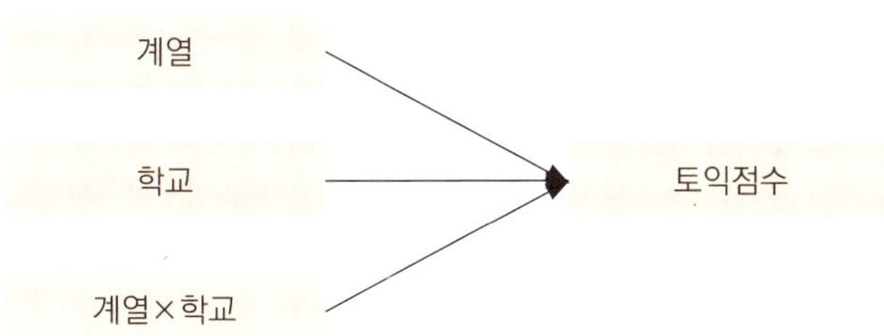

## 3-2 R 분석

1단계: 본격적으로 명령문을 작성하기 전에 아래 그림과 같이 데이터를 정리해야 한다. SPSS 프로그램과 달리 각 변수의 처리수준에 문자를 입력하지 않으면 다른 결과가 생성되기 때문이다. 예를 들어, 전공(department)에서 경영계열일 경우에는 문자를 추가해 'd1, d2, d3'로 코딩한다. 대학(university) 변수도 마찬가지로 문자형식(u1, u2, u3)으로 코딩한다.

데이터 ch72.csv

| | A | B | C | D | E | F | G | H | I | J | K |
|---|---|---|---|---|---|---|---|---|---|---|---|
| 1 | departmer | university | score | | | | | | | | |
| 2 | d1 | u1 | 889 | | | | | | | | |
| 3 | d1 | u1 | 862 | | | | | | | | |
| 4 | d1 | u1 | 818 | | | | | | | | |
| 5 | d1 | u1 | 862 | | | | | | | | |
| 6 | d1 | u1 | 795 | | | | | | | | |
| 7 | d1 | u2 | 896 | | | | | | | | |
| 8 | d1 | u2 | 876 | | | | | | | | |
| 9 | d1 | u2 | 869 | | | | | | | | |
| 10 | d1 | u2 | 825 | | | | | | | | |
| 11 | d1 | u2 | 802 | | | | | | | | |
| 12 | d1 | u3 | 990 | | | | | | | | |
| 13 | d1 | u3 | 903 | | | | | | | | |
| 14 | d1 | u3 | 984 | | | | | | | | |
| 15 | d1 | u3 | 935 | | | | | | | | |
| 16 | d1 | u3 | 929 | | | | | | | | |
| 17 | d2 | u1 | 606 | | | | | | | | |
| 18 | d2 | u1 | 569 | | | | | | | | |
| 19 | d2 | u1 | 576 | | | | | | | | |
| 20 | d2 | u1 | 615 | | | | | | | | |
| 21 | d2 | u1 | 655 | | | | | | | | |
| 22 | d2 | u2 | 593 | | | | | | | | |
| 23 | d2 | u2 | 577 | | | | | | | | |
| 24 | d2 | u2 | 623 | | | | | | | | |
| 25 | d2 | u2 | 600 | | | | | | | | |
| 26 | d2 | u2 | 577 | | | | | | | | |
| 27 | d2 | u3 | 644 | | | | | | | | |
| 28 | d2 | u3 | 621 | | | | | | | | |
| 29 | d2 | u3 | 677 | | | | | | | | |
| 30 | d2 | u3 | 667 | | | | | | | | |
| 31 | d2 | u3 | 700 | | | | | | | | |

2단계 : 다음과 같이 명령문을 작성한다.

데이터 ch72.R

```
# Two Way Factorial Design
ch72=read.csv("C:/gskim/SSA/data/ch72.csv")
# Two Way Factorial Design
fit <- aov(score ~ university + department + university:department, data=ch72)
summary(fit) # display Type I ANOVA table
drop1(fit,~.,test="F") # type III SS and F Tests
library("ggpubr")
# Two-way interaction plot
interaction.plot(x.factor = ch72$university, trace.factor = ch72$department,
                 response = ch72$score, fun = mean,
                 type = "b", legend = TRUE,
                 xlab = "university", ylab="score",
                 pch=c(1,19), col = c("#00AFBB", "#E7B800"))
```

명령문 입력방식에서 fit <- aov(score~university+department+university:department, data=ch72) 부분이 'fit <- aov(score~university * department, data=ch72)'으로 대체되어도 무방하다.

분산분석에서 모형의 효과크기를 계산하는 명령문 입력 시, R 프로그램에서는 초기 지정(default)으로 제I유형(Type I)이 지정된다. 제I유형은 제곱합 계산방법을 설정하는 것으로, 각 셀의 크기가 같은 경우에만 사용된다. 제3유형은 결측 셀이 없는 경우로, 각 셀의 크기가 같거나 다르거나 상관없이 사용될 수 있는 일반적인 방법이다. 제4유형은 결측 셀이 있는 경우 사용된다. SAS나 SPSS 프로그램은 3유형으로 초기 지정되어 있다. 여기서는 3유형과 유사한 결과를 도출할 수 있는 함수 'drop1(fit,~.,test="F")'을 사용하였다.

상호작용 여부를 시각적으로 확인하여 ggpubr을 설치하고 불러오기를 하였다. 이후 해당 변수와 색상 정보를 입력하면 된다.

3단계: 위의 명령어를 실행하면, 다음과 같이 반복이 있는 이원분산분석 결과를 얻을 수 있다.

```
> summary(fit) # display Type I ANOVA table
                      Df Sum Sq Mean Sq F value   Pr(>F)    
university             2  43474   21737  19.135 1.07e-05 ***
department             1 516141  516141 454.343  < 2e-16 ***
university:department  2   2604    1302   1.146    0.335    
Residuals             24  27264    1136                     
---
Signif. codes:  0 ‘***’ 0.001 ‘**’ 0.01 ‘*’ 0.05 ‘.’ 0.1 ‘ ’ 1
> drop1(fit,~.,test="F") # type III SS and F Tests
Single term deletions

Model:
score ~ university + department + university:department
                      Df Sum of Sq    RSS    AIC  F value    Pr(>F)    
<none>                              27264 216.36                       
university             2     32715  59979 236.02  14.3988 7.783e-05 ***
department             1    145203 172467 269.70 127.8172 4.249e-11 ***
university:department  2      2604  29869 215.10   1.1463    0.3346    
```

**결과 설명** 대학(university)에 따른 토익점수 차이는 F = 19.135, 유의확률 = 0.00으로 유의한 것으로 나타났다. 즉 '대학마다 토익점수가 동일할 것이다'라는 귀무가설($H_0$)이 기각되고 연구가설($H_1$)을 채택하게 된다. 계열별(department) 토익점수 차이는 F = 454.343, 자유도 = 1, 유의확률 = 0.000 < $\alpha$ = 0.05로 유의하다.

계열별 대학의 상호작용효과(2-Way Interaction)를 살펴보면, p = 0.335 > $\alpha$ = 0.05로 상호작용 관련 귀무가설을 채택하여 상호작용효과는 없다고 할 수 있다. 여기서 1유형(Type I)은 명령문에 나타난 것처럼 순차적으로 변수가 투입되는 방식이다. 첫 번째 독립변수(university)는 조정되지 않다가 두 번째 변수(department)는 첫 번째 변수를 위해서 조정된다. university:department 상호작용은 university와 department에 의해서 조정된 것이다. 반면에 3유형(Type III)은 한계적인 것으로 모형에서 각 효과는 다른 모든 효과를 조정한 것이다. 즉, university의 효과는 department와 university:department에 대해 조정된 것이다.

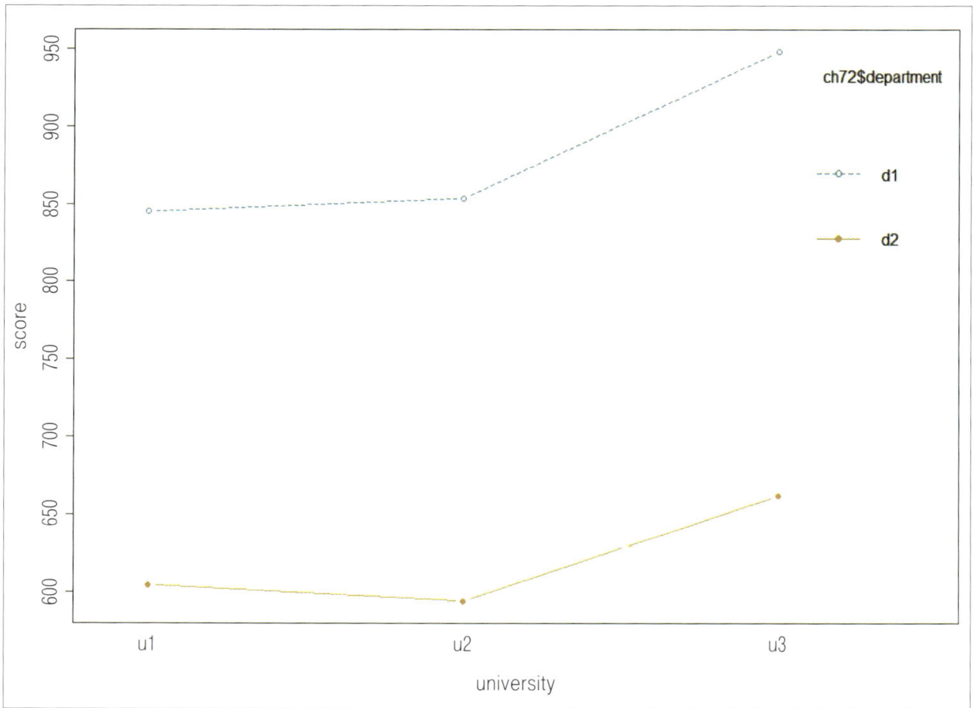


**결과 설명** 두 변수 계열(department)과 대학(university)의 상호작용효과(2-Way Interaction) 여부를 시각적으로 살펴본 결과, 두 직선이 교차(cross)하지 않아 대학별 전공 간의 상호작용은 존재하지 않음을 알 수 있다. 여기서는 두 변수에 따라 토익점수가 같은 패턴을 보인다고 해석할 수 있다.

## 3-3 SPSS 분석

1단계 : 반복이 있는 이원분산분석을 실시하기 위해 SPSS 프로그램에 데이터를 입력한다.

데이터 ch72.csv

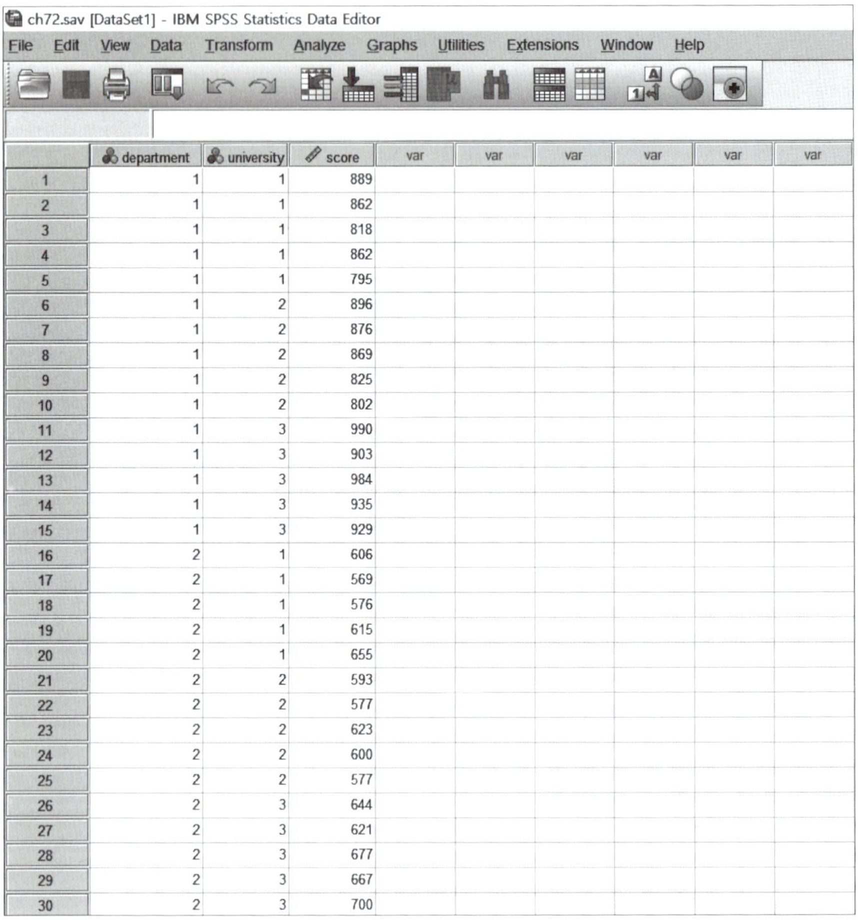


| | department | university | score | var | var | var | var | var | var |
|---|---|---|---|---|---|---|---|---|---|
| 1 | 1 | 1 | 889 | | | | | | |
| 2 | 1 | 1 | 862 | | | | | | |
| 3 | 1 | 1 | 818 | | | | | | |
| 4 | 1 | 1 | 862 | | | | | | |
| 5 | 1 | 1 | 795 | | | | | | |
| 6 | 1 | 2 | 896 | | | | | | |
| 7 | 1 | 2 | 876 | | | | | | |
| 8 | 1 | 2 | 869 | | | | | | |
| 9 | 1 | 2 | 825 | | | | | | |
| 10 | 1 | 2 | 802 | | | | | | |
| 11 | 1 | 3 | 990 | | | | | | |
| 12 | 1 | 3 | 903 | | | | | | |
| 13 | 1 | 3 | 984 | | | | | | |
| 14 | 1 | 3 | 935 | | | | | | |
| 15 | 1 | 3 | 929 | | | | | | |
| 16 | 2 | 1 | 606 | | | | | | |
| 17 | 2 | 1 | 569 | | | | | | |
| 18 | 2 | 1 | 576 | | | | | | |
| 19 | 2 | 1 | 615 | | | | | | |
| 20 | 2 | 1 | 655 | | | | | | |
| 21 | 2 | 2 | 593 | | | | | | |
| 22 | 2 | 2 | 577 | | | | | | |
| 23 | 2 | 2 | 623 | | | | | | |
| 24 | 2 | 2 | 600 | | | | | | |
| 25 | 2 | 2 | 577 | | | | | | |
| 26 | 2 | 3 | 644 | | | | | | |
| 27 | 2 | 3 | 621 | | | | | | |
| 28 | 2 | 3 | 677 | | | | | | |
| 29 | 2 | 3 | 667 | | | | | | |
| 30 | 2 | 3 | 700 | | | | | | |

2단계: 분석을 위해서 Syntax(명령문) 창에 다음과 같은 명령문을 입력하고 실행한다.

데이터 ch72.sps

```
UNIANOVA score BY department university
 /METHOD=SSTYPE(3)
 /INTERCEPT=INCLUDE
 /PLOT=PROFILE(university*department) TYPE=LINE ERRORBAR=NO MEANREFERENCE=NO
YAXIS=AUTO
 /PRINT DESCRIPTIVE
 /CRITERIA=ALPHA(.05)
 /DESIGN=department university department*university.
```

**Between-Subjects Factors**

| | | Value Label | N |
|---|---|---|---|
| department | 1 | mgt | 15 |
| | 2 | non-mgt | 15 |
| university | 1 | A | 10 |
| | 2 | B | 10 |
| | 3 | C | 10 |

결과 설명 개체 간 요인을 살펴보면, 부문별(department) 경영계열(mgt)과 비경영(non-mgt)에 관한 빈도수가 나타나 있다. 그리고 대학(university)별 케이스가 나타나 있다.

**Descriptive Statistics**

Dependent Variable: score

| department | university | Mean | Std. Deviation | N |
|---|---|---|---|---|
| mgt | A | 845.20 | 37.891 | 5 |
| | B | 853.60 | 38.785 | 5 |
| | C | 948.20 | 37.466 | 5 |
| | Total | 882.33 | 59.815 | 15 |
| non-mgt | A | 604.20 | 34.405 | 5 |
| | B | 594.00 | 19.079 | 5 |
| | C | 661.80 | 30.409 | 5 |
| | Total | 620.00 | 40.755 | 15 |
| Total | A | 724.70 | 131.521 | 10 |
| | B | 723.80 | 139.823 | 10 |
| | C | 805.00 | 154.336 | 10 |
| | Total | 751.17 | 142.573 | 30 |

결과 설명 기술통계량을 보면, 계열별 및 대학에 따른 토익성직 평균(Mean)과 표준편치(Std. Deviation)가 나타나 있다.

**Tests of Between-Subjects Effects**

Dependent Variable: score

| Source | Type III Sum of Squares | df | Mean Square | F | Sig. |
|---|---|---|---|---|---|
| Corrected Model | 562219.767[a] | 5 | 112443.953 | 98.981 | .000 |
| Intercept | 16927540.83 | 1 | 16927540.83 | 14900.786 | .000 |
| department | 516140.833 | 1 | 516140.833 | 454.343 | .000 |
| university | 43474.467 | 2 | 21737.233 | 19.135 | .000 |
| department * university | 2604.467 | 2 | 1302.233 | 1.146 | .335 |
| Error | 27264.400 | 24 | 1136.017 | | |
| Total | 17517025.00 | 30 | | | |
| Corrected Total | 589484.167 | 29 | | | |

a. R Squared = .954 (Adjusted R Squared = .944)

**결과 설명** 개체 간 효과 검정 결과를 보면, 계열별(department)에 따른 토익점수 차이는 F = 454.343, 자유도 = 1, 유의확률 = 0.000으로 유의하다. 대학(university))에 따른 토익점수 차이는 F = 19.135, 유의확률 = 0.00으로 유의한 것으로, 즉 귀무가설($H_0$)이 기각되고 연구가설($H_1$)을 채택하게 된다.

R제곱($R^2$)은 회귀분석에서 결정계수와 같은 것으로 실험요소에 의해 설명될 수 있는 종속변수의 총변동비율을 의미한다. 앞의 결과를 이용해 계산하면 아래와 같다.

$$R^2 = \frac{516,140.833 + 43,474.467}{17,517,0025} = 0.954$$

계열별(department) 및 대학(university)의 상호작용효과(2-Way Interaction)를 살펴보면, $p = 0.335 > \alpha = 0.05$로 상호작용 관련 귀무가설을 채택하여 상호작용효과는 없다고 할 수 있다.

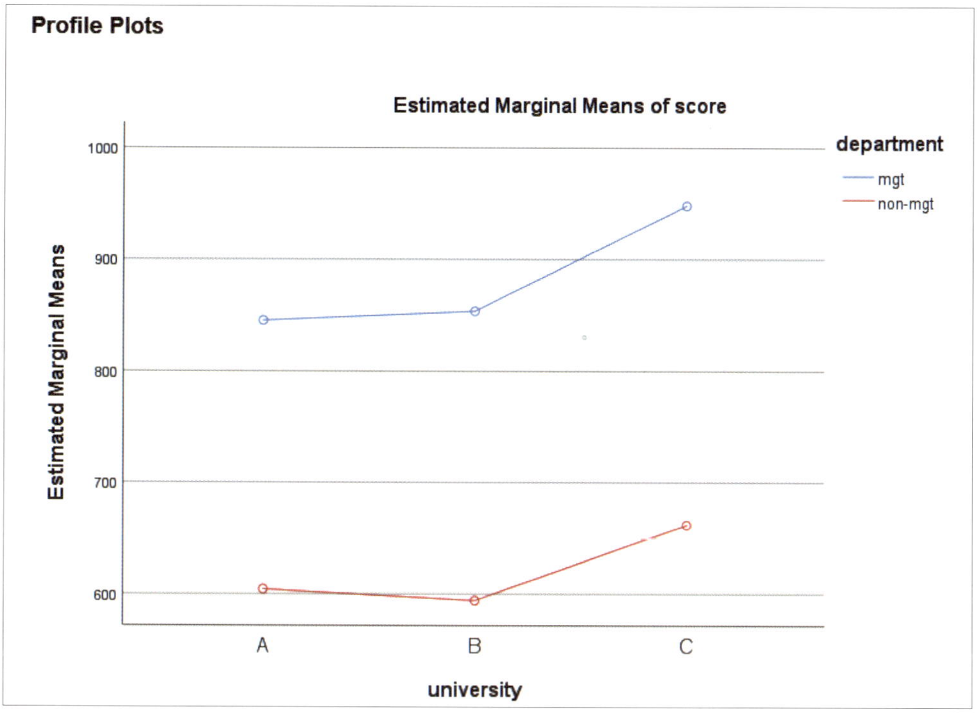


**결과 설명** 두 변수 계열별(department)과 대학(university)의 상호작용효과(2-Way Interaction) 여부를 시각적으로 살펴본 결과, 두 직선이 교차(cross)하지 않아 대학별, 전공별 상호작용은 존재하지 않음을 알 수 있다. 여기서는 두 변수에 따라 토익점수가 같은 패턴을 보인다고 해석하면 된다.

## 3-4 전략 수립

외국어는 커뮤니케이션의 필수이다. 학생들의 외국어 역량 중 하나인 토익 실력을 진작시키기 위해서 대학에서는 '외국어 역량 강화 지원시스템'을 구축해야 할 것이다. 단과대학이나 학과별로 이러한 지원시스템을 갖추고 제공하는지 여부에 따라 학생들의 외국어 실력은 현격하게 차이가 나기 마련이다. 그러므로 단과대나 학과별 차원에서 실제적인 지원 시스템을 구축해야 한다. 아울러 단순히 토익강좌를 개설하는 것을 넘어 수준별 토익강좌를 제공하고, 토익스피킹과 같은 강좌를 개설해 학생들의 실용회화 능력 강화에 힘써야 한다.

# 4 반복측정 다변량분산분석

## 4-1 문제 정의 및 가설 설정

어느 소프트웨어 개발 업체는 직원들의 스트레스 해소를 위해서 아침저녁으로 명상프로그램(mindfullness program) 제공을 검토하고 있다. 본격적으로 명상프로그램을 도입하기에 앞서 3개월간 시범 운영을 해보았다. 그런 다음 명상프로그램의 효과를 알아보기 위해서 그룹(group, 1 = 명상프로그램 미참여 그룹, 2 = 명상프로그램 참여 그룹)별 심리적인 안정감(feeling)과 직무만족도(satisfaction)를 3개월간(1월: 명상프로그램 실시 이전, 2월: 명상프로그램 실시 1개월, 3월: 명상프로그램 실시 2개월) 조사하였다(모든 측정척도: 1~10점, 높은 점수일수록 명상프로그램에 적극적으로 참여하거나 심리적인 안정감과 직무만족도가 높음을 나타냄).

기획팀에서 그룹별(1 = 명상프로그램 미참여 그룹, 2 = 명상프로그램 참여 그룹)로 3개월간 심리적 안정감(feeling, f)과 직무만족도(satisfaction, s) 차이를 확인하려고 한다.

| 그룹 \ 변수 | 심리적 안정감(feeling) | | | 직무만족도(satisfaction) | | |
|---|---|---|---|---|---|---|
| | f1 | f2 | f2 | s1 | s2 | s3 |
| control (g1) | 4 | 3 | 4 | 3 | 4 | 5 |
| | 3 | 4 | 5 | 2 | 3 | 4 |
| | 3 | 3 | 3 | 2 | 3 | 4 |
| | 2 | 3 | 2 | 2 | 4 | 5 |
| | 5 | 3 | 3 | 3 | 4 | 5 |
| | 3 | 4 | 4 | 4 | 4 | 3 |
| | 3 | 2 | 3 | 3 | 4 | 4 |
| | 3 | 2 | 4 | 3 | 3 | 3 |
| treatment (g2) | 4 | 7 | 8 | 3 | 6 | 8 |
| | 3 | 8 | 9 | 4 | 5 | 8 |
| | 3 | 6 | 8 | 4 | 6 | 9 |
| | 4 | 5 | 7 | 5 | 7 | 9 |
| | 3 | 6 | 8 | 4 | 7 | 10 |
| | 4 | 5 | 7 | 3 | 5 | 8 |
| | 4 | 5 | 8 | 4 | 5 | 8 |
| | 5 | 7 | 8 | 3 | 7 | 10 |

심리적 안정감 점수 차이 여부를 검정하기로 하였다. 다음과 같은 가설을 설정할 수 있다.

- $H_0 : \mu_1 = \mu_2 = \mu_3$
- $H_1$ : 그룹별 심리적 안정감이 다를 것이다.

또한 직무만족도 차이 여부를 검정하기로 하였다. 다음과 같은 가설을 설정할 수 있다.

- $H_0 : \mu_1 = \mu_2 = \mu_3$
- $H_1$ : 그룹별 직무만족도가 다를 것이다.

이어서 반복측정(repeated measurement)을 실시하였으므로 독립변수(월별, 그룹 간) 간 상호작용 여부에 대한 가설을 설정할 수 있다.

- $H_0$ : 두 변수 간 상호작용은 없을 것이다.
- $H_1$ : 두 변수 간 상호작용은 있을 것이다.

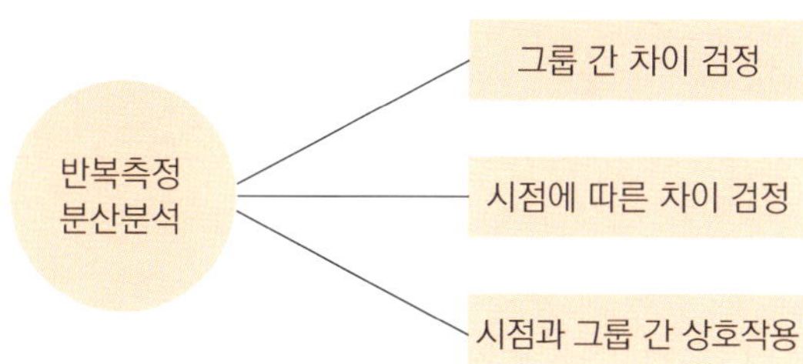

## 4-2 R 분석

1단계 : R 프로그램에서 반복측정 다변량분산분석을 실시하기 위해서는 다음과 같이 데이터를 정리해주어야 한다. SPSS에서 데이터를 코딩하는 방식과 다르니 주의를 요한다(SPSS에서 데이터 코딩 시에는 명목변수의 수치 앞에 문자를 삽입함).

데이터 ch73_1.csv

| group | month | f | s |
|---|---|---|---|
| g1 | m1 | 4 | 3 |
| g1 | m1 | 3 | 2 |
| g1 | m1 | 3 | 2 |
| g1 | m1 | 2 | 2 |
| g1 | m1 | 5 | 3 |
| g1 | m1 | 3 | 4 |
| g1 | m1 | 3 | 3 |
| g1 | m1 | 3 | 3 |
| g2 | m1 | 4 | 3 |
| g2 | m1 | 3 | 4 |
| g2 | m1 | 3 | 4 |
| g2 | m1 | 4 | 5 |
| g2 | m1 | 3 | 4 |
| g2 | m1 | 4 | 3 |
| g2 | m1 | 4 | 4 |
| g2 | m1 | 5 | 3 |
| g1 | m2 | 3 | 4 |
| g1 | m2 | 4 | 3 |
| g1 | m2 | 3 | 3 |
| g1 | m2 | 3 | 4 |
| g1 | m2 | 3 | 4 |
| g1 | m2 | 4 | 4 |
| g1 | m2 | 2 | 4 |
| g1 | m2 | 2 | 3 |
| g2 | m2 | 7 | 6 |
| g2 | m2 | 8 | 5 |
| g2 | m2 | 6 | 6 |
| g2 | m2 | 5 | 7 |
| g2 | m2 | 6 | 7 |

2단계 : R 프로그램에서 다음과 같이 명령문을 입력한다.

데이터 ch7-3.R

```
ch73=read.csv("C:/gskim/SSA/data/ch73_1.csv")
# MANOVA test
res.man <- manova(cbind(f,s) ~ group + month + group*month, data =ch73)
summary(res.man)

# Look to see which differ
summary.aov(res.man)
```

```
library("ggpubr")
# Two-way interaction plot
interaction.plot(x.factor = ch73$month, trace.factor = ch73$group,
                 response = ch73$f, fun = mean,
                 type = "b", legend = TRUE,
                 xlab = "month", ylab="feeling",
                 pch=c(1,19), col = c("#00AFBB", "#E7B800"))

# Two-way interaction plot
interaction.plot(x.factor = ch73$month, trace.factor = ch73$group,
                 response = ch73$s, fun = mean,
                 type = "b", legend = TRUE,
                 xlab = "month", ylab="feeling",
                 pch=c(1,19), col = c("#00AFBB", "#E7B800"))
```

R의 명령어는 앞에서 여러 차례 다루었으므로 익숙할 것이다. 여기서는 res.man <- manova(cbind(f,s)~group+month+group*month, data=ch73)에 대하여만 설명한다. 종속변수가 2개[심리적 안정감(f), 직무만족도(s)]이기 때문에 manova라는 함수를 사용하였다. 여기서 cbind( )는 column bind의 약자로 2개의 종속변수를 열 결합(오른쪽+왼쪽, f변수와 s변수)하기 위한 함수이다. 참고로 행을 결합할 때는 rbind( )를 사용한다.

3단계 : 위 명령문을 실행하면 다음과 같은 다변량 검정 결과를 얻을 수 있다.

```
             Df  Pillai approx F num Df den Df    Pr(>F)    
group         1 0.87221  139.924      2     41 < 2.2e-16 ***
month         2 0.83075   14.921      4     84 2.983e-09 ***
group:month   2 0.74287   12.409      4     84 5.635e-08 ***
Residuals    42                                             
---
```

**결과 설명** R에서 초기 지정값으로 설정되어 있는 Pillai의 값과 유의확률(Pr)을 살펴보면, $p = 0.000 < \alpha = 0.05$로 group, month, group:month(상호작용)은 모두 유의한 차이가 있는 것으로 나타났다.

```
 Response f :
            Df Sum Sq Mean Sq F value    Pr(>F)    
group        1 85.333  85.333  116.55 1.086e-13 ***
month        2 38.292  19.146   26.15 4.202e-08 ***
group:month  2 31.292  15.646   21.37 3.966e-07 ***
Residuals   42 30.750   0.732                      
---
Signif. codes:  0 '***' 0.001 '**' 0.01 '*' 0.05 '.' 0.1 ' ' 1

 Response s :
            Df Sum Sq Mean Sq F value    Pr(>F)    
group        1 85.333  85.333 141.941 4.690e-15 ***
month        2 81.292  40.646  67.609 7.406e-14 ***
group:month  2 26.792  13.396  22.282 2.536e-07 ***
Residuals   42 25.250   0.601                      
---
Signif. codes:  0 '***' 0.001 '**' 0.01 '*' 0.05 '.' 0.1 ' ' 1
```

**결과 설명** 일변량 검정 결과 월별 심리적 안정감(f, feeling)과 직무만족도(s, satisfaction)의 평균 차이는 유의한 것으로 나타났다($p=0.000<\alpha=0.05$).

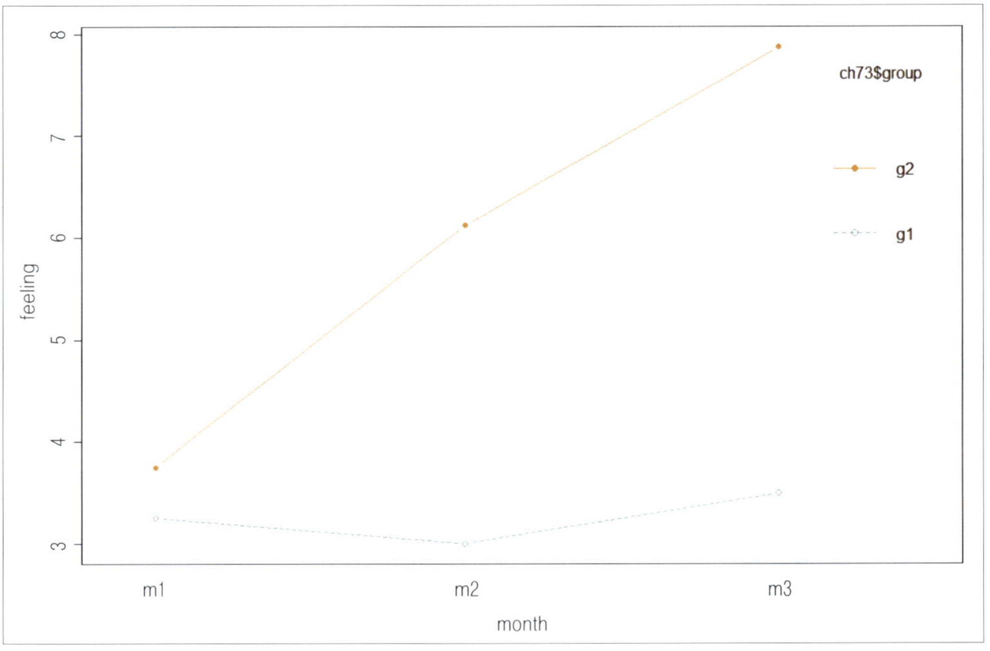


**결과 설명** 위 그림은 월별에 따른 심리적 안정감(feeling) 평균의 변화량을 한눈에 시각적으로 파악할 수 있는 프로파일 도표이다. 1그룹(명상프로그램 미참여)과 2그룹(명상프로그램 참여) 간의 심리적 안정감은 차이가 있으며 2그룹(명상프로그램 참여)에서 월별로 심리적 안정감이 증가하는 것으로 나타났다.

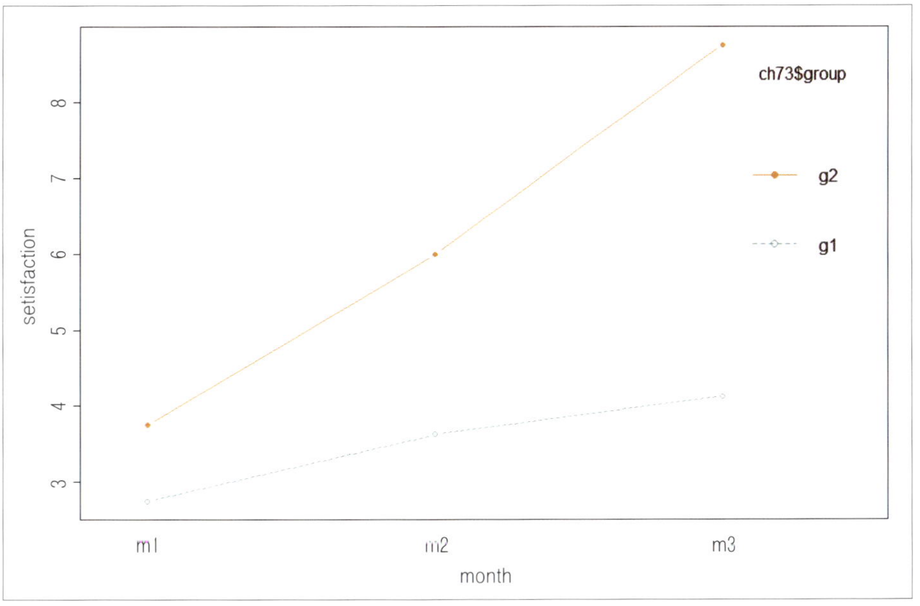


**결과 설명** 월별에 따른 직무만족도(satisfaction)의 평균변화량을 나타낸 프로파일 도표이다. 2그룹(명상프로그램 참여)에서 월별로 직무만족도가 점차 증가하는 것으로 나타났다.

## 4-3 SPSS 분석

1단계 : 분석에 앞서 다음과 같이 데이터를 입력한다.

데이터 ch73.sav

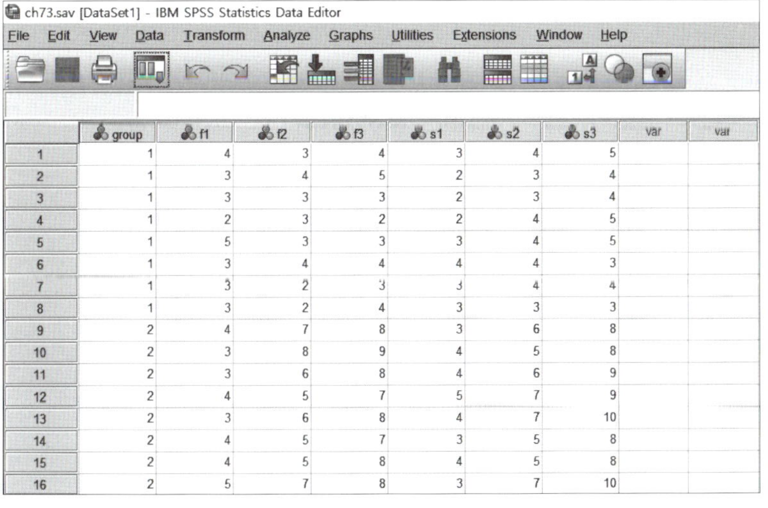


| | group | f1 | f2 | f3 | s1 | s2 | s3 | var | var |
|---|---|---|---|---|---|---|---|---|---|
| 1 | 1 | 4 | 3 | 4 | 3 | 4 | 5 | | |
| 2 | 1 | 3 | 4 | 5 | 2 | 3 | 4 | | |
| 3 | 1 | 3 | 3 | 3 | 2 | 3 | 4 | | |
| 4 | 1 | 2 | 3 | 2 | 2 | 4 | 5 | | |
| 5 | 1 | 5 | 3 | 3 | 3 | 4 | 5 | | |
| 6 | 1 | 3 | 4 | 4 | 4 | 4 | 3 | | |
| 7 | 1 | 3 | 2 | 3 | 3 | 4 | 4 | | |
| 8 | 1 | 3 | 2 | 4 | 3 | 3 | 3 | | |
| 9 | 2 | 4 | 7 | 8 | 3 | 6 | 8 | | |
| 10 | 2 | 3 | 8 | 9 | 4 | 5 | 8 | | |
| 11 | 2 | 3 | 6 | 8 | 4 | 6 | 9 | | |
| 12 | 2 | 4 | 5 | 7 | 5 | 7 | 9 | | |
| 13 | 2 | 3 | 6 | 8 | 4 | 7 | 10 | | |
| 14 | 2 | 4 | 5 | 7 | 3 | 5 | 8 | | |
| 15 | 2 | 4 | 5 | 8 | 4 | 5 | 8 | | |
| 16 | 2 | 5 | 7 | 8 | 3 | 7 | 10 | | |

2단계 : SPSS Syntax(명령문) 창에서 명령문을 입력한다.

```
GLM f1 f2 f3 s1 s2 s3 BY group
 /WSFACTOR=month 3 Polynomial
 /MEASURE=feeling satisfaction
 /METHOD=SSTYPE(3)
 /POSTHOC=group(TUKEY)
 /PLOT=PROFILE(month*group) TYPE=LINE ERRORBAR=NO MEANREFERENCE=NO YAXIS=AUTO
 /PRINT=DESCRIPTIVE HOMOGENEITY
 /CRITERIA=ALPHA(.05)
 /WSDESIGN=month
 /DESIGN=group.
```

3단계 : 위 내용을 입력하고 실행하면 다음과 같은 결과를 얻을 수 있다.

**Within-Subjects Factors**

| Measure | month | Dependent Variable |
|---|---|---|
| feeling | 1 | f1 |
| | 2 | f2 |
| | 3 | f3 |
| satisfaction | 1 | s1 |
| | 2 | s2 |
| | 3 | s3 |

**결과 설명** 개체 내 요인 간 측정변수(feeling, satisfaction)와 개월(month), 종속변수들(f1, f2, f3, s1, s2, s3)이 나타나 있다.

**Between-Subjects Factors**

| | | N |
|---|---|---|
| group | 1 | 8 |
| | 2 | 8 |

**결과 설명** 명상프로그램에 참여하지 않은 표본집단(1)은 8명, 명상프로그램에 참여한 표본집단(2)은 8명임을 알 수 있다.

**Descriptive Statistics**

| | group | Mean | Std. Deviation | N |
|---|---|---|---|---|
| f1 | 1 | 3.25 | .886 | 8 |
| | 2 | 3.75 | .707 | 8 |
| | Total | 3.50 | .816 | 16 |
| f2 | 1 | 3.00 | .756 | 8 |
| | 2 | 6.13 | 1.126 | 8 |
| | Total | 4.56 | 1.861 | 16 |
| f3 | 1 | 3.50 | .926 | 8 |
| | 2 | 7.88 | .641 | 8 |
| | Total | 5.69 | 2.387 | 16 |
| s1 | 1 | 2.75 | .707 | 8 |
| | 2 | 3.75 | .707 | 8 |
| | Total | 3.25 | .856 | 16 |
| s2 | 1 | 3.63 | .518 | 8 |
| | 2 | 6.00 | .926 | 8 |
| | Total | 4.81 | 1.424 | 16 |
| s3 | 1 | 4.13 | .835 | 8 |
| | 2 | 8.75 | .886 | 8 |
| | Total | 6.44 | 2.529 | 16 |

**결과 설명** 기술통계량을 보면 심리적 안정감(f1, f2, f3)과 직무만족도(s1, s2, s3)의 그룹 간 평균, 표준편차 등이 나타나 있다. 명상프로그램에 참여하지 않은 표본집단(1)의 심리적 안정감과 직무만족도가 명상프로그램에 참여한 표본집단(2)에 비해 평균값이 낮음을 알 수 있다.

**Box's Test of Equality of Covariance Matrices[a]**

| | |
|---|---|
| Box's M | 39.383 |
| F | .969 |
| df1 | 21 |
| df2 | 720.888 |
| Sig. | .500 |

Tests the null hypothesis that the observed covariance matrices of the dependent variables are equal across groups.

a. Design: Intercept + group
Within Subjects Design: month

**결과 설명** 반복측정 ANOVA에서는 Box의 공분산 행렬 등식 검정표를 통해 등분산성 여부를 확인한다.

- $H_0$: 그룹 간 분산 구조는 동일할 것이다.
- $H_1$: 그룹 간 분산 구조는 동일하지 않을 것이다.

p = 0.500 > $\alpha$ = 0.05이므로 그룹 간 분산은 동일한 것으로 나타났다.

**Multivariate Tests[a]**

| Effect | | | Value | F | Hypothesis df | Error df | Sig. |
|---|---|---|---|---|---|---|---|
| Between Subjects | Intercept | Pillai's Trace | .994 | 1079.429[b] | 2.000 | 13.000 | .000 |
| | | Wilks' Lambda | .006 | 1079.429[b] | 2.000 | 13.000 | .000 |
| | | Hotelling's Trace | 166.066 | 1079.429[b] | 2.000 | 13.000 | .000 |
| | | Roy's Largest Root | 166.066 | 1079.429[b] | 2.000 | 13.000 | .000 |
| | group | Pillai's Trace | .930 | 86.455[b] | 2.000 | 13.000 | .000 |
| | | Wilks' Lambda | .070 | 86.455[b] | 2.000 | 13.000 | .000 |
| | | Hotelling's Trace | 13.301 | 86.455[b] | 2.000 | 13.000 | .000 |
| | | Roy's Largest Root | 13.301 | 86.455[b] | 2.000 | 13.000 | .000 |
| Within Subjects | month | Pillai's Trace | .961 | 68.399[b] | 4.000 | 11.000 | .000 |
| | | Wilks' Lambda | .039 | 68.399[b] | 4.000 | 11.000 | .000 |
| | | Hotelling's Trace | 24.872 | 68.399[b] | 4.000 | 11.000 | .000 |
| | | Roy's Largest Root | 24.872 | 68.399[b] | 4.000 | 11.000 | .000 |
| | month * group | Pillai's Trace | .914 | 29.119[b] | 4.000 | 11.000 | .000 |
| | | Wilks' Lambda | .086 | 29.119[b] | 4.000 | 11.000 | .000 |
| | | Hotelling's Trace | 10.589 | 29.119[b] | 4.000 | 11.000 | .000 |
| | | Roy's Largest Root | 10.589 | 29.119[b] | 4.000 | 11.000 | .000 |

a. Design: Intercept + group
Within Subjects Design: month

b. Exact statistic

**결과 설명** 평균벡터량이 같다는 귀무가설($H_0$)을 확인하기 위해서 다변량 검정 방법을 사용한다. 보통 Pillai의 트레이스, Wilks의 람다($\lambda$) 방법을 많이 사용한다. 모든 통계량에서 유의확률이 $\alpha$=0.05보다 작기 때문에 그룹(group), 시점(month), 개체 내 시점(month), 상호작용항(month*group)은 유의함을 알 수 있다.

**Mauchly's Test of Sphericity[a]**

| Within Subjects Effect | Measure | Mauchly's W | Approx. Chi-Square | df | Sig. | Epsilon[b] Greenhouse-Geisser | Huynh-Feldt | Lower-bound |
|---|---|---|---|---|---|---|---|---|
| month | feeling | .774 | 3.324 | 2 | .190 | .816 | .975 | .500 |
| | satisfaction | .498 | 9.057 | 2 | .011 | .666 | .762 | .500 |

Tests the null hypothesis that the error covariance matrix of the orthonormalized transformed dependent variables is proportional to an identity matrix.

a. Design: Intercept + group
Within Subjects Design: month

b. May be used to adjust the degrees of freedom for the averaged tests of significance. Corrected tests are displayed in the Tests of Within-Subjects Effects table.

**결과 설명** 모클리(Mauchly)의 단위행렬 검정 결과이다. 모클리 단위행렬 검정은 모클리의 구형성 검정이라고도 한다. 모클리 단위행렬 검정은 다음과 같은 순서로 진행한다.

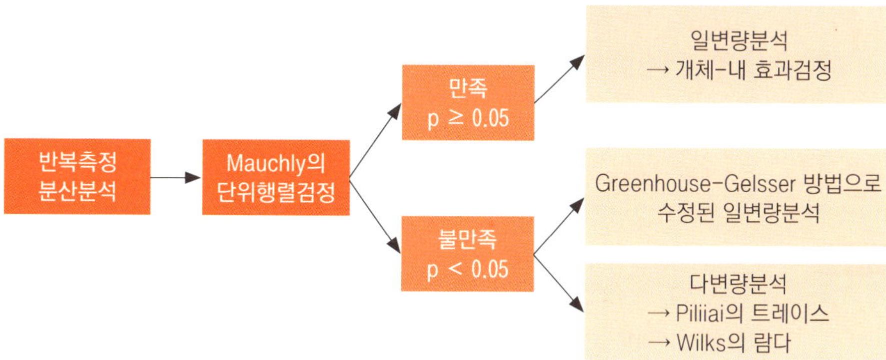


[그림 7-1] 모클리 단위행렬 검정 순서

모클리의 단위행렬(구형성) 검정 결과는 시차에 따른 분산의 동일성을 나타내는 검정으로 적합성 검정이다. 모클리 단위행렬의 가설은 다음과 같다.

- 귀무가설($H_0$): 구형성 가정을 만족한다. ($p \geq 0.05$)
- 대립가설($H_1$): 구형성 가정을 만족하지 않는다. ($p < 0.05$)

따라서 위의 결과를 보면 feeling의 경우 유의확률 p값은 0.190으로 $\alpha = 0.05$보다 크므로 구형성 가정을 만족하는 것으로 나타났다. 반면에 satisfaction의 경우, p값은 0.011로 $\alpha = 0.05$보다 작아 구형성 가정을 만족하지 못하는 것으로 나타났다.
엡실론(Epsilon)의 Greenhouse-Geisser, Huynh-Feldt 값들은 구형성 가설을 보정하는 값으로 이 값들이 1에 가까울수록 구형성 가설이 타당하다고 하고, 1과 멀어질수록 구형성 가설이 타당하지 않다고 본다. 여기서는 1에 가까운 값을 보여 구형성 가설을 만족한다고 볼 수 있다. 가장 좋은 것은 구형성 검정이 통과하고, 그 가정하에 검정을 하는 것이다.

**Tests of Within-Subjects Effects**

**Multivariate[a,b]**

| Within Subjects Effect | | Value | F | Hypothesis df | Error df | Sig. |
|---|---|---|---|---|---|---|
| month | Pillai's Trace | .913 | 11.748 | 4.000 | 56.000 | .000 |
| | Wilks' Lambda | .088 | 32.137[c] | 4.000 | 54.000 | .000 |
| | Hotelling's Trace | 10.427 | 67.778 | 4.000 | 52.000 | .000 |
| | Roy's Largest Root | 10.427 | 145.982[d] | 2.000 | 28.000 | .000 |
| month * group | Pillai's Trace | .915 | 11.796 | 4.000 | 56.000 | .000 |
| | Wilks' Lambda | .161 | 20.139[c] | 4.000 | 54.000 | .000 |
| | Hotelling's Trace | 4.740 | 30.807 | 4.000 | 52.000 | .000 |
| | Roy's Largest Root | 4.638 | 64.938[d] | 2.000 | 28.000 | .000 |

a. Design: Intercept + group
Within Subjects Design: month

b. Tests are based on averaged variables.

c. Exact statistic

d. The statistic is an upper bound on F that yields a lower bound on the significance level.

**결과 설명** 위의 다변량 검정과 같은 내용이며, 구형성 가정 하에 해석되는 각종 결과이다. 앞의 다변량 검정보다 좀 더 신뢰성이 높아 본 결과를 많이 활용하는 것이 일반적이다. 먼저, '월(month)' 항목의 가설은 다음과 같다.

- 귀무가설($H_0$): 시간의 흐름에 따라 변화가 없다. ($p \geq 0.05$)
- 대립가설($H_1$): 시간의 흐름에 따라 변화가 있다. ($p < 0.05$)

모든 내용이 $p = 0.000 < \alpha = 0.05$로 귀무가설을 기각하고 연구가설(대립가설)을 채택하여 유의한 것으로 나타났다.

**Univariate Tests**

| Source | Measure | | Type III Sum of Squares | df | Mean Square | F | Sig. |
|---|---|---|---|---|---|---|---|
| month | feeling | Sphericity Assumed | 38.292 | 2 | 19.146 | 31.380 | .000 |
| | | Greenhouse-Geisser | 38.292 | 1.632 | 23.465 | 31.380 | .000 |
| | | Huynh-Feldt | 38.292 | 1.949 | 19.644 | 31.380 | .000 |
| | | Lower-bound | 38.292 | 1.000 | 38.292 | 31.380 | .000 |
| | satisfaction | Sphericity Assumed | 81.292 | 2 | 40.646 | 95.503 | .000 |
| | | Greenhouse-Geisser | 81.292 | 1.332 | 61.041 | 95.503 | .000 |
| | | Huynh-Feldt | 81.292 | 1.524 | 53.337 | 95.503 | .000 |
| | | Lower-bound | 81.292 | 1.000 | 81.292 | 95.503 | .000 |
| month * group | feeling | Sphericity Assumed | 31.292 | 2 | 15.646 | 25.644 | .000 |
| | | Greenhouse-Geisser | 31.292 | 1.632 | 19.176 | 25.644 | .000 |
| | | Huynh-Feldt | 31.292 | 1.949 | 16.053 | 25.644 | .000 |
| | | Lower-bound | 31.292 | 1.000 | 31.292 | 25.644 | .000 |
| | satisfaction | Sphericity Assumed | 26.792 | 2 | 13.396 | 31.476 | .000 |
| | | Greenhouse-Geisser | 26.792 | 1.332 | 20.118 | 31.476 | .000 |
| | | Huynh-Feldt | 26.792 | 1.524 | 17.578 | 31.476 | .000 |
| | | Lower-bound | 26.792 | 1.000 | 26.792 | 31.476 | .000 |
| Error(month) | feeling | Sphericity Assumed | 17.083 | 28 | .610 | | |
| | | Greenhouse-Geisser | 17.083 | 22.846 | .748 | | |
| | | Huynh-Feldt | 17.083 | 27.291 | .626 | | |
| | | Lower-bound | 17.083 | 14.000 | 1.220 | | |
| | satisfaction | Sphericity Assumed | 11.917 | 28 | .426 | | |
| | | Greenhouse-Geisser | 11.917 | 18.644 | .639 | | |
| | | Huynh-Feldt | 11.917 | 21.338 | .558 | | |
| | | Lower-bound | 11.917 | 14.000 | .851 | | |

**결과 설명** 일변량 검정 결과 월별 심리적 안정감(feeling)과 직무만족도(satisfaction)의 평균 차이는 유의한 것으로 나타났다($p = 0.000 < \alpha = 0.05$).

**Tests of Within-Subjects Contrasts**

| Source | Measure | month | Type III Sum of Squares | df | Mean Square | F | Sig. |
|---|---|---|---|---|---|---|---|
| month | feeling | Linear | 38.281 | 1 | 38.281 | 58.333 | .000 |
| | | Quadratic | .010 | 1 | .010 | .018 | .894 |
| | satisfaction | Linear | 81.281 | 1 | 81.281 | 114.509 | .000 |
| | | Quadratic | .010 | 1 | .010 | .074 | .790 |
| month * group | feeling | Linear | 30.031 | 1 | 30.031 | 45.762 | .000 |
| | | Quadratic | 1.260 | 1 | 1.260 | 2.235 | .157 |
| | satisfaction | Linear | 26.281 | 1 | 26.281 | 37.025 | .000 |
| | | Quadratic | .510 | 1 | .510 | 3.611 | .078 |
| Error(month) | feeling | Linear | 9.187 | 14 | .656 | | |
| | | Quadratic | 7.896 | 14 | .564 | | |
| | satisfaction | Linear | 9.937 | 14 | .710 | | |
| | | Quadratic | 1.979 | 14 | .141 | | |

**결과 설명** 개체 내 대비 검정은 반복측정한 데이터가 어떤 형태를 가지고 있는지 파악하는 것이다. 첫 번째는 선형모형(Linear), 두 번째는 2차 모형(Quadratic)을 검정한다. 기본적인 가설은 다음과 같다.

- $H_0$: 반복측정의 모형은 선형이 아니다. ($p \geq 0.05$)
- $H_1$: 반복측정의 모형은 선형이다 ($p < 0.05$).

선형모형만 유의하고($p < 0.05$), 2차 모형은 유의하지 않음을 알 수 있다($p \geq 0.05$).

**Levene's Test of Equality of Error Variances[a]**

| | | Levene Statistic | df1 | df2 | Sig. |
|---|---|---|---|---|---|
| f1 | Based on Mean | .065 | 1 | 14 | .802 |
| | Based on Median | .000 | 1 | 14 | 1.000 |
| | Based on Median and with adjusted df | .000 | 1 | 12.600 | 1.000 |
| | Based on trimmed mean | .028 | 1 | 14 | .869 |
| f2 | Based on Mean | 2.147 | 1 | 14 | .165 |
| | Based on Median | 1.615 | 1 | 14 | .224 |
| | Based on Median and with adjusted df | 1.615 | 1 | 13.563 | .225 |
| | Based on trimmed mean | 1.963 | 1 | 14 | .183 |
| f3 | Based on Mean | 1.923 | 1 | 14 | .187 |
| | Based on Median | 2.333 | 1 | 14 | .149 |
| | Based on Median and with adjusted df | 2.333 | 1 | 13.829 | .149 |
| | Based on trimmed mean | 1.870 | 1 | 14 | .193 |
| s1 | Based on Mean | .000 | 1 | 14 | 1.000 |
| | Based on Median | .000 | 1 | 14 | 1.000 |
| | Based on Median and with adjusted df | .000 | 1 | 14.000 | 1.000 |
| | Based on trimmed mean | .000 | 1 | 14 | 1.000 |
| s2 | Based on Mean | 2.739 | 1 | 14 | .120 |
| | Based on Median | 2.333 | 1 | 14 | .149 |
| | Based on Median and with adjusted df | 2.333 | 1 | 13.829 | .149 |
| | Based on trimmed mean | 2.760 | 1 | 14 | .119 |
| s3 | Based on Mean | .203 | 1 | 14 | .660 |
| | Based on Median | .259 | 1 | 14 | .619 |
| | Based on Median and with adjusted df | .259 | 1 | 13.829 | .619 |
| | Based on trimmed mean | .190 | 1 | 14 | .669 |

Tests the null hypothesis that the error variance of the dependent variable is equal across groups.

a. Design: Intercept + group
Within Subjects Design: month

**결과 설명** Levene의 오차분산 동일성 검정은 오차에 대한 분산이 일정한지를 검정하는 것으로 $p > \alpha = 0.05$이기 때문에 오차분산은 동일함을 알 수 있다.

**Tests of Between-Subjects Effects**

Transformed Variable: Average

| Source | Measure | Type III Sum of Squares | df | Mean Square | F | Sig. |
|---|---|---|---|---|---|---|
| Intercept | feeling | 1008.333 | 1 | 1008.333 | 1032.927 | .000 |
| | satisfaction | 1121.333 | 1 | 1121.333 | 1177.400 | .000 |
| group | feeling | 85.333 | 1 | 85.333 | 87.415 | .000 |
| | satisfaction | 85.333 | 1 | 85.333 | 89.600 | .000 |
| Error | feeling | 13.667 | 14 | .976 | | |
| | satisfaction | 13.333 | 14 | .952 | | |

**결과 설명** 오브젝트(개체) 간 효과검정은 가장 중요한 부분인 그룹 간의 차이가 있는지 개체 간 효과를 검정하는 부분이다. 가설은 아래와 같다.

- $H_0$: 명상프로그램 실시 여부에 따른 그룹 간 평균 차이가 없을 것이다.
- $H_1$: 명상프로그램 실시 여부에 따른 그룹 간 평균 차이가 있을 것이다.

그룹별(1 = 명상프로그램에 참여하지 않은 집단, 2 = 명상프로그램에 참여한 집단) 평균 차이는 유의한 것으로 나타났다($p = 0.000 < \alpha = 0.05$).

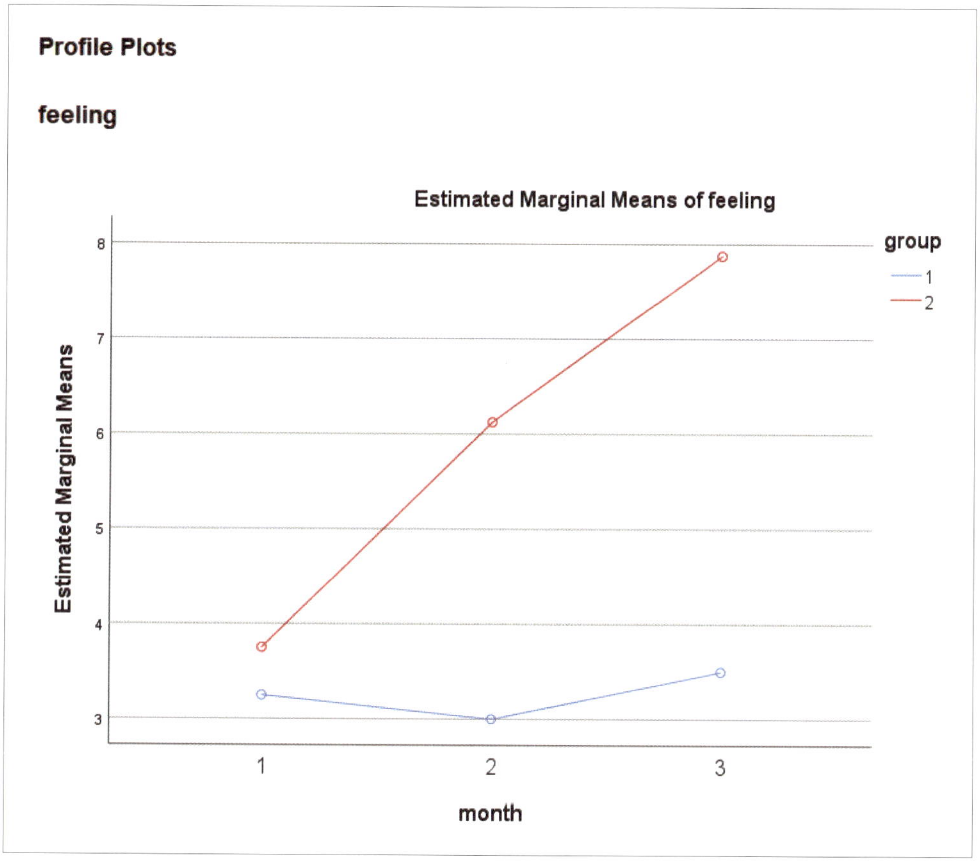


**결과 설명** 그룹별 심리적 안정감(feeling)의 월별 평균 변화량을 시각적으로 한눈에 파악할 수 있는 프로파일 도표이다. 1그룹(명상프로그램 참여)에서 심리적 안정감이 점차 증가하는 것으로 나타났다.

satisfaction

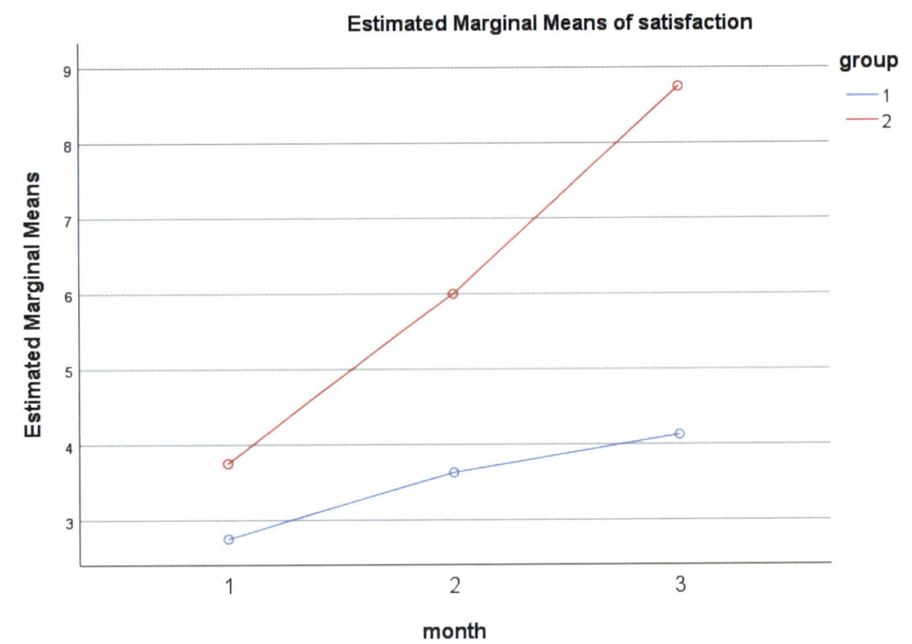


**결과 설명** 그룹별 만족도(satisfaction)의 월별 평균 변화량을 한눈에 시각적으로 파악할 수 있는 프로파일 도표이다. 1그룹(명상프로그램 참여)에서 직무만족도가 점차 증가하는 것으로 나타났다.

## 4-4 전략 수립

복잡한 현대사회에서 마음챙김 명상은 개인의 건강, 나아가 조직, 사회 전체의 건강을 위해 필요하다. 아침에 일어나자마자 핸드폰이나 pc를 켜기보다는 잠시 심호흡으로 정신을 집중하고 명상하는 습관을 들이면 정신건강에 매우 이로울 것이다. 직장에서도 마찬가지이다. 명상은 마음을 들여다보고 성찰하는 행위이다. 인간은 누구나 마음속에 두려움, 불안감을 지니고 있다. 자신이 부족하다는 생각, 세상의 변화에 대한 두려움, 현재 일을 올바로 하고 있는지에 대한 불안감 등등.

조직은 구성원들의 정신건강을 위해 명상이나 상담과 같은 마음챙김 프로그램을 체계적으로 도입해 도움을 주어야 한다. 사람이 조직을 성장시키는 원천이기 때문이다. 마음챙김 프로그램을 통해 구성원들이 마음을 다스리고 관리하는 건강한 문화가 형성되면, 결국 인력의 집중력 향상으로 이어지고 기업의 성과와 성장으로 연결될 수 있다.

**데이터 분석가의 한마디**

인간의 삶의 진실한 모습을 이해하는 데 도움을 주는 데이터가 좋은 데이터다. 데이터 사이언티스트가 가설을 설정하고 분석할 때 데이터가 필요하다. 데이터 사이언티스트는 실생활에서 데이터 분석을 넘어 사람들의 말과 행동을 유심히 살피고 그 속에 담긴 의미를 이해하려 노력해야 한다.

## 연습문제

**1.** 분산분석의 종류를 이야기하고 특징을 서로 설명해보자.

**2.** Mr. Hong은 3개의 가전매장을 담당하는 관리자다. 향기마케팅을 실시하기 위해 매장별(A, B, C)로 향을 달리하여 고객의 반응을 살펴보았다. 고객 반응은 1~20점(1: 매우 불만, 20: 매우 만족)으로 측정하였다.

| | 라벤더 | 시트러스 | 무향 |
|---|---|---|---|
| A | 13 | 18 | 12 |
| | 16 | 20 | 16 |
| | 19 | 15 | 15 |
| | 16 | 18 | 15 |
| B | 15 | 17 | 14 |
| | 12 | 17 | 9 |
| | 14 | 14 | 12 |
| | 13 | 17 | 13 |
| C | 11 | 15 | 15 |
| | 19 | 16 | 16 |
| | 15 | 20 | 11 |
| | 16 | 18 | 12 |

**1)** 이원분산분석을 실시하여라.

**2)** $\alpha=0.05$를 이용하여 가설 검정하여라.

**3.** 다음 자료는 국가(한국, 프랑스, 일본)별로 연령별 헌혈 비율(%)을 표시한 것이다.

| | 한국 | 일본 | 프랑스 |
|---|---|---|---|
| 20세 이하 | 28.9 | 5.6 | 5.1 |
| 20대 | 36.6 | 15.2 | 21.8 |
| 30대 | 15.2 | 17.3 | 16.5 |
| 40대 | 12.7 | 28.3 | 19.8 |
| 50대 | 5.6 | 24.2 | 21 |
| 60대 | 1 | 9.3 | 15.8 |

* 한국은 2019년, 프랑스와 일본은 2018년 기준임(출처: 대한적십자).

**1)** 이원분산분석을 실시하여라.

**2)** $\alpha=0.05$에서 가설 검정하고 결론을 도출하여라.

# ch. 8 상관분석

학습목표

- 공분산의 개념을 이해하고 실행할 수 있다.
- 상관분석, 상관계수의 개념을 이해하고 실행할 수 있다.
- 편상관계수의 개념과 분석방법을 이해하고 실행할 수 있다.
- 정준상관분석의 개념을 이해하고 실행할 수 있다.

## 1 기본 개념 정리

### 1-1 공분산

두 변수 사이의 연관성을 설명하는 방법으로는 산포도에 의한 방법, 공분산, 상관계수 등 3가지가 있다. 산포도(scatter diagram)는 산점도라고도 불리며, 이를 통해 분석자는 변수 간에 전반적인 관계를 파악할 수 있다.

먼저, 공분산에 대하여 설명해보자. 공분산(covariance)은 두 확률변수가 어느 정도 결합되어 있는가를 측정한다. 두 변수 X와 Y 사이의 공분산은 $Cov(X, Y)$ 또는 $\sigma_{xy}$로 표기한다. 현실적으로 모집단의 특성치인 평균과 분산을 안다는 것은 쉬운 일이 아니며, 때에 따라서는 불가능하다. 그러므로 표본에 대하여 공분산을 아는 것은 중요하다.

모집단 공분산 $$Cov(X, Y) = \sigma_{XY} = E(X - \mu_x)(Y - \mu_y) = \frac{1}{N}\sum(X - \mu_X)(Y - \mu_Y) \qquad \text{(식 8-1)}$$

표본 공분산 $$S_{xy} = \frac{\sum(x-\bar{x})(y-\bar{y})}{n-1}$$ (식 8-2)

공분산은 두 변수에 대한 편차를 서로 곱한 것이다. 공분산의 부호는 3가지로 나타낼 수 있다. 공분산이 양의 값을 가지면 X와 Y는 같은 방향으로 움직인다. 즉, X가 커지면 Y도 커지고, X가 작아지면 Y도 작아진다. 그리고 공분산 값이 클수록 두 변수는 밀접하게 움직이게 된다. 이와 반대로 공분산이 음의 값을 가지면, X와 Y는 반대 방향으로 움직인다. X가 커지면 Y는 작아지고, X가 작아지면 Y는 커진다.

만일 공분산의 값이 0이라면 두 변수 사이에는 아무런 증감 관계도 없게 된다. 두 확률변수 X, Y가 서로 독립적이면 공분산은 0이 된다. 그러나 여기서 유의할 것은 공분산이 0이라고 해서 두 변수가 반드시 독립적인 것은 아니라는 점이다. 두 확률변수 X, Y가 독립적일 때는 다음 3가지 경우이다.

① $E(XY)=E(X)\cdot E(Y)$

② $Cov(X, Y)=E(X-\mu_x)(Y-\mu_y)=0$

③ $Var(X\pm Y)=Var(X)+Var(Y)$

## 1-2 상관계수

두 확률변수 X, Y가 있어 두 변수 간의 일차적인 관계가 얼마나 강한가를 지수로 측정하고 싶을 때가 있다. 이때 두 변수의 일차관계의 방향과 정도를 나타내는 측정치를 상관계수(correlation coefficient) 또는 피어슨 상관계수라고 부른다. 피어슨 상관계수는 등간척도와 비율척도로 구성된 양적변수 간의 관련성을 나타낸다. 한편, 부분상관계수(partial correlation coefficient)란 3개 이상의 변수들이 상호상관을 갖는 경우에 다른 변수들의 관계를 통제하고 두 변수 간의 고유한 상관관계를 파악하는 것이다.

단순상관계수 다중상관계수

[그림 8-1] 상관계수의 종류

이와 같이 다양한 상관계수를 구하는 통계기법을 상관분석(correlation analysis)이라고 한다. 통상적으로 상관분석은 양적인 변수 간의 관련성을 파악하는 것이다. 양적 변수들 간의 관련성을 분석할 때는 피어슨(Pearson) 검정을 실시한다. 비모수적인 상관계수는 켄달(Kendall)의 상관계수를 이용한다. 순서를 나타내는 상관계수는 스피어만(Spearman) 상관계수를 이용한다.

모집단의 경우 상관계수는 $\rho$(rho), 표본의 상관계수는 $r$로 표시한다.

**모집단 상관계수** $$\rho = \frac{\sigma_{xy}}{\sqrt{\sigma_x^2}\sqrt{\sigma_y^2}} = \frac{\sigma_{xy}}{\sigma_x \sigma_y},\ -1 \le \rho \le +1 \quad \text{(식 8-3)}$$

**표본 상관계수** $$r = \frac{S_{xy}}{\sqrt{S_x^2}\sqrt{S_y^2}} = \frac{S_{xy}}{S_x S_y},\ -1 \le r \le +1 \quad \text{(식 8-4)}$$

여기서 $$S_x^2 = \frac{1}{n-1}\sum (x-\bar{x})^2$$

$$S_y^2 = \frac{1}{n-1}\sum (y-\bar{y})^2$$

$$S_{xy} = \frac{1}{n-1}\sum (x-\bar{x})(y-\bar{y})$$

위의 식에서 보는 바와 같이 상관계수는 공분산을 변수 X와 변수 Y의 두 표준편차로 나누어준 값, 즉 표준화된 공분산(standardized covariance)을 의미한다. 이 상관계수는 모집단에서 두 확률변수의 일차적인 연관성을 나타내준다.

스피어만의 서열상관계수(Spearman's rank order correlation coefficient)는 서열척도로 구성된 변수들 간의 관계를 나타내는 것이다. 스피어만 서열상관계수($r_s$)를 구하는 식은 다음과 같다.

$$r_s = 1 - \frac{6\sum_{i=1}^{n} di^2}{n(n^2-1)} \qquad \text{(식 8-5)}$$

여기서 $di^2$은 서열차이의 제곱, n은 표본의 개수 등을 나타낸다. 다음 예를 통해서 스피어만 서열평균을 구하는 방법을 알아보자.

[표 8-1] 브랜드 순위와 고객만족도 간의 관계

| 스마트폰 | 브랜드 순위 | 고객만족도 순위 | 서열차이(di) | 서열차이 제곱 |
|---|---|---|---|---|
| 1 | 1 | 2 | −1 | 1 |
| 2 | 2 | 3 | −1 | 1 |
| 3 | 3 | 1 | 2 | 4 |
| 4 | 4 | 4 | 0 | 0 |
| 5 | 5 | 5 | 0 | 0 |
| 합계 | | | | 6 |

[표 8-1]의 데이터를 토대로 스피어만 서열상관계수($r_s$)를 구하면 아래와 같다.

$$r_s = 1 - \frac{6 \times 6^2}{5(5^2-1)} = 0.8$$

서열상관계수의 유의성 여부를 확인하기 위해서는 t 통계량을 사용한다.

$$t = r_s\sqrt{\frac{n-2}{1-r_s^2}} \qquad \text{(식 8-6)}$$

이 식을 이용한 t 통계량을 구할 수 있다.

$$t = -0.8\sqrt{\frac{5-2}{1-(0.8)^2}} = -2.3094$$

자유도(n-2) = 3, $\alpha = 0.05$ 수준에서 임계치는 2.353이다.

$$H_0 : \rho = 0 \qquad \text{(식 8-7)}$$
$$H_1 : \rho \neq 0$$

임계치보다 t 통계량이 작기 때문에 상관계수는 유의하지 않은 것으로 나타났다.

일반적으로 상관계수의 값을 보고 두 변수의 관련 정도를 알 수 있는데, 그 정도를 다음과 같이 평가할 수 있다.

- **상관계수** 1.0 ~ 0.7 (-1.0 ~ -0.7) : 매우 강한 관련성
- **상관계수** 0.7 ~ 0.4 (-0.7 ~ -0.4) : 상당한 관련성
- **상관계수** 0.4 ~ 0.2 (-0.4 ~ -0.2) : 약간의 관련성
- **상관계수** 0.2 ~ 0.0 (-0.2 ~ -0.0) : 관련이 없음

만일 두 변수가 독립적이면 공분산은 0이 되고, 따라서 상관계수도 0이 된다. 그러나 이것의 역(逆)은 반드시 성립하지는 않는다.

이미 설명한 바와 같이 산포도를 이용하면 두 변수 사이의 변동관계를 파악할 수 있다. [그림 8-2]는 산포도와 상관계수의 관계를 나타낸 것이다. 이 그림에서 보면, 두 변수 사이의 조직적인 움직임이 있는 산포도는 정상관 혹은 역상관을 갖는다. 그리고 관찰치가 넓게 퍼져 있어서 조직적인 움직임을 보이지 않는 경우는 일직선의 경우보다는 상관계수가 작다. 이와 같이 산포도를 통하여 우리는 두 변수의 상관관계를 짐작할 수 있다.

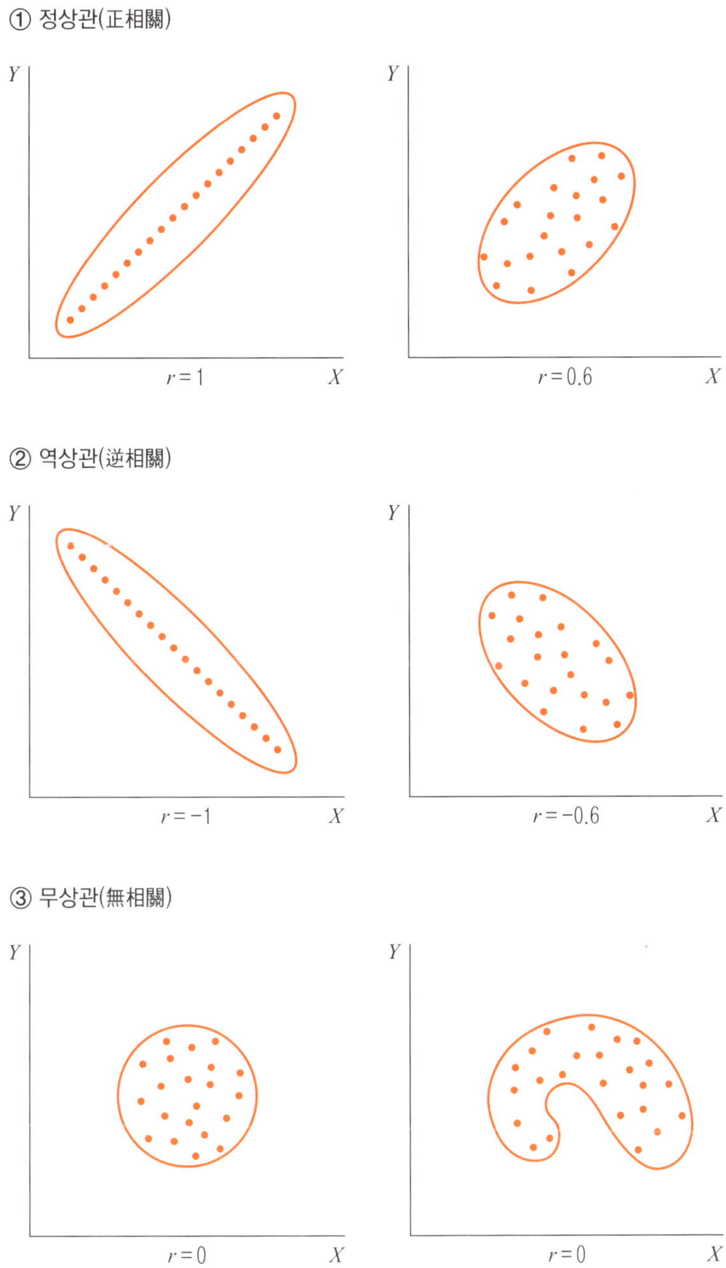


[그림 8-2] 산포도와 상관계수의 관계

한편, 켄달 타우(Kendall's $\tau$)는 비모수의 서열상관계수를 구하는 데 사용된다.

## 2 상관분석

### 2-1 문제 정의 및 가설 설정

A교수는 대학원에서 통계분석학 과목을 강의하고 있다. 학생들의 하루 통계학 학습시간과 중간점수 사이의 관계를 알아보기로 하였다. 다음 표는 학생들의 중간점수 자료이다.

데이터 ch81.csv

| student | hos | eg |
|---|---|---|
| 1 | 3 | 86 |
| 2 | 6 | 95 |
| 3 | 4 | 92 |
| 4 | 4 | 83 |
| 5 | 3 | 78 |
| 6 | 2 | 79 |

여기서 hos는 학습시간(hour of study), eg는 점수(exam grade)를 나타낸다.

학습시간과 중간점수가 서로 관련성이 있는지 또는 없는지 여부를 $\alpha=0.05$에서 검정하고자 한다.

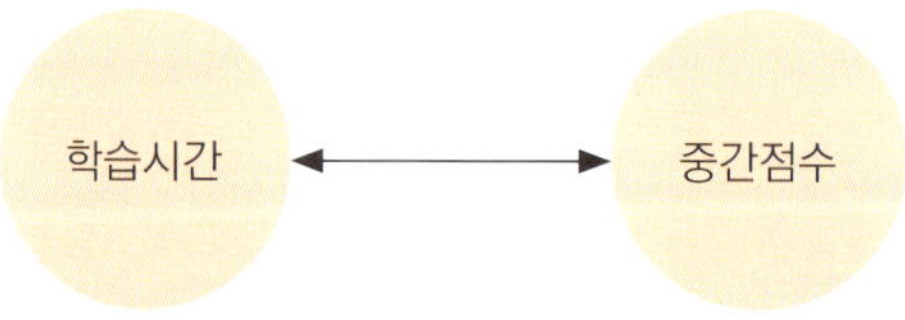


- $H_0: \rho=0$, 학습시간과 중간점수는 관계가 없을 것이다.
- $H_1: \rho\neq0$, 학습시간과 중간점수는 관계가 있을 것이다.

## 2-2 R 분석

1단계 : R에서 분석을 실시하기 위해 데이터를 불러오고 명령문을 입력한다.

데이터 ch81.R

```
ch81=read.csv("C:/gskim/SSA/data/ch81.csv")
# Covariance among numeric variables in data set
ch81<- ch81[, c(2,3)]
cov(ch81, use="complete.obs")
# Correlations among numeric variables in data set
cor.test(ch81$hos,ch81$er, method="pearson")
M <- cor(ch81) # get correlations
library('corrplot') #package corrplot
corrplot(M, method = "circle") #plot matrix
```

공분산(covariance) 분석을 위해서 cov(ch81, use="complete.obs")를 입력한다. 여기서는 무응답치가 있는 변수가 있는 개체(case)에서 분석에서 제외하는 방식인 목록별 삭제(list wise) 방식을 이용하기로 한다(complete.obs).

상관분석을 실시하기 위해서 cor.test(데이터명$변수, 데이터명$변수, method="방법")의 함수를 사용한다. method에는 pearson, spearman, kendall 등 데이터의 성격에 맞는 방법을 선택하면 된다. 피어슨은 분석변수들이 등간척도와 비율척도로 구성된 양적변수인 경우에 사용하며, 스피어만은 서열척도로 나타낸 2개 변수의 상관계수를 구하는 경우 사용하는 방법이다. 켄달(Kendall)은 서열척도로 구성된 변수가 3개 이상인 경우에 이들 간의 관계를 파악하는 방법이다.

M <- cor(ch81)은 데이터 ch81의 상관계수 행렬을 M으로 정의한다. corrplot 프로그램을 설치하고 library('corrplot')로 corrplot을 불러들인다. 이어서 corrplot(M, method="circle")로 변수의 관련성 정도를 원과 색깔로 구분하도록 하는 명령문을 작성한다.

위의 내용을 실행하면 다음과 같은 결과를 얻을 수 있다.

```
         hos  er
hos 1.866667  7.8
er   7.800000 47.5
```

**결과 설명** 학습시간(hos)의 공분산은 1.866(점²)이다. er과 hos의 공분산은 7.80(점²)이다.

```
Pearson's product-moment correlation
data: ch81$hos and ch81$er
t = 2.9573, df = 4, p-value = 0.04167
alternative hypothesis: true correlation is not equal to 0
95 percent confidence interval:
 0.05122847 0.98065770
sample estimates:
     cor
0.828351
```

**결과 설명** 학습시간(hos)과 통계학 점수(er) 간의 상관계수는 0.828이다. p-value = 0.41 < $\alpha$ = 0.05 이므로 두 변수의 관련성은 매우 유의하다고 할 수 있다.

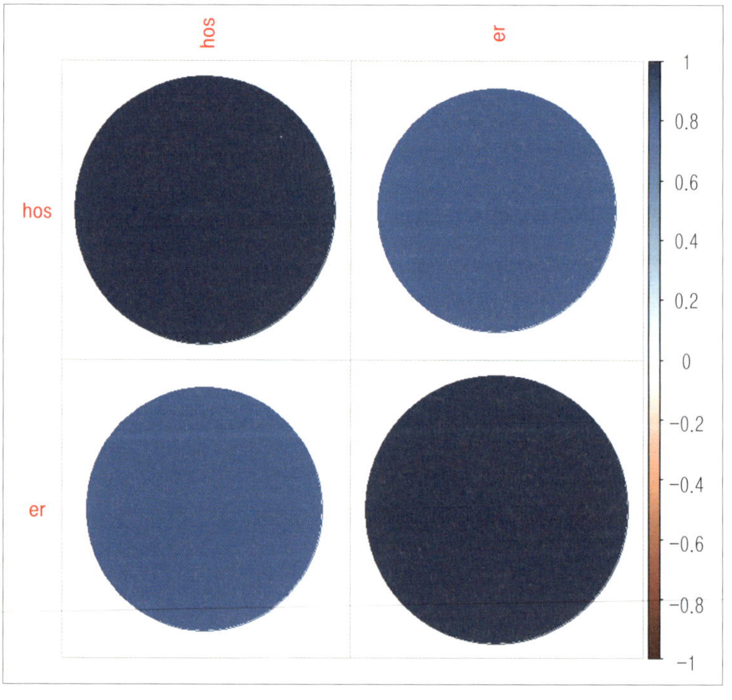

**결과 설명** 학습시간(hos)과 통계학 점수(er) 간의 상관 정도는 짙은 파란색으로 상관 정도가 높음을 알 수 있다. 상관관계 그래프 그리기 명령문 뒷부분에 corrplot(M, method="number")을 입력하여 상관관계를 수치로 나타낼 수도 있다.

## 2-3 SPSS 분석

1단계: 먼저 SPSS 창에 데이터를 입력한다.

데이터 ch81.sav

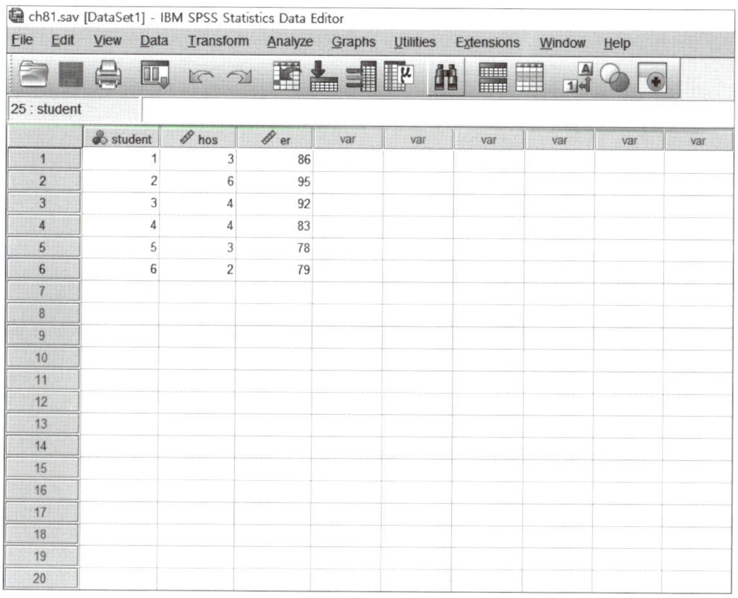


2단계: 전반적인 추이를 알아보기 위해서 산포도 분석을 실시한다. 이에 대한 명령문은 다음과 같다.

데이터 ch81.sps

```
GRAPH
 /SCATTERPLOT(BIVAR)=hos WITH er
 /MISSING=LISTWISE.
```

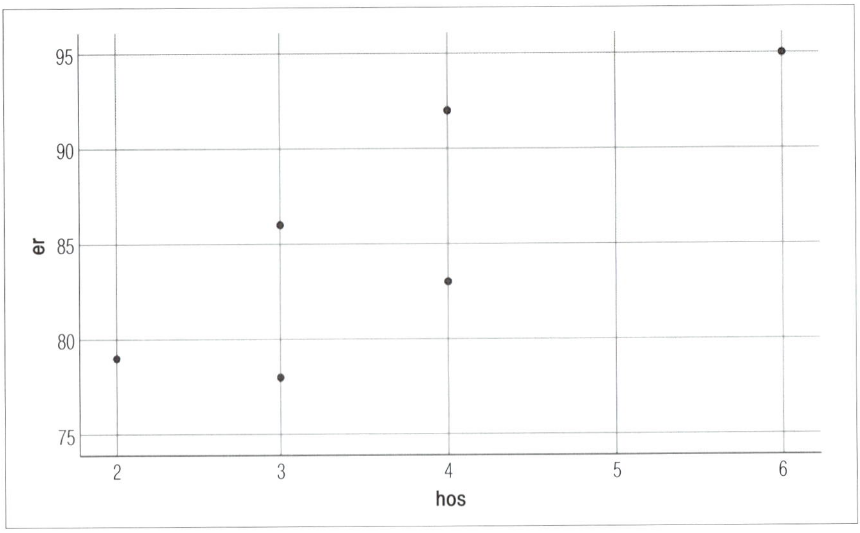


**결과 설명** 산포도 분석 결과, 학습시간이 많아짐에 따라 중간점수가 높아지는 것을 알 수 있다.

3단계 : 이어서 공분산분석과 상관분석의 명령어를 입력하기로 한다.

데이터 ch8-2.sps

```
GRAPH
 /SCATTERPLOT(BIVAR)=hos WITH er
 /MISSING=LISTWISE.
```

**Correlations**

| | | hos | er |
|---|---|---|---|
| hos | Pearson Correlation | 1 | .828* |
| | Sig. (2-tailed) | | .042 |
| | Sum of Squares and Cross-products | 9.333 | 39.000 |
| | Covariance | 1.867 | 7.800 |
| | N | 6 | 6 |
| er | Pearson Correlation | .828* | 1 |
| | Sig. (2-tailed) | .042 | |
| | Sum of Squares and Cross-products | 39.000 | 237.500 |
| | Covariance | 7.800 | 47.500 |
| | N | 6 | 6 |

*. Correlation is significant at the 0.05 level (2-tailed).

**결과 설명** 학습시간(hos)의 공분산은 9.333시간$^2$, 상관계수(pearson correlation)는 1이다. 여기서 학습시간과 학습시간의 상관계수가 1인 이유는 상관계수 산출 공식상 자기 자신 간의 관계인 경우는 완벽한 관계(강한 상관), 즉 1이기 때문이다. 학습시간(hos)과 er(중간점수)의 관계를 나타내는 상관계수는 0.828이다. 여기에 별표(*)가 달린 이유는 $p = 0.042 < \alpha = 0.05$에서 유의하기 때문이다. 학습시간(hos)과 er(중간점수)의 공분산은 7.80이다. 모든 일이 그렇지만 좋은 결과(성적)를 얻기 위해서는 시간(학습시간)을 들여 노력해야 한다는 것을 알 수 있다.

## 2-4 전략 수립

학습시간과 성과 사이에는 관련성이 있다. 통계학 공부도 마찬가지다. 통계학은 불확실한 상황에서 합리적인 의사결정을 할 수 있도록 도와주는 학문으로, 빅데이터 분석은 물론 인공지능(AI) 학습에도 기초가 되는 분야이다. 오늘날과 같은 빅데이터와 인공지능 시대에는 통계 관련 기본 지식을 습득한 후 다양한 알고리즘을 적용해볼 수 있다. 시간을 들여 학습하고, 스스로 분석하고 검증해보는 일을 반복해야 한다. 생존을 위해서 매일 식사를 하는 것처럼 학습을 습관화해야 한다. 학습에 몰입하는 시간이 늘어날수록 좋은 성과를 거둘 수 있는 가능성은 커지기 마련이다. 시행착오의 시간은 때로 고통스럽고 힘들지만, 몰입하는 시간만큼 좋은 성과로 되돌아올 것이다.

# 3 정준상관분석

## 3-1 정준상관분석 개념

정준상관분석(CCA, Canonical Correlation Analysis)은 2개 이상의 독립변수군(여기서는 기준변수라고 함)과 종속변수군(설명변수라고 함) 간 상호 관련성을 파악하는 분석방법이다.

|  | $X_1, X_2, X_3 \cdots\cdots X_p$ | $Y_1, Y_2, Y_3 \cdots\cdots Y_Q$ |
|---|---|---|
| 표본1<br>표본2<br>⋮<br>표본n | $X$변수군(설명변수) | $Y$변수군(기준변수) |

[그림 8-3] 정준상관분석 기본틀

X변수군과 Y변수군에서 생성되는 정준변량을 식으로 나타낼 수 있다.

$$
\begin{aligned}
CV_{X1} &= a_1X_1 + a_2X_2 + \cdots + a_pX_p \\
CV_{y1} &= b_1Y_1 + b_2Y_2 + \cdots + b_pY_p
\end{aligned}
\quad (\text{식 } 8\text{-}8)
$$

분석자는 변수군에서 각 정준변량(canonical variate)을 최대로 하는 정준상관계수(canonical correlation coefficient)를 찾아낼 수 있다.

정준상관분석에 사용되는 변수는 등간척도와 비율척도로 구성되는 양적변수이다. 회귀분석과 정준상관분석은 종속변수에서 차이가 있다. 회귀분석은 종속변수가 1개이나, 정준상관분석은 종속변수가 여러 개로 구성된다. 상관분석의 경우 한 변수와 다른 한 변수 사이의 관련성을 파악하는 반면, 정준상관분석은 여러 변수군의 관계를 파악한다.

여러 다변량 분석방법과 마찬가지로 정준상관분석은 다양한 사용목적이 있다. 정준상관분석을 통해 변수군 간 관계를 파악하고, 변수 간의 영향크기를 비교할 수 있다. 또한 선형조합식에서 상관계수를 통해서 예측할 수 있다. 정준상관분석에 사용되는 데이터 세트는 동일한 실험단위에서 얻는 것이다.

연구자는 정준상관분석 과정에서 우선 정준상관함수를 찾아내야 한다. 이어 정준상관함수의 유의성을 고찰하고 변수 간의 상대적인 영향력을 파악해야 한다.

## 3-2 문제 정의 및 가설 설정

다음은 어느 회사의 고객별 영업사원 평가 결과이다. 근무태도는 친밀도(x1)와 대응자세(x2)로 구성되어 있고, 성과평가는 신뢰성(y1)과 서비스만족도(y2)로 구성되어 있다. 이에 성과평가는 f(근무태도)와 관련이 있다는 연구모형을 설정할 수 있다. 변수군 간에 어떠한 상관관계가 있는지 정준상관분석을 실시하여라.

| | 근무태도 | | 성과평가 | |
|---|---|---|---|---|
| 고객 | 친밀도 (x1) | 대응자세 (x2) | 신뢰성 (y1) | 서비스만족도 (y2) |
| 1 | 1 | 1 | 1 | 1 |
| 2 | 7 | 1 | 7 | 1 |
| 3 | 4.6 | 5.6 | 7 | 7 |
| 4 | 1 | 6.6 | 1 | 5.9 |
| 5 | 7 | 4.9 | 7 | 2 |
| 6 | 7 | 7 | 6.4 | 3.8 |
| 7 | 7 | 1 | 7 | 1 |
| 8 | 7 | 1 | 2.4 | 1 |

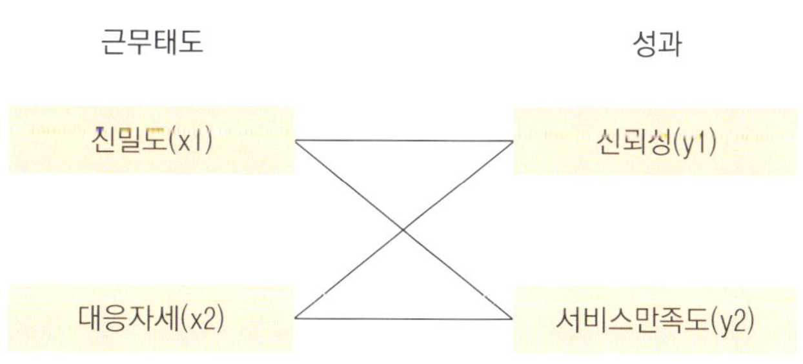

## 3-3 R 분석

1단계: 다음과 같은 명령문을 입력한다. R을 이용한 정준상관분석을 실시하기 위해서는 ggplot2, GGally, CCA, CCP 프로그램이 필요하다. 정준상관분석은 수리적인 결과물과 그래픽 결과물이 우수하고 무응답 자료치 처리가 가능하다는 장점이 있다.

데이터 ch82.R

```
library(ggplot2)
library(GGally)
library(CCA)
library(CCP)
ch82=read.csv("C:/gskim/SSA/data/ch82.csv")
a<-(ch82)
X <- as.matrix(a[,1:2]) # the working attitude tests
Y <- as.matrix(a[,3:4]) # the performance variables
correl <- matcor(X, Y)
img.matcor(correl, type = 2)
ggpairs(a)
res.cc=cc(X,Y)
plot(res.cc$cor,type="b")
plt.cc(res.cc)
estim.regul(X, Y, grid1 = NULL, grid2 = NULL, plt = TRUE)
matcor(X, Y)
res.cc=cc(X,Y)
plt.cc(res.cc)
res.cc=rcc(X,Y,0.1,0.2)
plt.cc(res.cc)
N = dim(X)[1]
p = dim(X)[2]
q = dim(Y)[2]
rho <- cancor(X,Y)$cor
res1 <- p.asym(rho, N, p, q)
plt.asym(res1,rhostart=1)
plt.asym(res1,rhostart=2)
p.perm(X, Y, nboot = 999, rhostart = 1, type = "Wilks")
```

2단계 : 모든 범위를 지정하고 실행단추를 누르면 다음과 같은 결과가 나타난다.

```
> cor(X) # X correlation analysis
           x1         x2
x1  1.0000000 -0.1610515
x2 -0.1610515  1.0000000
```

**결과 설명** X군의 상관행렬이 나타나 있다.

```
> cor(Y) # Y correlation analysis
           y1         y2
y1 1.00000000 0.01079424
y2 0.01079424 1.00000000
```

**결과 설명** Y군의 상관행렬이 나타나 있다.

```
> cor(a) # correlation analysis between X and Y
           x1         x2         y1          y2
x1  1.0000000 -0.1610515 0.75804843 -0.37232933
x2 -0.1610515  1.0000000 0.10964393  0.82231686
y1  0.7580484  0.1096439 1.00000000  0.01079424
y2 -0.3723293  0.8223169 0.01079424  1.00000000
```

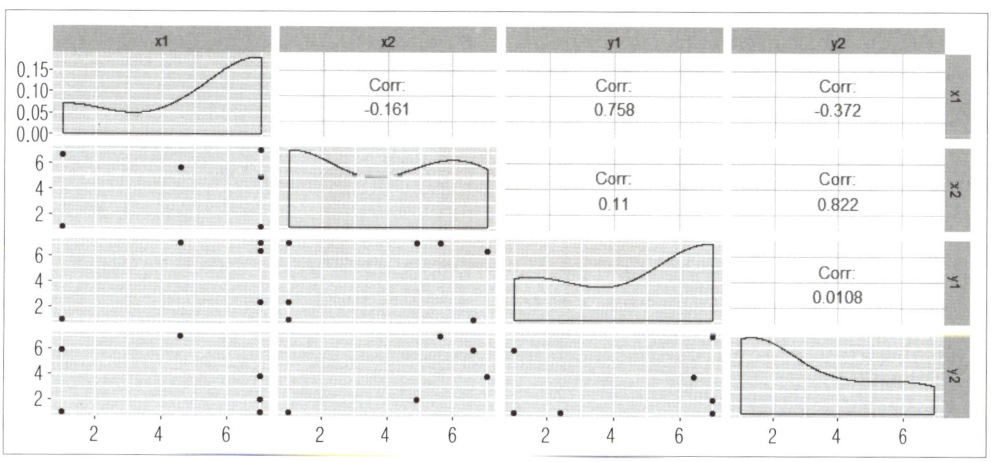

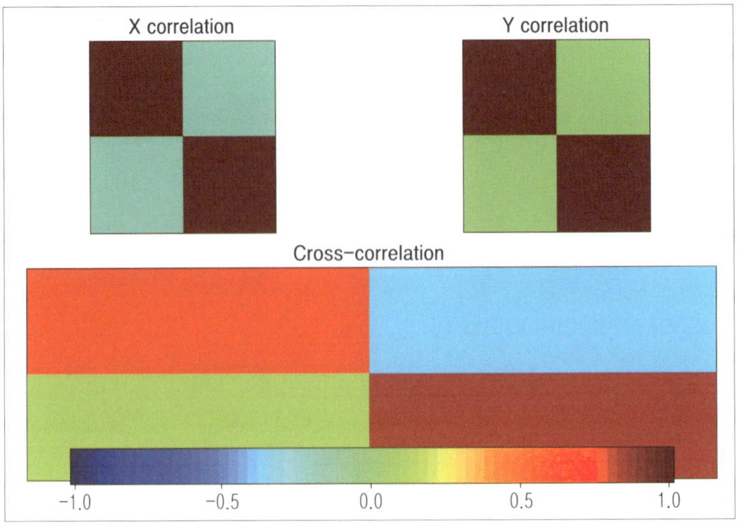


결과 설명 X군과 Y군의 상관행렬에 각 변수 간 관련성이 나타나 있다. 교차상관(crss-correlation)에서는 군별 상관계수가 색깔로 나타나 있다. 각 군은 상관 정도가 1이기 때문에 빨간색으로 표시되어 있다. 관련성 정도에 따라 색깔이 달라짐을 알 수 있다.

```
lambda1 = 0.001
lambda2 = 1
CV-score = 0.8710386
```

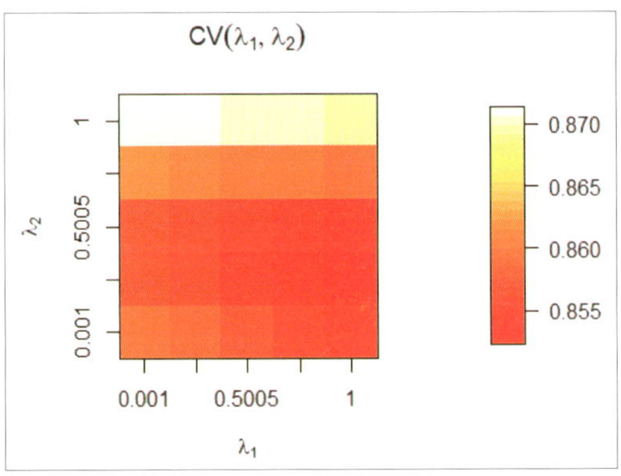


결과 설명 CV-score는 교차타당성(cross-validation)을 나타내는 지표로, 여기서 $\lambda_1$는 0.001이고 $\lambda_2$는 1이다. CV-score가 0.871로 나타나 있다. CV-score는 군간 $\lambda$값을 크게 하도록 최적화해주는 값이다. 즉 $\hat{\lambda} = (\hat{\lambda}_1, \hat{\lambda}_2) = \max_{\lambda 1 \lambda 2} CV(\lambda_1, \lambda_2)$을 의미한다.

```
> cancor(X,Y)#canonical correlation analysis
$cor
[1] 0.8967321 0.7505070
```

**결과 설명** 제1 정준상관계수는 0.897로 두 집단(X, Y) 사이에는 높은 상관관계가 있음을 알 수 있다. 제2 정준상관계수는 0.751임을 알 수 있다.

```
$xcoef
          [,1]       [,2]
x1 -0.09840084 0.1006035
x2  0.08234689 0.1118306

$ycoef
          [,1]        [,2]
y1 -0.07110247 0.11239703
y2  0.13154482 0.08124059
```

**결과 설명** 선형결합계수행렬을 보면, 집단 X군의 정준판별함수는 f1 = −0.0984X1 + 0.082X2, f2 = 0.1006X1 + 0.1118X2이다. 집단 Y군의 정준판별함수는 g1 = −0.0711Y1 + 0.1315Y2, g2 = 0.1123Y1 + 0.0812Y2임을 알 수 있다.

```
$xcenter
    x1     x2
5.2000 3.5125

$ycenter
    y1     y2
4.8500 2.8375
```

**결과 설명** 정준상관분석 결과를 보면, $xcenter와 $ycenter는 각 변수들의 평균값이다. 각 케이스(개체)별 정준판별함수의 점수를 구하려면 각 케이스 값에서 $xcenter의 값을 빼고 구하면 된다. 예를 들어, X군 첫 번째 개체의 정준판별함수는 f1 = −0.0984(1 − 5.2) + 0.082(1 − 3.5125)이다.

## 3-4 SPSS 분석

1단계: 다음과 같이 데이터를 입력한다.

데이터 ch82.sav

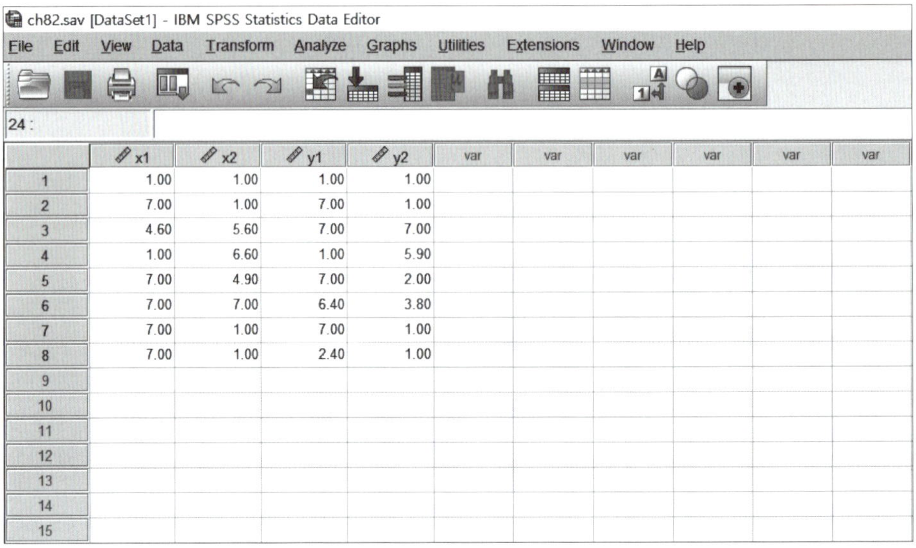


2단계: [Analyze] → [correlate] → [canonical correlation]을 누른다. 이어 set1과 set2에 각각 해당 변수를 클릭한다.

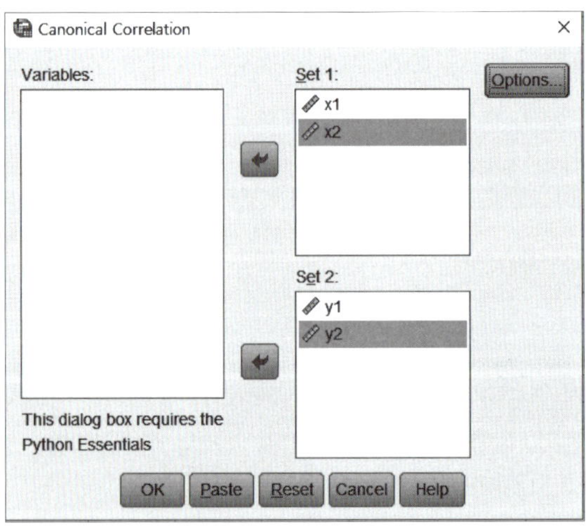

3단계 : OK 단추를 누르면 다음과 같은 결과를 얻을 수 있다.

**Correlations[a]**

| | | x1 | x2 | y1 | y2 |
|---|---|---|---|---|---|
| x1 | Pearson Correlation | 1 | -.161 | .758 | -.372 |
| | Sig. (2-tailed) | | .703 | .029 | .364 |
| x2 | Pearson Correlation | -.161 | 1 | .110 | .822 |
| | Sig. (2-tailed) | .703 | | .796 | .012 |
| y1 | Pearson Correlation | .758 | .110 | 1 | .011 |
| | Sig. (2-tailed) | .029 | .796 | | .980 |
| y2 | Pearson Correlation | -.372 | .822 | .011 | 1 |
| | Sig. (2-tailed) | .364 | .012 | .980 | |

a. Listwise N=8

**결과 설명** X군(근무태도)과 Y군(성과평가)의 상관행렬에 각 변수 간 관련성이 나타나 있다. x1 변수와 y1변수 간의 관련성이 유의하고 x2변수와 y2변수의 관련성이 매우 유의한 것으로 나타났다($p < \alpha = 0.05$).

**Canonical Correlations**

| | Correlation | Eigenvalue | Wilks Statistic | F | Num D.F | Denom D.F. | Sig. |
|---|---|---|---|---|---|---|---|
| 1 | .897 | 4.105 | .086 | 4.838 | 4.000 | 8.000 | .028 |
| 2 | .751 | 1.290 | .437 | 6.448 | 1.000 | 5.000 | .052 |

H0 for Wilks test is that the correlations in the current and following rows are zero

**결과 설명** 제1 정준상관계수는 0.897로 두 군(X, Y) 사이에는 높은 상관관계가 있음을 알 수 있다. 또한 고유치(Eigenvalue)는 4.105로 상관계수가 가장 높을 때의 값이다($p < \alpha = 0.05$). 제2 정준상관계수는 0.751임을 알 수 있다($p > \alpha = 0.05$). 제2 정준상관계수는 제1 정준상관계수보다 작은 고유치를 말한다.

**Set 1 Standardized Canonical Correlation Coefficients**

| Variable | 1 | 2 |
|---|---|---|
| x1 | .708 | -.724 |
| x2 | -.601 | -.816 |

**Set 1 Unstandardized Canonical Correlation Coefficients**

| Variable | 1 | 2 |
|---|---|---|
| x1 | .260 | -.266 |
| x2 | -.218 | -.296 |

**Set 2 Standardized Canonical Correlation Coefficients**

| Variable | 1 | 2 |
|---|---|---|
| y1 | .535 | -.845 |
| y2 | -.851 | -.525 |

**Set 2 Unstandardized Canonical Correlation Coefficients**

| Variable | 1 | 2 |
|---|---|---|
| y1 | .188 | -.297 |
| y2 | -.348 | -.215 |

**결과 설명** 각 군(1, 2)과 해당 변수 사이의 정준상관 정도의 표준화 정준상관계수 및 비표준화 정준상관계수가 제시되어 있다.

**Set 1 Canonical Loadings**

| Variable | 1 | 2 |
|---|---|---|
| x1 | .805 | -.593 |
| x2 | -.715 | -.699 |

**Set 2 Canonical Loadings**

| Variable | 1 | 2 |
|---|---|---|
| y1 | .525 | -.851 |
| y2 | -.845 | -.535 |

**결과 설명** 정준판별함수는 2개로 구성된다.

- $g1 = 0.805x1 - 0.715x2$, $g2 = -0.593x1 - 0.699x2$
- $f1 = 0.525y1 - 0.845y2$, $f2 = -0.851y1 - 0.535y2$

**Set 1 Cross Loadings**

| Variable | 1 | 2 |
|---|---|---|
| x1 | .722 | -.445 |
| x2 | -.641 | -.525 |

**Set 2 Cross Loadings**

| Variable | 1 | 2 |
|---|---|---|
| y1 | .471 | -.639 |
| y2 | -.758 | -.401 |

**결과 설명** 군별 교차적재치가 나타나 있다.

| Proportion of Variance Explained | | | | |
|---|---|---|---|---|
| Canonical Variable | Set 1 by Self | Set 1 by Set 2 | Set 2 by Self | Set 2 by Set 1 |
| 1 | .580 | .466 | .495 | .398 |
| 2 | .420 | .237 | .505 | .284 |

**결과 설명** 분산설명비율이 나타나 있다.

## 3-5 전략 수립

정준상관분석 결과를 통해 다음과 같은 점을 알 수 있다. 첫째, 고객 접점에 있는 영업사원의 근무태도는 친밀도(x1)에 의해 결정되고, 성과평가는 신뢰성(y1)과 관련성이 높다. 둘째, 근무태도를 구성하는 친밀도(x1)는 성과평가 요소인 신뢰성(y1)과 관련성이 매우 높다. 셋째, 근무태도를 구성하는 대응자세(x2)는 성과평가 요소인 서비스만족도(y2)와 관련성이 매우 높다.

기업은 영업사원과 비전을 끊임없이 공유하면서 동기부여를 높이는 방법을 지속적으로 연구해야 한다. 피터 드러커(Peter Drucker)는 "문화는 전략을 아침식사로 먹는다"라고 하였다. 조직의 리더는 구성원이 최선을 다해 일할 수 있는 문화를 만들어야 한다. 영업사원은 물론 모든 조직 구성원이 만족할 수 있도록 학습하는 문화를 형성하고, 수평적인 조직 구축을 통해 합리적이고 신속한 의사결정이 이루어질 수 있도록 노력해야 한다.

영업사원 또한 지속적인 학습과 혁신으로 전문성 확보를 위해 노력해야 하며, 이를 바탕으로 고객문제 해결을 위해 적극적으로 대응해야 한다. 또한 고객과의 친밀성 증대를 위해 힘써야 한다.

**데이터 분석가의 한마디**

4차 산업혁명의 주요 원천인 인공지능(AI)과 빅데이터가 패러다임의 근본적 변화를 요구하고 있다. 개인은 물론 조직, 사회 전체적으로 4차 산업혁명은 그 자체가 불확실성이다. 과거에는 선진국이 행한 기법이나 사례를 습득한 후 개선하여 유통하는 소위 패스트팔로어(fast follower) 전략만으로도 충분했다. 그러나 패스트팔로어 전략은 더 이상 통하지 않는다. 인공지능의 원천인 데이터 분석 능력을 바탕으로 각자의 분야에서 다양한 방법을 시도하고, 그 가운데 핵심역량을 축적하고 미래를 준비해야 한다.

## 연습문제

**1.** 상관분석과 정준상관분석을 비교 설명하라.

**2.** 다음 자료는 신입사원들의 첫 연봉(단위: 만원)과 학점 간의 관계를 조사한 것이다. 상관계수를 구하고 설명하라.

| 연봉 | 학점 |
|---|---|
| 2600 | 3.2 |
| 2900 | 3.4 |
| 2500 | 2.6 |
| 2600 | 3.5 |
| 3000 | 3.7 |
| 2900 | 4 |
| 2200 | 2.5 |
| 2400 | 3.3 |

3. 다음 독립군[x1(디자인), x2(기능성)], 종속군[y1(만족도), y2(충성도)]의 관련성에 대해 정준상관분석을 실시하고 분석결과를 해석하시오.

데이터 chex8.csv

| x1 | x2 | y1 | y2 |
|---|---|---|---|
| 46 | 34 | 28 | 39 |
| 60 | 31 | 50 | 46 |
| 81 | 59 | 63 | 72 |
| 94 | 84 | 92 | 92 |
| 76 | 67 | 86 | 52 |
| 31 | 53 | 41 | 39 |
| 34 | 38 | 25 | 25 |
| 78 | 75 | 64 | 76 |
| 54 | 43 | 38 | 55 |
| 86 | 53 | 60 | 70 |
| 53 | 43 | 34 | 42 |
| 78 | 31 | 52 | 67 |
| 96 | 66 | 77 | 88 |
| 71 | 90 | 86 | 65 |
| 67 | 58 | 60 | 70 |
| 32 | 68 | 74 | 45 |
| 44 | 55 | 60 | 42 |
| 59 | 46 | 42 | 67 |
| 76 | 30 | 37 | 64 |
| 84 | 51 | 54 | 79 |

# ch. 9 회귀분석

**학습목표**

- 회귀분석의 의미와 목적을 이해한다.
- 단순회귀분석과 중회귀분석을 이해한다.
- SPSS와 R을 이용하여 회귀분석을 실시할 수 있다.
- 분석결과에 따른 전략을 매칭할 수 있다.

## 1 회귀분석의 개념과 종류

### 1-1 회귀분석 개념

통계를 다루다 보면 2개 혹은 그 이상의 여러 변수 사이의 관계를 분석해야 할 때가 있다. 서로 관계를 가지고 있는 변수들 사이에는 다른 변수(들)에 영향을 주는 변수(들)가 있는가 하면 영향을 받는 변수(들)도 있다. 영향을 주는 변수를 독립변수(independent variable 또는 predictor variable), 영향을 받는 변수를 종속변수(dependent variable 또는 response variable)라고 한다.

예컨대 광고비와 매출액의 관계에서 광고비는 매출액에 영향을 미치므로 독립변수가 되고, 매출액은 종속변수가 된다. 이를 그림으로 나타내면 다음과 같다.

[그림 9-1] 독립변수와 종속변수

회귀분석(regression analysis)은 독립변수가 종속변수에 미치는 영향력 크기를 조사하여 독립변수의 일정한 값에 대응하는 종속변수의 값을 예측하는 기법을 의미한다. 광고비와 매출액 사이에서 어떤 관계가 있을 때, 일단 광고비의 수준이 결정되면 회귀분석을 통하여 매출액을 예상할 수 있다.

회귀분석은 3가지 주요 목적을 갖는다. 첫째, 기술(description) 목적이다. 변수들, 즉 광고비와 매출액 사이의 관계를 기술하고 설명할 수 있다. 둘째, 통제(control) 목적이다. 예를 들어, 비용과 생산량 사이의 관계 혹은 결근율과 생산량 사이의 관계를 조사하여 생산 및 운영 관리의 효율적인 통제에 회귀분석을 이용할 수 있다. 셋째, 예측(forecasting) 목적이다. 기업에서 생산량을 추정함으로써 비용을 예측할 수 있으며 광고비를 앎으로써 매출액을 예상할 수 있다.

앞에서 다룬 분산분석과 여기서 설명하는 회귀분석의 차이는 다음과 같다. 회귀분석은 독립변수(들)의 수준과 평균반응치 사이의 통계적인 관계를 연구한다. 여기서 종속변수와 독립변수는 모두 양적이어야 한다. 회귀분석 안에서의 분산분석은 사실 회귀계수의 검정에 관한 여러 방편 중 한 가지에 불과한 것이다. 분산분석은 종속변수와 독립변수(들) 사이의 관계를 연구하는 방법이지만 회귀분석에서 쓰이는 통계적인 관련성은 필요로 하지 않는다. 그리고 독립변수는 반드시 양적일 필요가 없으며, 성, 지역적인 위치, 기계종류 등과 같은 양적인 표시도 가능하다.

회귀분석은 단순회귀분석(simple regression analysis)과 중회귀분석(multiple regression analysis)으로 나눈다. 이에 대한 구분방법은 다음 표를 참조하면 쉽게 이해할 수 있다.

[표 9-1] 회귀분석의 종류

| 구분 | 독립변수 | 종속변수 |
|---|---|---|
| 단순회귀분석 | 1 | 1 |
| 중회귀분석 | 多 | 1 |
| 일반선형분석 | 多 | 多 |

## 1-2 분석 절차

연구주제가 주어지고 자료가 준비되었다면, 다음의 절차를 통해 비교적 용이하게 회귀분석을 실시할 수 있다. 이 절차는 단순회귀분석에 준하여 설명한다.

### 1) 산포도 그리기

산포도를 관찰함으로써 회귀모형을 직선으로 나타낼 것인지 혹은 곡선으로 나타낼 것인지를 결정한다.

### 2) 회귀계수 구하기 (직선 모형)

모형의 기울기와 절편을 구하고 해석한다.

$$\hat{Y} = b_0 + b_1 X$$

기울기 $$b_1 = \frac{n\sum X_i Y_i - (\sum X_i)(\sum Y_i)}{n\sum x_i^2 - (\sum X_i)^2} = \frac{\sum (X_i - \bar{X})\sum (Y_i - \bar{Y})}{\sum (X_i - \bar{X})^2} \quad \text{(식 9-1)}$$

절편 $$b_0 = \frac{1}{n}(\sum Y_i - b_1 X_i) = \bar{Y} - b_1 \bar{X}$$

여기서, 회귀모형의 가정을 살펴보면 다음과 같다.

① $X$는 확률변수가 아니라 확정된 값이다.
② 모든 오차는 정규분포를 이루며 평균이 0, 분산은 $\sigma^2$으로 $X$값에 관계 없이 동일하다. 즉, $\varepsilon_i \sim N(0, \sigma^2)$.
③ 서로 다른 관찰치의 오차는 독립적이다. 즉, $Cov(\varepsilon_i, \varepsilon_j) = 0$ (단 $i \neq j$).
④ $Y \sim N(\beta_0 + \beta_1 X, \sigma^2)$

### 3) 회귀선의 정도

회귀선이 관찰 자료를 어느 정도로 설명하는지를 추정한다. 이것은 추정의 표준오차 또는 표본결정계수를 통하여 알 수 있다.

추정의 표준오차 $S_{y,x} = \sqrt{\dfrac{\sum(Y_i - \hat{Y}_i)^2}{n-2}} = \sqrt{\dfrac{\sum(Y_i - b_0 - b_1 X_i)^2}{n-2}}$ (식 9-2)

표본의 결정계수 $r^2 = \dfrac{SSR}{SST} = 1 - \dfrac{SSE}{SST}$ (식 9-3)

### 4) 회귀모형의 통계적 검정

분산분석표를 이용하여 회귀선이 통계적으로 유의한지 여부를 검정한다.

$$H_0 : \beta_1 = 0$$
$$H_1 : \beta_1 \neq 0$$

검정통계량(F = MSR/MSE)이 임계치보다 크면 귀무가설을 기각하고, 회귀선이 유의하다고 결론을 내린다.

### 5) 추론

회귀선이 유의하다고 하면 회귀계수에 대하여 통계적 추론을 실시한다.

기울기 $\beta_1$의 신뢰구간 $\beta_1 = b_1 \pm t_{(\frac{\alpha}{2},\, n-2)} \bullet S_{b_1}$ (식 9-4)

여기서 $S_{b_1} = \sqrt{\dfrac{MSE}{\sum(X_i - \bar{X})^2}}$

$MSE = \dfrac{\sum(Y_i - \hat{Y}_i)^2}{n-2}$ (식 9-5)

### 6) 회귀모형의 타당성

본격적인 회귀분석을 하기 전에 자료 분석을 위한 회귀모형의 타당성을 검토하는 것은 중요하다. 이것을 조사하는 방법을 4가지 정도 기술하면 다음과 같다.

① 결정계수 $r^2$이 지나치게 작아서 0에 가까우면 회귀선은 적합하지 못하다.
② 분산분석에서 회귀식이 유의하다는 가설이 기각된 경우에는 다른 모형을 개발해야 한다.
③ 적합결여검정(lack of fit test)을 통하여 모형의 타당성을 조사한다.
④ 잔차(residual)를 검토하여 회귀모형의 타당성을 조사한다.

여기서는 잔차의 분석에 대해서만 설명한다. 무엇보다도 회귀모형이 타당하려면 잔차들이 X축에 대하여 임의(random)로 나타나 있어야 한다. 다음의 잔차 산포도 중에서 (a)만 전형적인 산포도를 보이고 있으며, 나머지는 무엇인가 조치를 취하여야 한다.

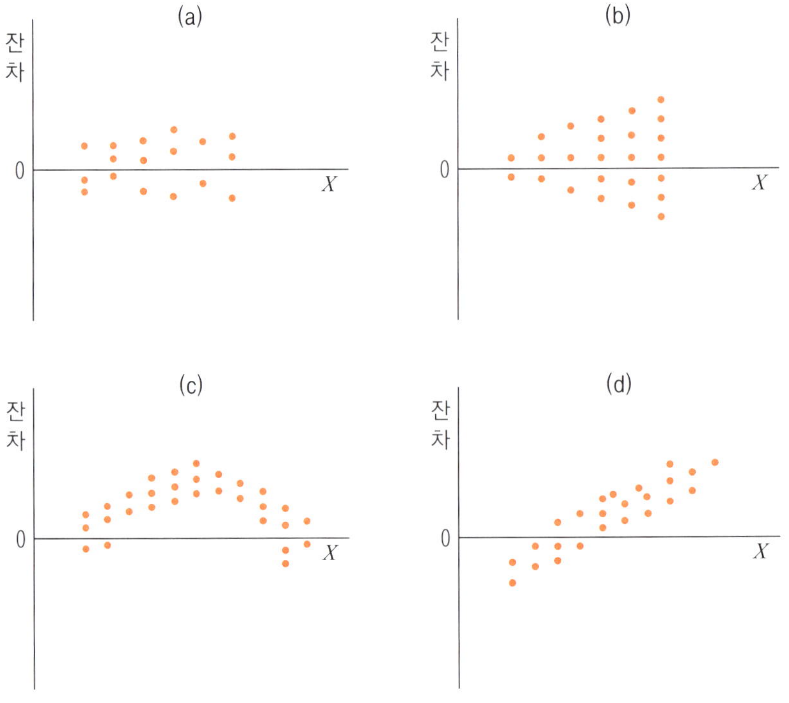


[그림 9-2] 잔차 산포도

# 2 단순회귀분석

## 2-1 문제 정의 및 가설 설정

A화장품회사 기획실에서는 광고비(x1)에 따른 매출액(y1, 억원)에 관련성을 파악하기 위해서 최근 10개월의 자료를 조사하였다. 광고비가 매출을 결정한다고 가설을 설정하고 이를 검정하기로 하였다.

[표 9-2] 광고비와 매출액

데이터 ch91.csv

| 월별 | x1 | y |
|---|---|---|
| 1 | 25 | 100 |
| 2 | 52 | 256 |
| 3 | 38 | 152 |
| 4 | 32 | 140 |
| 5 | 25 | 150 |
| 6 | 45 | 183 |
| 7 | 40 | 175 |
| 8 | 55 | 203 |
| 9 | 28 | 152 |
| 10 | 42 | 198 |

- $H_0$ : 추정 회귀식은 유의하지 않을 것이다. 또는 $b_1 = 0$
- $H_1$ : 추정 회귀식은 유의할 것이다. 또는 $b_1 \neq 0$

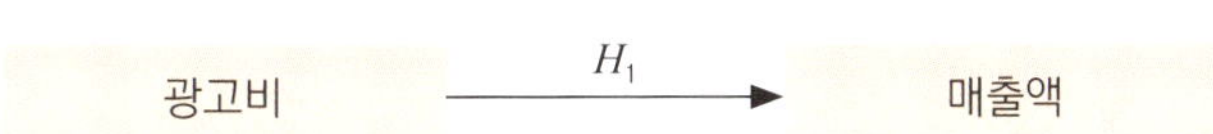

## 2-2 R 분석

1단계: R 프로그램에서 회귀분석을 실행하기 위해서 다음과 같이 명령문을 입력하고 실행하면 추세선 그래프를 얻을 수 있다. 인터랙티브 그래프(interactive graph)를 그리기 위해서는 ggplot2와 plotly를 사전에 설치해야 한다.

데이터 ch91.R

```
library(ggplot2)
library(plotly)
ch91=read.csv("C:/gskim/SSA/data/ch91.csv")
# scatter diagram and add fit lines
p9 <- ggplot(ch91, aes(x=x1, y=y)) +
 geom_point(shape=1) + geom_smooth(method=lm)
ggplotly(p9)
```

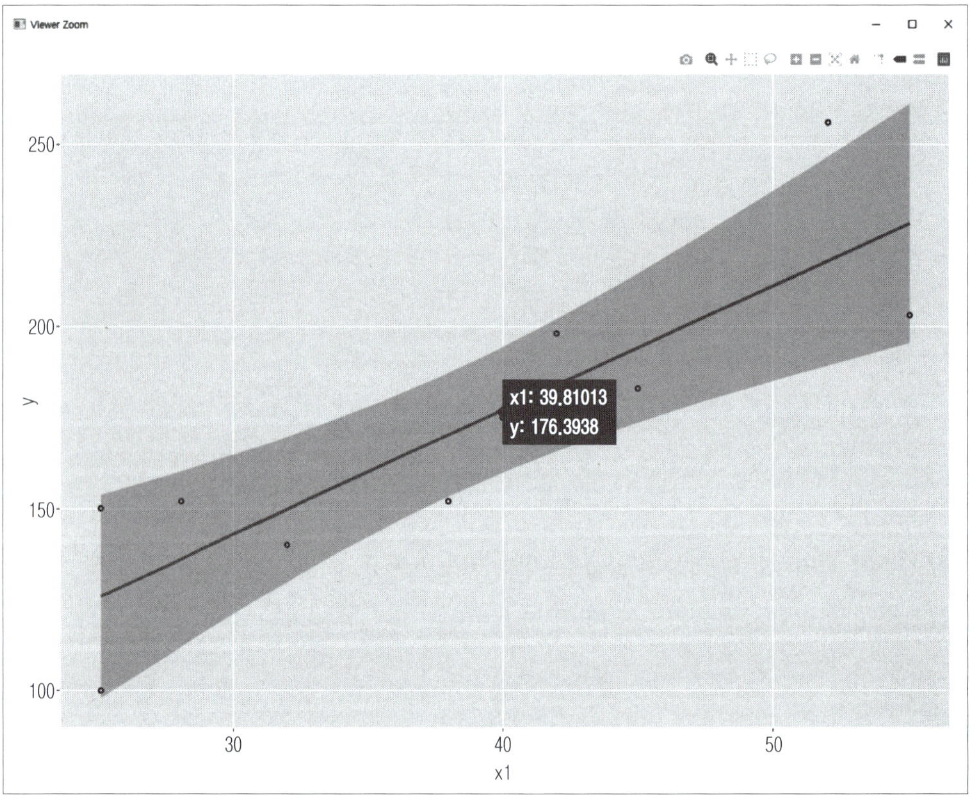


결과 설명 독립변수인 광고비(x1)가 증가하면 매출액(y)이 증가하는 것을 알 수 있다.

2단계 : 단순회귀분석을 실시하기 위해서 다음과 같은 명령어를 입력하고 실행할 수 있다.

데이터 ch92.R

```
# Simple Linear Regression
fit <- lm(y ~ x1, data=ch91)
summary(fit) # show results
```

```
Call:
lm(formula = y ~ x1, data = ch91)

Residuals:
    Min      1Q  Median      3Q     Max
-25.861 -16.439  -5.894  15.461  38.014

Coefficients:
            Estimate Std. Error t value Pr(>|t|)
(Intercept)  40.5605    28.7151   1.413  0.19550
x1            3.4120     0.7266   4.696  0.00155 **
---
Signif. codes:  0 '***' 0.001 '**' 0.01 '*' 0.05 '.' 0.1 ' ' 1

Residual standard error: 23.29 on 8 degrees of freedom
Multiple R-squared:  0.7338,    Adjusted R-squared:  0.7005
F-statistic: 22.05 on 1 and 8 DF,  p-value: 0.001549
```

**결과 설명** [(Intercept) 40.5605 Pr. .19550] 회귀식의 상수값은 40.5605이며, 유의확률은 0.195 > $\alpha = 0.05$이므로 이는 통계적으로 유의하지 않다.

[x1 Estimate 3.412 Pr 0.00155] x1(광고비)의 회귀계수는 3.412이며 이 회귀계수의 통계적 유의성을 검정하는 t값 4.696의 확률적 표시 유의확률이 0.00155이므로 $\alpha = 0.05$에서 이 회귀계수는 통계적으로 매우 유의하다고 볼 수 있다. 즉 Pr = 0.00155 < $\alpha = 0.05$이므로 회귀계수는 통계적으로 유의하다고 할 수 있다. 결정계수($R^2$)는 총변동 중에서 회귀선에 의하여 설명되는 비율을 의미하는 것으로, 매출액의 변동 중에서 73.4%가 광고비에 의하여 설명된다는 것을 의미한다.

추정회귀식 $\hat{Y} = 40.561 + 3.412X_1$은 p = 0.001 < $\alpha = 0.05$이므로 유의함을 알 수 있다.

3단계 : 광고비가 26억원일 경우의 매출액 예측값(129.2733)을 얻을 수 있다.

데이터 ch93.R

```
predict(fit, data.frame(x1 = 26))
```

## 2-3 SPSS 분석

1단계 : 먼저 데이터를 입력한다.

데이터 ch91.sav 또는 ch91.csv

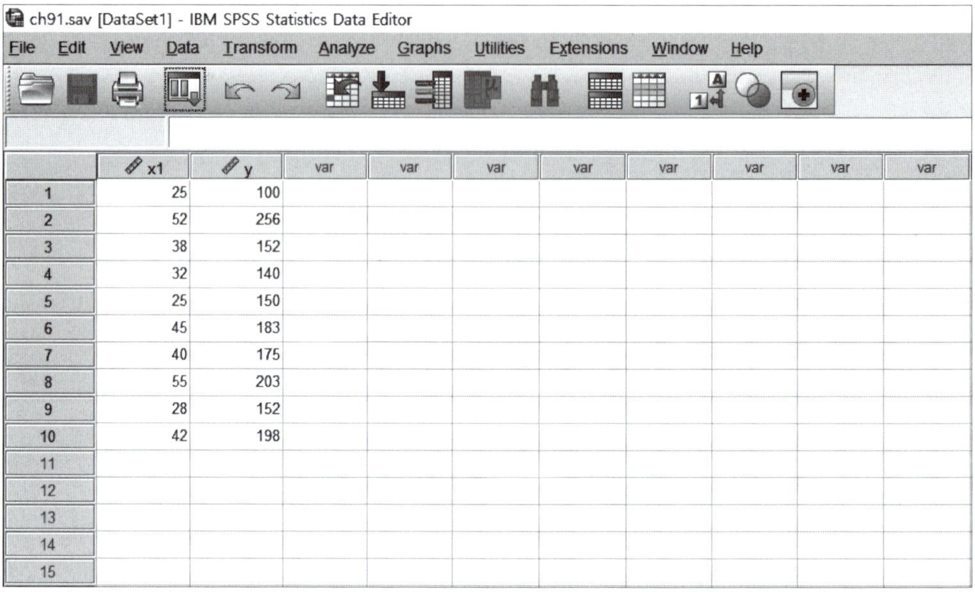


| | x1 | y | var | var | var | var | var | var | var | var |
|---|---|---|---|---|---|---|---|---|---|---|
| 1 | 25 | 100 | | | | | | | | |
| 2 | 52 | 256 | | | | | | | | |
| 3 | 38 | 152 | | | | | | | | |
| 4 | 32 | 140 | | | | | | | | |
| 5 | 25 | 150 | | | | | | | | |
| 6 | 45 | 183 | | | | | | | | |
| 7 | 40 | 175 | | | | | | | | |
| 8 | 55 | 203 | | | | | | | | |
| 9 | 28 | 152 | | | | | | | | |
| 10 | 42 | 198 | | | | | | | | |
| 11 | | | | | | | | | | |
| 12 | | | | | | | | | | |
| 13 | | | | | | | | | | |
| 14 | | | | | | | | | | |
| 15 | | | | | | | | | | |

2단계 : 산포도를 그리기 위해서 다음과 같은 명령어를 입력하고 실행한다.

데이터 ch9-1.sps

```
GRAPH
 /SCATTERPLOT(BIVAR)=x1 WITH y
 /MISSING=LISTWISE.
```

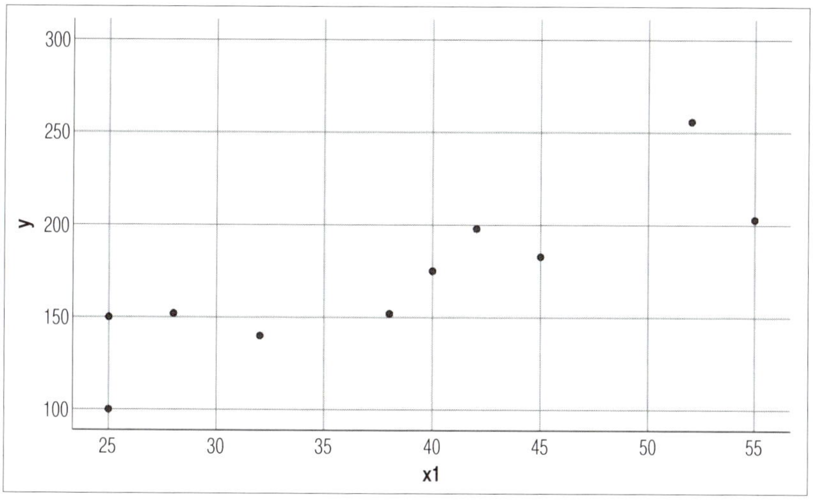


결과 설명 산포도를 그리는 이유는 두 변수 사이의 관계를 알아보기 위해 수행하는 회귀분석에서 종속변수가 독립변수의 변화에 따라 어떻게 조직적으로 변하는가를 알아보는 데 있다. 위의 산포도를 통해 독립변수인 광고비(x1)가 증가하면 매출액(y)이 증가하는 것을 알 수 있다.

3단계 : 산포도 위의 점에 마우스를 올려놓고 두 번 누르면, 다음과 같은 대화창이 나타난다.

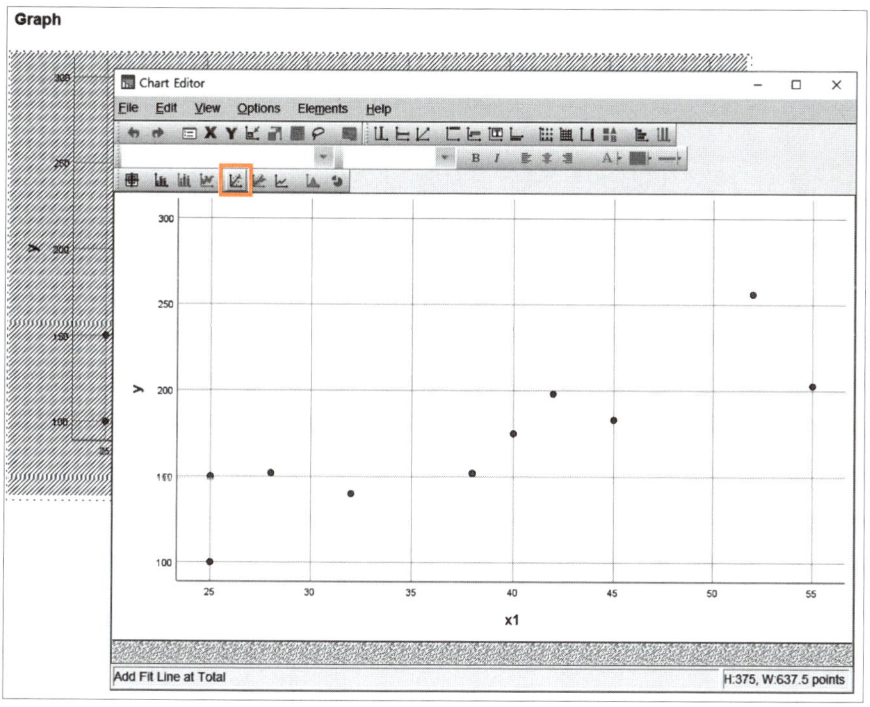

**4단계**: 앞의 그림에서 (Add Fit Line at Total) 부분을 누른다. 그러면 추세선과 관련 추정회귀식이 표시된다.

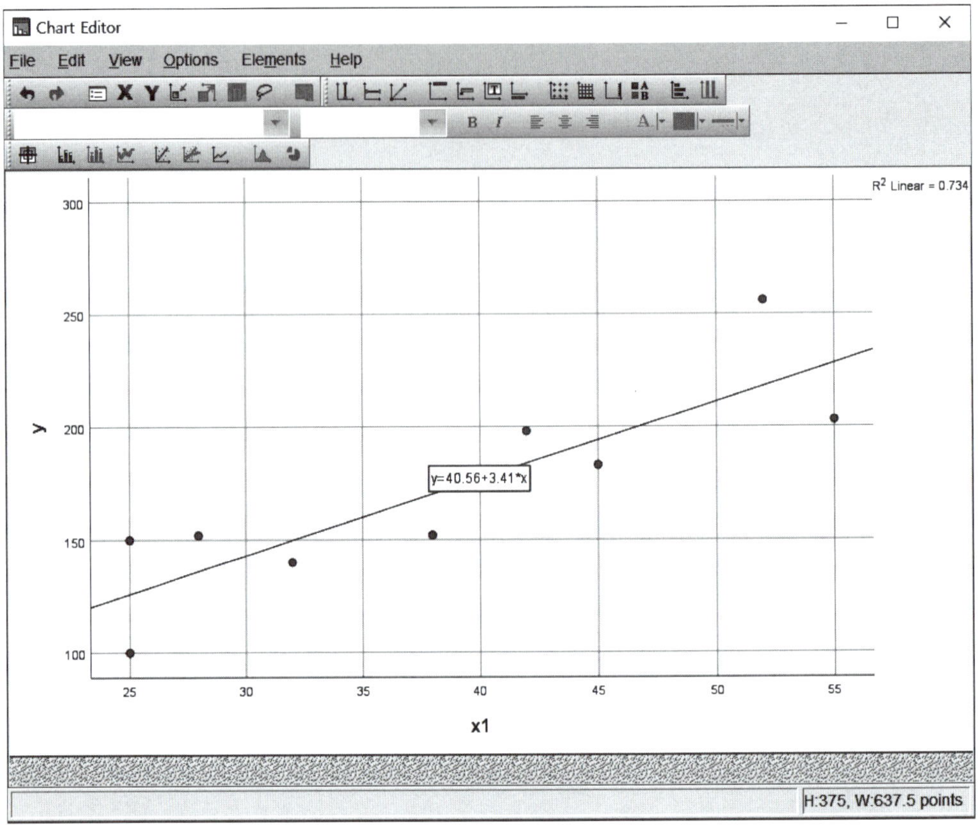


**결과 설명** 위 그림에서 광고비를 X축에 표시하고 매출액을 Y축에 표시하였다. 우리는 이 산포도를 통하여 두 변수 간의 관계를 대체로 한눈에 파악할 수 있다. 즉, 광고비가 많을수록 매출액은 증가한다. 그리고 그 추세를 어느 정도 정확하게 추정하기 위해서 산포도 위에 선형직선을 그을 수 있다. 이 선을 회귀선(regression line)이라고 한다.

$$\text{추정회귀식} \quad \hat{Y} = 40.56 + 3.41X$$

추정회귀식의 기울기가 3.41이므로 광고비가 1억원씩 증가함에 따라 매출액이 3.41억원씩 증가한다고 말할 수 있다.

5단계: 단순회귀분석을 실시하기 위해서 Syntax(명령문창)에 다음과 같이 입력한다.

```
REGRESSION
 /MISSING LISTWISE
 /STATISTICS COEFF OUTS R ANOVA
 /CRITERIA=PIN(.05) POUT(.10)
 /NOORIGIN
 /DEPENDENT y
 /METHOD=ENTER x1.
```

6단계: 명령문을 입력하고 실행하면 다음과 같은 결과를 얻을 수 있다.

**Variables Entered/Removed[a]**

| Model | Variables Entered | Variables Removed | Method |
|---|---|---|---|
| 1 | x1[b] | . | Enter |

a. Dependent Variable: y

b. All requested variables entered.

**결과 설명** 변수 투입방식이 순서에 의해서 투입되는 Enter 방식임을 알 수 있다. 여기서는 독립변수가 x1 하나이기 때문에 x1만 투입되었음을 알 수 있다.

**Model Summary**

| Model | R | R Square | Adjusted R Square | Std. Error of the Estimate |
|---|---|---|---|---|
| 1 | .857[a] | .734 | .701 | 23.291 |

a. Predictors: (Constant), x1

**결과 설명** [R Square .734] 결정계수 $R^2$은 총변동 중에서 회귀선에 의하여 설명되는 비율을 의미하는 것으로 매출액의 변동 중에서 73.4%가 광고비에 의하여 설명된다는 것을 의미한다. $R^2$의 범위는 $0 \le R^2 \le 1$의 값을 지닌다. 모든 관찰치와 회귀식이 일치한다면 $R^2 = 1$이 되어 독립변수와 종속변수 간에 100%의 상관관계가 있다고 할 수 있다. $R^2$의 값이 1에 가까울수록 회귀선은 표본을 설명하는 데 유용하다.

$$R^2 = \frac{\text{회귀선에 의해 설명되는 변동}}{\text{전체 변동}} = \frac{\sum(\hat{Y}_i - \bar{Y}_i)^2}{\sum(Y - \bar{Y})^2} \qquad \text{(식 9-6)}$$

[Adjusted R Square .701] 회귀분석이 단계적으로 전개될 때 자유도를 고려하여 조정된 $R^2$으로서, 일반적으로 모집단의 결정계수를 추정할 때 더 사용된다. 표본의 수가 충분히 큰 경우에는 위의 $R^2$값과 동일하다.

$$\text{조정된 결정계수} = 1 - [(1 - \text{결정계수}) \cdot (n-1)/(n-k-1)] \qquad (\text{식 } 9\text{-}7)$$

여기서 $n$ = 표본의 수

$k$ = 독립변수의 수

**ANOVA**[a]

| Model | | Sum of Squares | df | Mean Square | F | Sig. |
|---|---|---|---|---|---|---|
| 1 | Regression | 11963.253 | 1 | 11963.253 | 22.054 | .002[b] |
| | Residual | 4339.647 | 8 | 542.456 | | |
| | Total | 16302.900 | 9 | | | |

a. Dependent Variable: y

b. Predictors: (Constant), x1

**결과 설명** 추정회귀식이 통계적으로 유의한지를 검정하는 분산분석표이다. F통계량에 대한 유의확률(Sig.)이 0.002로 $\alpha = 0.05$보다 작다. 즉, 유의확률 = 0.002 < 0.05이므로 이 회귀식은 매우 유의하다고 할 수 있다.

**Coefficients**[a]

| Model | | Unstandardized Coefficients B | Std. Error | Standardized Coefficients Beta | t | Sig. |
|---|---|---|---|---|---|---|
| 1 | (Constant) | 40.561 | 28.715 | | 1.413 | .195 |
| | x1 | 3.412 | .727 | .857 | 4.696 | .002 |

a. Dependent Variable: y

**결과 설명** [(Constant) 40.561 Sig. .195] 회귀식의 상수값은 40.561이며, 유의확률은 0.195 > 0.05이므로 이는 통계적으로 유의하지 않다.

[x1 B 3.412 Sig .002] x1(광고비)의 회귀계수는 3.412이며 이 회귀계수의 통계적 유의성을 검정하는 t값 4.696의 확률적 표시 유의확률이 0.002이므로 $\alpha = 0.05$에서 이 회귀계수는 통계적으로 매우 유의하다고 볼 수 있다. 즉 Sig. T = 0.002 < $\alpha = 0.05$이므로 회귀계수는 통계적으로 유의하다고 할 수 있다.

$$\text{추정회귀식} \quad \hat{Y} = 40.561 + 3.412X_1$$

여기서 $\hat{Y} = Y$(매출액)

$X_1$ = 광고비

이 식의 의미는 광고비 1(억원)이 추가될 때마다 매출액이 3.41억원씩 증가한다는 것을 나타낸다. Y절편은 40.561이므로 광고비가 0일 때 매출액이 40.561억원이므로 의미가 없다. 광고비가 26억원인 경우에 예상 매출액은 아래와 같다.

$$\hat{Y} = 40.56 + 1.341(26) = 129.2(\text{억원})$$

### 2-4 전략 수립

홍보 전략에서 가장 어려우면서도 쉬운 방법이 광고라는 이야기가 있다. 다만 광고비용과 광고효과에 관한 문제가 남는다. 효과적인 홍보를 위해 무엇보다 먼저 해야 할 일은 진정성 있는 콘텐츠를 마련하는 일이다. 그런 다음 고가의 광고비를 들이지 않더라도 도달률을 높일 수 있는 SNS 채널(유튜브, 인스타그램, 페이스북 등)을 적극 활용해야 한다. 온라인을 통한 제작 및 유통, 오프라인을 대신할 수 있는 현장감 있는 실감콘텐츠 개발 등 이에 대한 광고전략을 구체적으로 수립하고 실행해야 한다.

## 3 중회귀분석

### 3-1 중회귀모형

앞서 독립변수와 종속변수가 각각 하나인 경우의 회귀분석을 공부하였다. 이제 여러 개의 독립변수들이 종속변수에 어떻게 영향을 미치는가를 분석하는 중회귀분석(multiple regression analysis)에 대해 알아보자. 중회귀분석의 추정회귀식은 다음과 같이 나타낼 수 있다.

**중회귀모형** $Y = \beta_0 + \beta_1 X_1 + \beta_2 X_2 + \varepsilon$ (식 9-8)

여기서 $\beta_0, \beta_1, \beta_2$는 회귀계수이다. $\varepsilon$는 오차항으로서 $N(0, \sigma^2)$이며 독립적이다.

중회귀식이 통계적으로 유의한지 여부를 검정하기 위하여 독립변수가 k개인 중회귀식의 분산분석표를 만들면 [표 9-3]과 같다.

[표 9-3] 중회귀분석의 분산분석표

| 원천 | 제곱합(SS) | 자유도(DF) | 평균제곱(MS) | F |
|---|---|---|---|---|
| 회귀 | $SSR = \sum(\hat{Y} - \bar{Y})^2$ | k | $MSR = \frac{SSR}{k}$ | $\frac{MSR}{MSE}$ |
| 잔차 | $SSE = \sum(Y - \hat{Y})^2$ | n−(k+1) | $MSE = \frac{SSE}{n-k-1}$ | |
| 합계 | $SST = \sum(Y - \bar{Y})^2$ | n−1 | | |

검정 절차는 단순회귀분석에 준한다.

중회귀분석은 2개 이상의 독립변수가 종속변수에 미치는 영향을 분석한다. 예를 들어, 매출액에 영향을 주는 변수로서 단순회귀모형에서 사용한 광고비 외에 종업원 근무년수, 1일 문의전화 건수를 추가적으로 생각할 수 있다. 중회귀분석에서 고려해야 할 점은 3가지다. 첫째, 독립변수 간의 상관관계, 즉 다중공선성(multicollinearity)이다. 둘째, 어떤 잔차항이 다른 잔차항에 영향을 미치게 되는 경우 오차항의 자기상관(autocollelation) 또는 계열상관(serial correlation)이다. 셋째, 종속변수가 독립변수의 변화에 따라 다른 분산을 보이는 이분산성(heteroscedasticity) 등이다.

## 3-2 문제 정의 및 가설 설정

A화장품회사 기획실에서는 광고비(x1)와 영업사원수(x2)에 따른 매출액(y1, 억원)의 관련성을 파악하기 위해서 최근 10개월의 자료를 조사하였다. 광고비와 영업사원수가 매출을 결정한다고 가설을 설정하고 이를 검정하기로 하였다. 이 연구를 위하여 구한 자료는 다음과 같다. 이 자료는 앞의 [표 9-2]에 영업사원수를 추가한 것이다.

[표 9-4] 광고비와 매출액

데이터 ch92.csv

| 월별 | 광고비(억원) | 영업사원수(명) | 매출액(억원) |
|---|---|---|---|
| 1 | 25 | 3 | 100 |
| 2 | 52 | 6 | 256 |
| 3 | 38 | 5 | 152 |
| 4 | 32 | 5 | 140 |
| 5 | 25 | 4 | 150 |
| 6 | 45 | 7 | 183 |
| 7 | 40 | 5 | 175 |
| 8 | 55 | 4 | 203 |
| 9 | 28 | 2 | 152 |
| 10 | 42 | 4 | 198 |

① 추정회귀식 유의성 검정 가설

- $H_0$: 추정회귀식은 유의하지 않을 것이다.
- $H_1$: 추정회귀식은 유의할 것이다.

② 세부 가설

- $H_0$: 광고비는 매출액에 유의한 영향을 미치지 않을 것이다. 또는 $b_1=0$
- $H_1$: 광고비는 매출액에 유의한 영향을 미칠 것이다. 또는 $b_1 \neq 0$

- $H_0$: 영업사원수는 매출액에 유의한 영향을 미치지 않을 것이다. 또는 $b_2=0$
- $H_1$: 영업사원수는 매출액에 유의한 영향을 미칠 것이다. 또는 $b_2 \neq 0$

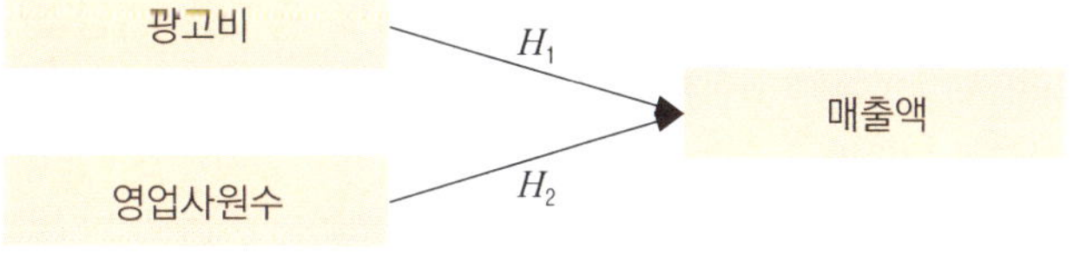

## 3-3 R 분석

1단계 : R 프로그램을 이용해서 회귀분석을 실시하기 위해 ch92.csv 파일을 불러온다.

데이터 ch94.R

```
ch92=read.csv("C:/gskim/SSA/data/ch92.csv")
```

2단계 : 중회귀분석을 실시하기 위해서 다음과 같은 명령어를 입력한다.

데이터 ch95.R

```
# Multiple Linear Regression
fit <- lm(y ~ x1+x2, data=ch92)
summary(fit) # show results
```

```
Call:
lm(formula = y ~ x1 + x2, data = ch92)

Residuals:
    Min      1Q  Median      3Q     Max
-25.589 -16.909  -6.247  16.258  37.766

Coefficients:
            Estimate Std. Error t value Pr(>|t|)
(Intercept)  39.6892    32.7423   1.212  0.26477
x1            3.3722     0.9360   3.603  0.00871 **
x2            0.5321     6.9756   0.076  0.94133
---
Signif. codes:  0 '***' 0.001 '**' 0.01 '*' 0.05 '.' 0.1 ' ' 1

Residual standard error: 24.89 on 7 degrees of freedom
Multiple R-squared:  0.734,	Adjusted R-squared:  0.658
F-statistic: 9.659 on 2 and 7 DF,  p-value: 0.009703
```

**결과 설명** 중회귀식은 $\hat{Y} = 39.689 + 3.372x1 + 0.532x2$로 나타낼 수 있다. 이 회귀식은 73.4%의 설명력을 갖고 있다. 독립변수 중에서 광고비가 $Pr = 0.009 < \alpha = 0.05$에서 통계적으로 유의한 것을 알 수 있다.

회귀계수(Coefficients)에서 보면, 독립변수들 중에서 x2(영업사원수)는 유의하지 못하며(p값 = 0.941 > $\alpha = 0.05$), x1(광고비)은 유의함($Pr = 0.009 < \alpha = 0.05$)을 나타낸다. 사실상 매출액의 변동을 설명하는 데 있어서 영업사원수는 의미 있는 역할을 하지 못하며, 광고만이 매출액에 유의한 영향을 미치는 것으로 나타났다.

3단계 : x1 = 26(억원), x2 = 6(명)일 경우의 예측값을 알아보기 위해 다음과 같은 명령문을 입력해보자. 그러면 예측값으로 130.5579(억원)을 얻을 수 있다.

데이터 ch95.R

```
predict(fit, data.frame(x1 = 26, x2=6)) # prediction
```

4단계 : 중회귀분석 진단 및 기본 가정을 살펴보기 위해서 다음과 같은 명령문을 입력하고 실행한다.

데이터 ch95.R

```
# Other useful functions
coefficients(fit) # model coefficients
confint(fit, level=0.95) # CIs for model parameters
fitted(fit) # predicted values
residuals(fit) # residuals
anova(fit) # anova table
vcov(fit) # covariance matrix for model parameters
influence(fit) # regression diagnostics
# Evaluate Collinearity
library(car)
vif(fit) # variance inflation factors
sqrt(vif(fit)) > 2 # problem?
# diagnostic plots
layout(matrix(c(1,2,3,4),2,2)) # optional 4 graphs/page
plot(fit)
```

5단계 : 실행 결과는 다음과 같다.

```
> anova(fit) # anova table
Analysis of Variance Table
Response: y
          Df  Sum Sq  Mean Sq  F value    Pr(>F)
x1         1 11963.3  11963.3  19.3132  0.003177 **
x2         1     3.6      3.6   0.0058  0.941330
Residuals  7  4336.0    619.4
```

```
---
Signif. codes: 0 '***' 0.001 '**' 0.01 '*' 0.05 '.' 0.1 ' ' 1
> vcov(fit) # covariance matrix for model parameters
            (Intercept)          x1         x2
(Intercept)  1072.05919 -17.0560467 -79.683274
x1            -17.05605   0.8760046  -3.646073
x2            -79.68327  -3.6460733  48.658505
> influence(fit) # regression diagnostics
$hat
        1         2         3         4         5         6         7         8         9        10
0.2900639 0.3023789 0.1208721 0.2104941 0.2883516 0.4562210 0.1136252 0.6176691 0.4378975 0.1624266
$coefficients
   (Intercept)           x1          x2
1 -23.66034436  0.354615852  1.44656816
2 -25.60280587  0.578533694  1.98141583
3  -0.86634255  0.067853852 -0.85090660
4  -2.68187903  0.152171803 -0.98454759
5  17.70901261 -0.527612742  1.28915004
6   9.14304869  0.114027401 -3.49672634
7   0.03501843  0.001002730 -0.07235085
8  18.94627404 -1.696123205  8.77633290
9  21.02756166  0.008695505 -4.08139544
10  1.03698996  0.144498601 -1.07098963
$sigma
       1        2        3        4        5        6        7        8        9       10
23.85262 19.54293 25.64855 26.46615 24.27216 26.02588 26.86510 21.57681 25.27303 26.08710
$wt.res
         1          2          3          4          5          6          7          8          9         10
-25.589377  37.766084 -18.491622 -10.258684  23.878516 -12.160928  -2.235934 -24.286173  16.826260  14.551859
```

**결과 설명** 회귀분석을 실시할 때 일반적으로 간과하기 쉬운 절차는 회귀식이 지닌 가정을 검토하는 일이다. 회귀식의 가정은 변수와 잔차에 관련된 것으로 다중공선성, 잔차의 독립성, 등분산성 등이 이에 해당한다. 이러한 가정을 검토하기 위해서 추정치의 차이인 잔차의 값과 산점도 등을 확인해야 한다. 잘 적합된 모형에서 나온 잔차는 정규분포를 따르고, 분산이 일정하며 특별한 추세를 보이지 않는 것이 일반적이다.
위의 중회귀분석 진단 결과를 통해 회귀직선으로부터 떨어져 있는 특이점(잔차)을 확인할 수 있다($wt.res). 예를 들어 관측수 1의 잔차는 −25.5894로 이는 100−125.589337의 계산 결과이다.

```
> vif(fit) # variance inflation factors
      x1       x2
1.453232 1.453232
```

**결과 설명** 분산추출지수(variance inflation factors)는 분산확대지수로 10보다 작으면 다중공선성이 없다고 해석한다. 다중공선성(multicollinearity)은 독립변수 간의 상관관계가 존재하는 것을 의미한다. 회귀식에서 독립변수의 수를 많이 투입할수록 다중공선성이 증가한다.

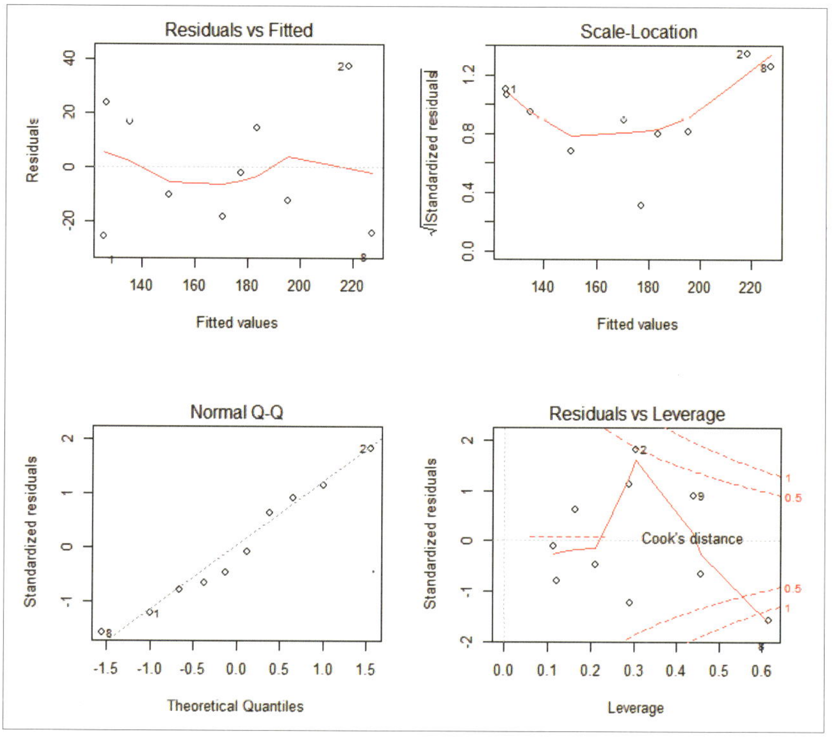


**결과 설명** 회귀분석 가정 관련 진단도표로 상단 왼쪽 첫 번째 그림(Residuals vs Fitted)은 잔차항과 y의 예측값과의 관계가 독립인지 여부를 나타내는 그림이다. 빨간 선이 직선이고 점이 고르게 퍼져 있을수록 상관정도가 적기 때문에 좋은 표본이라고 할 수 있다. 상단 오른쪽 그림(Scale-Location)은 x축은 적합값(fitted values)을, y축은 y의 예측값을 표준화하고 이를 다시 루트(제곱근)를 한 값으로 빨간 선이 직선일수록 좋다. 일반적으로 y축이 2를 넘어가면 잠재적 이상치가 발생한 것으로 해석하면 된다. 하단 첫 번째 그림(Normal Q-Q)은 잔차의 정규분포 가정을 검증하기 위한 누적확률분포와 정규분포의 누적확률분포의 산포를 그린 것이다. 그림에서 45도 라인일 경우 이상치가 없는 데이터이고, 점들이 선을 중심으로 분포되어 있어 정규분포를 보인다고 해석한다.

하단 오른쪽 그림(Residuals vs Leverage)은 이상치를 판단하는 그림이다. 이상치(outlier)는 종속변수의 이상치와 독립변수의 이상치로 나뉜다. 종속변수의 이상치는 잔차, 독립변수의 이상치는 레버리지(leverage)라고 한다. x축은 레버리지선으로 x에서의 이상치를 보여준다. y축은 y에서의 이상치를 나타낸다. 빨간 선은 Cook's distance로 크지 않다. 만약, Cook's distance가 큰 데이터라면 x 또는 y, 그리고 x와 y 모두 이상치가 있는 것을 나타낸다. 참고로 Cook's distance는 회귀모형에서 이상치를 찾아내는 방법이다. 즉, 모형에서 하나의 값을 제거한 후에 회귀분석을 다시 하여 계산되는 값이다. 한 관측값이 제거되었을 때 회귀모형 내 모든 값들이 얼마나 변화하는지를 요약해서 보여주는 값이다.

**6단계:** 단순회귀분석과 중회귀분석 모형을 비교하기 위해서 다음과 같은 명령어를 입력해보자. 모델1(단순회귀분석)과 모델2(중회귀분석)를 비교하기 위해 ANOVA를 실시한다.

데이터 ch96.R

```
ch92=read.csv("C:/gskim/SSA/data/ch92.csv")
#compare models
fit1 <- lm(y ~ x1, data=ch92)
fit2 <- lm(y ~ x1 + x2, data=ch92)
anova(fit1, fit2)
```

```
Analysis of Variance Table

Model 1: y ~ x1
Model 2: y ~ x1 + x2
  Res.Df    RSS Df Sum of Sq      F Pr(>F)
1      8 4339.6
2      7 4336.0  1    3.6044 0.0058 0.9413
```

**결과 설명** $p = 0.9413 > \alpha = 0.05$이므로 단순회귀모형(Model 1)과 중회귀모델(Model 2) 간의 유의한 차이는 없는 것으로 나타났다. 즉, 추가된 x2변수의 기여도가 거의 없음을 알 수 있다. 모형을 비교할 때는 변수의 투입 수가 적은 모형에서 시작하여 변수의 수가 점차 증가하는 모형 순서로 하면 된다.

## 3-4 SPSS 분석

1단계 : SPSS 프로그램에서 다음과 같이 데이터를 입력한다.

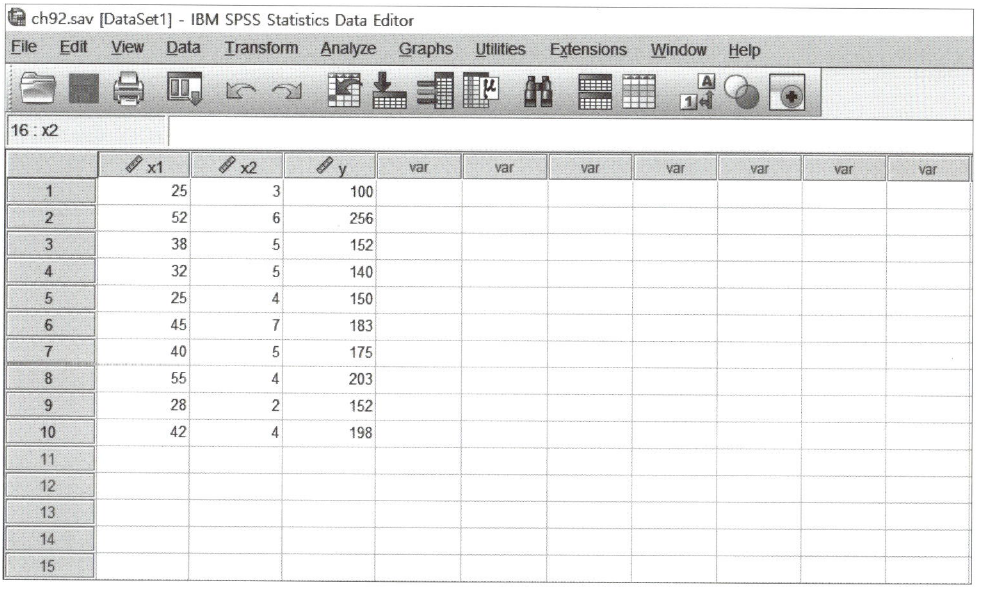

ch92.sav [DataSet1] - IBM SPSS Statistics Data Editor

|  | x1 | x2 | y |
|---|---|---|---|
| 1 | 25 | 3 | 100 |
| 2 | 52 | 6 | 256 |
| 3 | 38 | 5 | 152 |
| 4 | 32 | 5 | 140 |
| 5 | 25 | 4 | 150 |
| 6 | 45 | 7 | 183 |
| 7 | 40 | 5 | 175 |
| 8 | 55 | 4 | 203 |
| 9 | 28 | 2 | 152 |
| 10 | 42 | 4 | 198 |

2단계 : SPSS 명령문창에서 다음과 같이 명령문을 입력한다.

```
REGRESSION
 /MISSING LISTWISE
 /STATISTICS COEFF OUTS CI(95) R ANOVA COLLIN TOL
 /CRITERIA-PIN(.05) POUT(.10)
 /NOORIGIN
 /DEPENDENT y
 /METHOD=ENTER x1 x2
 /RESIDUALS DURBIN.
```

3단계 : 위 명령어를 실행하면 다음과 같은 결과를 얻을 수 있다.

**Variables Entered/Removed**[a]

| Model | Variables Entered | Variables Removed | Method |
|---|---|---|---|
| 1 | x2, x1[b] | . | Enter |

a. Dependent Variable: y

b. All requested variables entered.

**결과 설명** 독립변수의 투입방식이 순서에 의해 진행되는 엔터(Enter) 방식으로 운영되었음을 알 수 있다.

**Model Summary**[b]

| Model | R | R Square | Adjusted R Square | Std. Error of the Estimate | Durbin-Watson |
|---|---|---|---|---|---|
| 1 | .857[a] | .734 | .658 | 24.888 | 2.765 |

a. Predictors: (Constant), x2, x1

b. Dependent Variable: y

**결과 설명** [R Square .734] 결정계수 $R^2$은 총변동 중에서 회귀선에 의하여 설명되는 비율을 의미하는 것으로, 매출액의 변동 중에서 73.4%가 광고비에 의하여 설명된다는 것을 뜻한다. $R^2$의 범위는 $0 \le R^2 \le 1$의 값을 지닌다. 모든 관찰치와 회귀식이 일치한다면 $R^2 = 1$이 되어 독립변수와 종속변수 간에 100%의 상관관계가 있다고 할 수 있다. $R^2$의 값이 1에 가까울수록 회귀선은 표본을 설명하는 데 유용하다. 이 숫자는 단순회귀식의 $r^2 = 0.734$와 비교해보면 거의 변함이 없음을 알 수 있다. 이것은 매출액의 변동을 설명하기 위하여 추가된 두 번째 변수인 영업사원수는 도움이 되지 못함을 나타낸다.

$$R^2 = \frac{\text{회귀선에 의해 설명되는 변동}}{\text{전체 변동}} = \frac{\sum(\hat{Y}_i - \bar{Y}_i)^2}{\sum(Y - \bar{Y})^2} \qquad \text{(식 9-9)}$$

[Adjusted R Square .658] 회귀분석이 단계적으로 전개될 때 자유도를 고려하여 조정된 $R^2$으로서, 일반적으로 모집단의 결정계수를 추정할 때 더 사용된다. 표본의 수가 충분히 큰 경우에는 위의 $R^2$값과 동일하다.

$$\text{조정된 결정계수} = 1 - [(1 - \text{결정계수}) \cdot (n-1)/(n-k-1)] \qquad \text{(식 9-10)}$$

여기서 $n$ = 표본의 수

$k$ = 독립변수의 수

따라서 $R^2$을 보면 매출액에서의 변동 중에서 65.8%는 광고비와 영업사원수에 관련된 회귀식에 의해서 설명되었다. 매출액의 변동은 이미 광고비에 의하여 설명된 셈이다. 이러한 이유는 사실 독립변수들 사이의 높은 상관관계 때문이다. 일단 광고비(x1)가 고려되면 영업사원수(x2)는 이 변수(x1)와 함께 움직이게 되므로 영업사원수는 광고비의 잔차변동을 거의 설명해주지 못한다.

[Durbin-Watson 2.765] 중회귀식의 가정은 변수와 잔차에 관련된 것으로서 다중공선성, 잔차의 독립성, 등공분산성 등에 관련된 것이다. 잔차의 독립성에 관한 검정은 더빈-왓슨 검정(Durbin-Watson test)으로 실시한다. 이를 이용하여 자기상관관계가 존재하는가를 검정해보자.

- $H_0 : \rho = 0$
- $H_1 : \rho > 0$

독립변수 2(k = 2), 관찰치 10(N = 10)의 더빈-왓슨의 임계치는 $0.95 \leq D \leq 1.54$이다. 검정통계량 d가 $d < 0.95$이면 $H_1$을 채택하고, d가 $d > 1.54$이면 $H_0$을 채택한다. 그리고 d가 $0.95 < d < 1.54$이면 불확정적이다. 예에서 제시된 d값이 2.765로서 $d = 2.765 > 1.54$이므로 $H_0$을 채택할 수 있다. 따라서 자기상관이 없다고 결론을 내릴 수 있다.

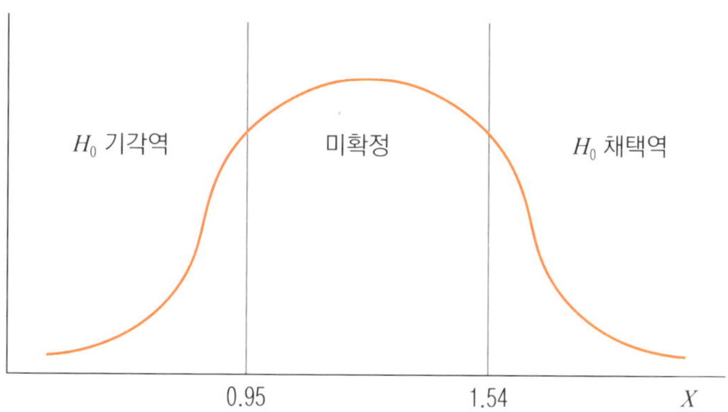


**Coefficients**[a]

| Model | | Unstandardized Coefficients B | Unstandardized Coefficients Std. Error | Standardized Coefficients Beta | t | Sig. | 95.0% Confidence Interval for B Lower Bound | 95.0% Confidence Interval for B Upper Bound | Collinearity Statistics Tolerance | Collinearity Statistics VIF |
|---|---|---|---|---|---|---|---|---|---|---|
| 1 | (Constant) | 39.689 | 32.742 | | 1.212 | .265 | -37.734 | 117.112 | | |
| | x1 | 3.372 | .936 | .847 | 3.603 | .009 | 1.159 | 5.585 | .688 | 1.453 |
| | x2 | .532 | 6.976 | .018 | .076 | .941 | -15.962 | 17.027 | .688 | 1.453 |

a. Dependent Variable: y

**결과 설명** [Model 1] 회귀식은 통계적으로 유의함을 알 수 있다. 이때 constant(상수)는 39.689이며 유의확률은 0.265 > 0.05로 유의하지 않은 것으로 나타났다. 추정회귀식은 Y(매출액) = 39.689 + 3.372x1(광고비) + 0.532x2(영업사원수)이다. 이 회귀식과 각 회귀계수는 통계적으로 유의함을 알 수 있다. 중회귀분석에서는 독립변수의 개수가 많을수록 설명력이 높아지게 되므로 지나치게 많은 독립변수를 사용하는 경우 문제가 있다고 볼 수 있다. 여기서 x1(광고비)은 유의한 변수($p = 0.009 < \alpha = 0.05$)이나 x2(영업사원수)는 통계적으로 유의하지 못한 것으로 나타났다($p = 0.941 > \alpha = 0.05$). 의사결정자라면 선택과 집중의 원리에 의해서 광고비 투자에 관심을 가져야 할 것이다.

[Collinearity Statistics Tolerance VIF] 이는 다중공선성을 진단하는 통계량이다. 다중공선성이란 독립변수 간의 상관관계가 존재하는 것을 의미한다. 회귀식에 독립변수가 많이 투입될수록 작아져 회귀식의 정도는 높아진다. 그러나 다중공선성이 높은 독립변수는 제거되어야 한다. 다중공선성을 검사하기 위해서는 공차한계(tolerance)를 이용한다. $R_i^2$값이 매우 크다는 것은 $i$번째 독립변수가 투입되었을 때의 회귀식의 설명력이 매우 크다는 것을 의미한다. 따라서 $1-R_i^2$은 i번째 독립변수가 회귀분석에 투입되었을 때, 이미 투입된 독립변수가 설명하지 못하는 총변동 부분을 의미하는 것이다. $1-R_i^2$을 공차한계라 한다. 그러므로 다중공선성이 낮을수록 공차한계 값이 높게 나타난다. 공차한계의 최댓값은 1이므로 위의 경우 공차한계 값이 높다고 볼 수 있다. 여기서는 다중공선성이 낮다고 볼 수 있다. VIF(variance inflation factor)는 분산확대지수로 앞의 공차한계의 역수이다. 현재 VIF값이 1.453으로 10보다 현저하게 작아 다중공선성의 문제는 없는 것으로 보인다. 또 다른 방법으로 $\sqrt{VIF} = \sqrt{10}$, 약 3 이상일 경우 표준화 회귀계수($\beta_i$)의 표준오차가 3배 이상으로 커져 다중공선성으로 인한 회귀계수의 해석상 문제점이 발생할 수 있다. 현재 x1변수와 x2변수의 공차한계는 1보다 작고 VIF가 3보다 작아 다중공선성에는 문제가 없음을 알 수 있다.

**Residuals Statistics[a]**

| | Minimum | Maximum | Mean | Std. Deviation | N |
|---|---|---|---|---|---|
| Predicted Value | 125.59 | 227.29 | 170.90 | 36.464 | 10 |
| Residual | -25.589 | 37.766 | .000 | 21.950 | 10 |
| Std. Predicted Value | -1.243 | 1.546 | .000 | 1.000 | 10 |
| Std. Residual | -1.028 | 1.517 | .000 | .882 | 10 |

a. Dependent Variable: y

**결과 설명** 분석 결과는 잔차통계량에 관한 것이다. 이것은 매출액의 예측 자료값을 기준으로 한 기술통계량들이다. 예측치를 기준으로 할 경우의 최솟값, 최댓값, 표준편차, 사례수가 나타나 있다. 이 통계량을 가지고 잔차가 정규분포여야 한다는 가정을 검정하기는 쉽지 않다. 따라서 추가적으로 잔차의 정규분포 히스토그램, 잔차의 정규분포 산포도 등을 살펴볼 필요가 있다.

## 3-5 전략 수립

본 예제에서는 광고비(x1) 투자 효과가 영업사원(x2) 충원 효과보다 크기 때문에 효과성이 큰 광고에 투자하는 것이 전략적인 방향이 될 것이다. 그동안 광고매체로 주로 사용된 TV, 라디오, 신문 등의 주요 매체가 코로나 19사태, 정부정책 변화, 고객의 니즈 변화로 SNS, 블로그 중심으로 이동하고 있다. 급변하는 외부환경(코로나19, 정치경제 환경, 고객의 구매패턴 등)을 고려하여 예산을 보다 효율적으로 사용하면서 불필요한 지출을 줄여나가는 것이 대안이 될 수 있다.

무엇보다 차별성을 지닌 크리에이티브한 제품과 서비스를 마련해야 한다. 이후 적절한 문맥으로 제품과 서비스를 추천해야 하는데, 제공 채널별 광고 성과를 제대로 측정하여 높은 성과를 내는 채널에 집중해야 한다. 또한 급변하고 있는 시장에 대응하기 위해서 AI 기술을 활용해 광고 효율을 높이는 방법을 고민해야 한다. AI 기반 자동 비딩 기술을 적용하여 고객의 구매 트렌드를 실시간으로 파악하고 광고 목표를 이룰 수 있는 최적의 전략을 강구해야 한다.

**데이터 분석가의 한마디**

모든 일에는 원인과 결과가 있기 마련이다. 인과율은 우주의 법칙이다. 그런데 인과관계가 명확하지 않은 내용을 인과관계가 있는 것처럼 해서 연구모델과 결과를 제시하는 연구들이 많다. 데이터 사이언티스트는 인과관계를 기반으로 데이터를 분석하는 사람이다. 넘치는 데이터 속에서 진짜 의미를 찾아내는 사람이다. 인과관계를 규명할 때는 시간적인 우선순위(time order), 사실의 결과와 반사실의 결과의 차이 비교 등을 기준으로 판단해야 한다.

## 연습문제

1. 회귀분석의 주요 목적을 설명하시오.

2. 다음은 중고 프린트 가격과 수요량을 조사한 것이다. 회귀분석을 통해서 추정회귀식을 구해보자.

| 가격 | 수요량 |
|---|---|
| 70 | 18 |
| 75 | 23 |
| 80 | 10 |
| 85 | 16 |
| 90 | 17 |
| 95 | 15 |
| 100 | 5 |

**3.** 온라인쇼핑몰에 대한 고객반응과 매출액의 관계를 조사하였다. 독립변수인 고객반응은 상품구성에 대한 만족도(x1, 10점 만점), 콜센터 직원의 친절도(x2, 10점 만점), 종속변수는 일별 매출액(y, 억원)을 나타낸다.

| x1 | x2 | y |
|---|---|---|
| 5 | 6 | 10 |
| 3 | 4 | 4 |
| 2 | 4 | 3 |
| 3 | 5 | 4 |
| 2 | 4 | 3 |
| 1 | 5 | 2 |
| 4 | 5 | 6 |
| 3 | 4 | 5 |
| 4 | 4 | 5 |
| 5 | 6 | 7 |
| 4 | 6 | 8 |

**1)** 중회귀분석을 실시하고 추정회귀식을 언급하라.

**2)** $\alpha = 0.05$에서 유의한 변수를 언급하라.

**3)** 만약 어느 날 x1 = 7, x2 = 7일 경우의 예상매출액은 얼마인가?

# ch.10 로지스틱 회귀분석

**학습목표**

- 로지스틱 회귀분석의 개념을 이해한다.
- R 프로그램을 통해서 로지스틱 회귀분석을 수행한다.
- 로지스틱 회귀분석 결과에 대한 해석방법을 이해한다.
- 과대산포 계산방법을 이해하고 결과를 해석한다.

## 1 로지스틱 회귀모형 기본 설명

### 1-1 로지스틱 회귀모형 개념

회귀분석은 앞 장에서 설명한 바와 같이 변수 간 종속구조, 즉 독립변수와 종속변수의 관계를 규명하는 기법이다. 이 분석기법은 독립변수와 종속변수가 주로 연속적으로 측정된 경우에 사용된다. 종속변수가 질적인 경우에는 회귀분석을 사용하는 데 무리가 따르므로 판별분석이나 로지스틱 회귀분석의 사용을 권한다. 판별분석은 종속변수(주로 집단)를 주어진 것으로 보고, 집단 간의 차이를 가장 크게 하는 독립변수들의 선형결합을 추출하여 집단 분류에 이용한다. 로지스틱 회귀분석은 종속변수가 질적인 경우(이변량 자료)에 사용되는 분석방법이다.

판별분석과 로지스틱 회귀분석의 차이점을 살펴보면 다음과 같다. 첫째, 판별분석은 독립변수들이 정규분포를 이루며 집단 간 분산-공분산이 동일하다고 가정하나, 로지스틱 회귀분석에서는 이러한 가정을 엄격하게 적용하지 않는다. 둘째, 판별분석에서 이러한 가정이 충족된다고 할지라도 많은 연구자들이 로지스틱 회귀분석을 선호한다. 그 이유는 로지스틱 회귀분석이 선형회귀분석과 유사하고, 비선형적인 효과를 통합하고 전반적인 진단을 내릴 수 있기 때문이다.

로지스틱 회귀모형(logistic regression model)은 종속변수가 이변량의 값을 가지는, 즉 (0, 1)을 가지는 질적인 변수일 경우에 사용된다. 이 점에서 다중회귀분석과 근본적인 차이점이 있다. 현실적으로 이변량의 경우는 많이 발견된다. 예를 들어, 의사결정의 경우(예와 아니오), 건강상태가 양호하거나 양호하지 않은 경우(생존과 죽음), 고객들이 제품을 구매하는 경우와 구매하지 않는 경우 등이다. 또 성공기업과 실패기업, 정상제품과 불량제품, 이탈고객과 잔류고객, 질병 보유자와 질병 미보유자, 스팸메일과 정상메일을 분류해야 하는 경우 등이다. 이러한 예는 정규분포를 가정하는 회귀분석을 이용하는 데에 무리가 있다. 따라서 로지스틱 회귀분석을 실시한다.

그런데 로짓모형(logit model)은 2개의 반응범주를 취하는 Y를 공변량(covariate) X로 설명하기 위한 모형이다. 예를 들어, 소득수준(X)에 따라서 외식을 하는지(1), 못하는지(0) 여부를 예측하기 위한 확률 비율을 승산율(odds ratio)이라고 부른다.

$$\frac{P(Y=1 \backslash X)}{P(Y=0 \backslash X)} = e^{\beta_0 + \beta_1 X} \qquad \text{(식 10-1)}$$

이 승산율에 자연로그를 취하면 다음과 같은 로짓모형이 된다.

$$\ln \frac{P(Y=1 \backslash X)}{P(Y=0 \backslash X)} = \beta_0 + \beta_1 X \qquad \text{(식 10-2)}$$

여기서 회귀계수는 확률비율, 즉 승산율의 변화를 측정한다. 이것은 로그로 표현되었기 때문에 결과 수치가 나오면 안티로그를 취해서 해석하여야 한다. 사실, 로지스틱 회귀분석은 로짓분석에서 파생되었으며 양자는 동일한 개념으로 쓰이기도 한다.

로지스틱 회귀분석은 독립변수들의 효과를 분석하기 위해서, 어떤 사건이 발생한 경우(1)와 발생하지 않은 경우(0)를 예측하기보다는, 사건이 발생할 확률을 예측한다. 종속변수는 0(실패)과 1(성공)로 나타내며, 따라서 예측값은 0과 1 사이의 값을 갖는다. 로지스틱 회귀분석에서는 종속변수의 값을 0과 1로 한정하기 위해서 독립변수와 종속변수 사이의 관계를 다음 그림과 같이 나타낸다.

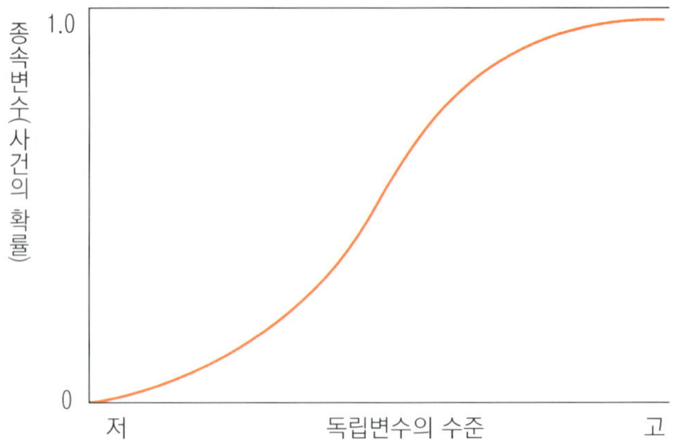


[그림 10-1] 로지스틱 반응함수

위의 그림에서 보는 바와 같이, 로지스틱 반응함수에서 독립변수와 종속변수의 관계는 S자의 비선형(nonlinear)을 보인다. 독립변수의 수준이 높으면 성공할 확률은 증가한다. 독립변수가 하나인 단순로지스틱 회귀모형을 나타내면 다음과 같다.

$$E(Y) = \frac{1}{1+e^{-}(\beta_0+\beta_1 X)} = \pi \qquad \text{(식 10-3)}$$

여기서 E(Y)는 특별한 의미를 지닌다. Y가 1의 값을 취할 확률, 즉 어떤 사건이 발생할 확률 $\pi$를 의미한다. E(Y)는 X가 커짐에 따라(작아짐에 따라) 확률 E(Y)의 증가율(감소율)이 낮아지는 S자 형태의 비선형(nonlinear) 관계를 가정한다. 로지스틱 반응함수는 앞에서 다룬 회귀분석에서처럼 직관적으로 해석할 수가 없고 회귀계수 $\beta$에 대하여 비선형이기 때문에 선형화하기 위하여 자연로그를 취하는 아드(odds)를 로짓변환(logit transformation)한다. odds는 $\frac{\pi(x)}{1-\pi(x)}$를 말한다. 여기서 분모의 $\pi(x)$는 성공확률 1이다. 분자 $1-\pi(x)$는 실패할 확률이다.

$\pi$의 로짓변환이란 In($\pi$/1-$\pi$)를 의미한다. 독립변수가 2개인 경우의 선형 로지스틱 모형은 다음과 같다.

$$\log(\text{odds}) = \ln(\frac{\pi(x)}{1-\pi(x)}) = \beta_0 + \beta_1 X_1 + \beta_2 X_2 \qquad \text{(식 10-4)}$$

로지스틱 회귀모형은 입력변수가 1단위 증가할 때 로그아드(log odds) 변화량을 말한다. 여기서 로지스틱 회귀계수(coefficient)인 $\beta_1$, $\beta_2$는 해당 변수가 1단위 증가할 때 로그아드 변화량이다. 즉, 나머지 입력변수는 모두 고정시킨 상태에서 한 변수를 1단위 증가시켰을 때 변화하는 odds(성공확률)의 비율을 말한다. 예컨대 $\beta_1$의 의미는 다른 독립변수들($X_2$)의 수준을 일정하게 하고 해당 독립변수($X_1$)를 한 단위 증가하였을 때, 평균적으로 exp($\beta_1$)만큼 증가하게 된다는 것을 나타낸다. 만약 $\beta_1 = 2.0$이라면, 독립변수를 한 단위 증가시켰을 때 어떤 사건이 발생할 확률이 발생하지 않을 확률보다 2.0배 높아진다는 것을 의미한다.

## 1-2 로지스틱 회귀계수의 추정과 검정

로지스틱 회귀계수는 다른 선형회귀계수와 마찬가지로 종속변수와 독립변수들 사이의 관계를 설명하고 주어진 독립변수의 수준에서 종속변수를 예측하는 데 사용된다. 그러나 회귀계수의 추정방법에 차이가 있다. 선형회귀분석의 목적은 잔차의 제곱합을 최소화하는 데 있지만, 로지스틱 회귀분석의 목적은 우도(likelihood), 즉 사건발생 가능성을 크게 하는 데 있다. 이러한 목적을 달성하기 위하여 자료로부터 로지스틱 회귀계수($\beta_0$, $\beta_1$, ⋯ $\beta_k$)를 추정하는 방법에 대하여 살펴보자. 로지스틱 회귀계수를 추정하는 방법은 독립변수의 수준에서 반복적인 종속변수 관측 여부에 따라 달라진다. ①각 독립변수의 수준에서 비교적 많은 종속변수의 반복적인 관측이 있으면 가중최소자승법을 사용하고, ②반복적인 관찰이 없거나 아주 작은 경우에는 최대우도추정을 사용한다.

### 1) 가중최소자승법

가중최소자승 추정방법은 주어진 독립변수의 수준에서 반복적인 종속변수의 관측자료가 주어지는 경우에 사용된다. 예를 들어, 독립변수가 하나인 경우 관찰된 X수준이 c개 있다고 가정하자. 각 수준 $X_i$ ($i=1, 2, \cdots$, c)에서 종속변수 Y에 대한 반복적인 관찰횟수를 $n_i$라 하자. 이때 독립변수 $X_i$ 수준에서 Y값이 1인 횟수를 $r_i$ ($i=1, 2, \cdots$, c)라 하였을 때 $X_i$에서 Y값이 1을 취할 표본비율은 $p_i=r_i/n_i$가 된다. 여기서 어떤 사건이 발생할 확률 $\pi_i$는 표본비율 $p_i$로 대체하여 사용된다. 따라서 가중최소자승추정 방법에서는 표본비율 $p_i$를 로짓변환한 $\text{In}(p_i/1\text{-}p_i)$을 종속변수로 사용한다. 로짓변환은 비선형함수를 선형함수로 변환할 수 있으나 종속변수의 분산이 일정하지 않기 때문에 가중치 $w_i=n_i\,p_i\,(p_i/1\text{-}p_i)$를 사용하여 분석하게 된다.

표본비율을 사용한 로짓반응함수는 다음과 같다.

$$p_i' - In(\frac{p_i}{1-p_i}) = \beta_0 + \beta_1 X_{1i} + \cdots + \beta_k X_{ki} \qquad (식\ 10\text{-}5)$$

### 2) 최대우도추정법

독립변수의 각 수준에서 Y의 반복적인 관측이 아주 작거나 없으면, 표본비율을 사용할 수 없기 때문에 독립변수의 각 수준에서 하나의 Y값에 대하여 최대우도추정법을 사용하여 로지스틱 반응함수를 추정한다. 일단 최대우도추정법에 의하여 회귀계수가 추정되면 로지스틱 회귀모형이 자료에 대하여 어느 정도 설명력이 있는지를 검정한다. 로지스틱 회귀모형에서는 다중회귀모형에서 사용한 F-검정과 유사한 우도값 검정(likelihood value test)을 실시한다. 그 절차는 다음과 같다.

#### (1) 가설 설정

$H_0: \beta_1=\beta_2=\cdots=\beta_k=0$

$H_1$: 적어도 하나는 0이 아니다.

### (2) 우도비 검정통계량

전반적으로 추정된 모형의 적합성은 우도값 검정에 의해 판단된다. 우도값은 로그 -2배 또는 -2LL, 혹은 -2Log Likelihood라고 한다. -2 Log 우도는 자료에 모형이 얼마나 적합한지에 대한 정도를 나타낸다. 값이 작을수록 더 적합하다. 단계적 선택법에서 -2 Log 우도의 변화량은 모형에서 삭제된 항의 계수가 0이라는 가설을 검정한다.

우도값의 식은 다음과 같다.

$$\Lambda = 2In\frac{L_0}{L} = -2InL_0 + 2InL \qquad (식\ 10\text{-}6)$$

여기서 L은 k개의 독립변수들의 정보를 모두 이용한 우도를 나타내며, $L_0$는 k개 독립변수들이 종속변수의 변화에 전혀 영향을 미치지 못한다고 가정했을 때의 우도를 나타낸다. 따라서 모형에 포함된 독립변수들이 중요한 변수가 아니라면 우도비 $L_0/L$는 거의 같아져서 우도비 대수함수인 검정통계량 $\Lambda$의 값이 0에 가까운 작은 값을 갖게 된다. 이 경우에 우리는 모형이 적합하지 못하다고 결론을 내릴 수 있다. 반면, 중요한 독립변수가 포함되어 있을 때에는 검정통계량 $\Lambda$의 값이 커지게 된다. 검정통계량 $\Lambda$의 표본분포는 귀무가설이 참일 때 df=k인 $\chi^2$ 분포에 따른다.

### (3) 기각치 설정 및 의사결정

유의수준 $\alpha$에서 기각치 $\chi^2$(df=k)과 검정통계량의 값을 비교하여 귀무가설 채택 여부를 결정한다.

$\Lambda \leq \chi^2$이면 $H_0$를 채택한다.

$\Lambda > \chi^2$이면 $H_0$를 기각한다.

그리고 추정된 계수의 통계적 유의성 판단은 Wald 통계량으로 한다.

### (4) p값 계산

R이나 SPSS 프로그램에서는 추정회귀계수의 유의성을 검정하는 값을 자동으로 계산해 준다.

## 2 문제 정의 및 가설 설정

H자동차의 마케팅 부서에서는 새로운 차량에 대한 구매의사를 조사하기 위하여 과거 H자동차를 구매한 고객 30명에 대하여 구매태도 조사를 실시하였다. 설문항목과 측정자료는 다음과 같다.

**설문지**

Y --- 귀하의 자동차 소유 여부는? 예( 1 ) 아니오( 0 )
X1 --- 귀하의 가족수는? ( )명
X2 --- 귀하의 월급은? ( )만원
X3 --- 월평균 여행횟수는? ( )회

데이터 ch101.csv

| 번호 | Y | x1 | x2 | x3 | 번호 | Y | x1 | x2 | x3 |
|---|---|---|---|---|---|---|---|---|---|
| 1 | 1 | 3 | 150 | 5 | 16 | 1 | 5 | 196 | 6 |
| 2 | 1 | 4 | 190 | 4 | 17 | 1 | 4 | 183 | 5 |
| 3 | 0 | 3 | 100 | 3 | 18 | 0 | 4 | 177 | 2 |
| 4 | 0 | 3 | 90 | 5 | 19 | 1 | 5 | 170 | 4 |
| 5 | 0 | 3 | 90 | 5 | 20 | 0 | 3 | 175 | 3 |
| 6 | 1 | 5 | 200 | 4 | 21 | 0 | 5 | 177 | 5 |
| 7 | 0 | 3 | 150 | 5 | 22 | 1 | 3 | 174 | 3 |
| 8 | 0 | 2 | 200 | 4 | 23 | 0 | 4 | 140 | 2 |
| 9 | 0 | 3 | 112 | 3 | 24 | 0 | 3 | 145 | 2 |
| 10 | 1 | 4 | 187 | 5 | 25 | 1 | 2 | 200 | 6 |
| 11 | 1 | 4 | 196 | 6 | 26 | 0 | 3 | 132 | 5 |
| 12 | 0 | 3 | 123 | 1 | 27 | 0 | 3 | 140 | 4 |
| 13 | 0 | 4 | 125 | 2 | 28 | 1 | 5 | 199 | 5 |
| 14 | 0 | 3 | 100 | 2 | 29 | 1 | 4 | 176 | 4 |
| 15 | 1 | 5 | 208 | 5 | 30 | 1 | 3 | 170 | 5 |

로지스틱 분석을 위해 다음과 같은 연구가설을 설정하였다.

- **연구가설 1**: 가족수는 자동차 소유 여부에 유의적인 영향을 줄 것이다.
- **연구가설 2**: 월급은 자동차 소유 여부에 유의적인 영향을 줄 것이다.
- **연구가설 3**: 여행횟수는 자동차 소유 여부에 유의적인 영향을 줄 것이다.

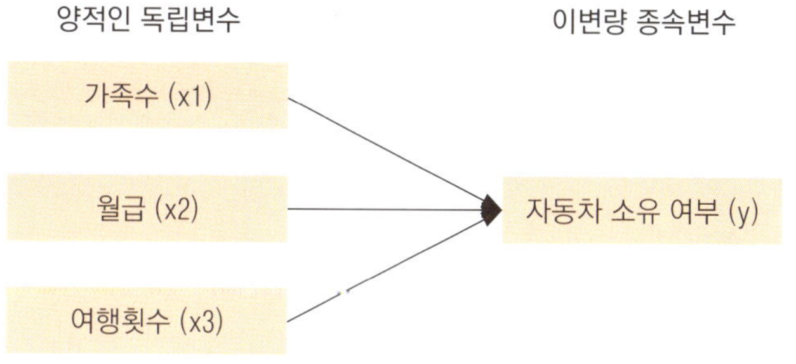


새로운 관측치가 있을 경우, 앞에서 구한 로지스틱 추정회귀식을 토대로 자동차 소유 여부를 예측하고자 한다. 아래 신규 두 사람의 데이터(유보 데이터: holdout)를 이용하여 자동차 소유 가능성 여부를 분류해보자.

| x1 | x2 | x3 |
|---|---|---|
| 4 | 400 | 5 |
| 1 | 100 | 2 |

## 3 R 분석

1단계: R 프로그램에서 데이터를 불러온다.

데이터 ch101.R

```
ch101=read.csv("C:/gskim/SSA/data/ch101.csv")
```

2단계 : 로지스틱 회귀분석을 실시하기 위해서 다음과 같은 명령어를 입력한다.

데이터 ch101.R

```
ch101=read.csv("C:/gskim/SSA/data/ch101.csv")
# Logistic Regression
# where y is a binary factor and x1-x3 are continuous predictors
fit.full<-glm(y~.,family=binomial(),data=ch101)
summary(fit.full) # display results
confint(fit.full) # 95% CI for the coefficients
# diagnostics plots
layout(matrix(c(1,2,3,4),2,2)) #optional 4 graphs/page
plot(fit.full)
```

fit.full<-glm(y~., family = binomial( ), data = ch101)을 보면 로지스틱 회귀분석을 위해서 glm(generalized linear model, 일반선형모델)을 명령어로 사용한 것을 알 수 있다. glm의 작성형식은 다음과 같다.

glm(이변량 종속변수~독립변수, family = 형식, data = )

여기서 종속변수~(물결표시)를 하고 점(.)을 찍은 이유는 데이터 파일에 있는 모든 변수를 독립변수로 간주하기 위한 것이다. 분석자는 y~x1 + x2 + x3로 입력할 수 있다. glm의 다양한 형식(function)은 다음 표와 같다.

[표 10-1] glm 형식

| 형식(function) | 자동연결함수 |
|---|---|
| binomial | logit |
| gaussian | identity |
| gamma | inverse |
| inverse.gaussian | 1/mu^2 |
| poisson | log |
| quasi | indentity, variance = constant |
| quasibinomial | logit |
| quasipoisson | log |

summary(fit.full)는 로지스틱 회귀분석의 결과를 나타내는 명령어다.

confint(fit.full)는 앞에서 설정한 fit.full 모델에 대한 95% 신뢰구간을 나타낸다.

로지스틱 회귀모델을 진단하기 위해서 layout(matrix(c(1,2,3,4),2,2))를 설정하였다. 진단에 사용되는 산포도 4가지 유형을 2×2 행렬로 나타내라는 명령어이다.

plot(fit.full)은 앞에서 설정한 로지스틱 회귀분석 모델의 진단 그래프를 나타내라는 명령어이다.

이같이 명령어를 실행하면 다음과 같은 결과를 얻을 수 있다.

```
Call:
glm(formula = y ~ ., family = binomial(), data = ch11)
Deviance Residuals:
     Min        1Q   Median       3Q      Max
-2.23855  -0.38291  -0.09996  0.46116  1.76950
Coefficients:
             Estimate  Std. Error  z value  Pr(>|z|)
(Intercept) -13.55186     4.67211   -2.901   0.00372 **
x1            0.69300     0.68099    1.018   0.30885
x2            0.04150     0.02002    2.073   0.03813 *
x3            1.03232     0.56146    1.839   0.06597 .
---
Signif. codes: 0 '***' 0.001 '**' 0.01 '*' 0.05 '.' 0.1 ' ' 1

(Dispersion parameter for binomial family taken to be 1)
    Null deviance: 41.455 on 29 degrees of freedom
Residual deviance: 20.480 on 26 degrees of freedom
AIC: 28.48
Number of Fisher Scoring iterations: 6
> confint(fit.full) # 95% CI for the coefficients
Waiting for profiling to be done...
                    2.5 %      97.5 %
(Intercept) -25.301147686 -6.19217046
x1           -0.645884121  2.22190763
x2            0.008123568  0.09095761
x3            0.083331695  2.45061779
```

**결과 설명** [(Intercept) Estimate −13.55186 Pr( > |z|) = 0.00372] 회귀식의 상수이며, 비표준화 계수(Estimate)는 13.55186이며 Pr( > |z|) = 0.00372 < α = 0.05이므로 통계적으로 유의하다.

[x1 Estimate 0.69300 Pr( > |z|) 0.30885] x1(가족수)의 회귀계수는 0.69300이며, 이 회귀계수의 통계적 유의성을 검정하는 값인 Z통계량 1.018의 확률적 표시인 Pr( > |z|)가 0.30885이므로 $\alpha = 0.05$에서 통계적으로 유의하지 않다.

[x2 Estimate 0.04150 Pr( > |z|) 0.03813] x2(월평균 소득)의 회귀계수는 0.04150이며, 이 회귀계수는 통계적으로 유의하다(Sig 0.03813 < $\alpha = 0.05$).

[x3 Estimate 1.03232 Pr( > |z|) 0.06597] x3(월평균 여행횟수)의 회귀계수는 1.03232이고, 이 회귀계수는 통계적으로 유의하지 않다(Pr( > |z|) 0.06597 > $\alpha = 0.05$). 그러나 $\alpha = 0.1$인 경우는 유의함을 알 수 있다[$\alpha = 0.1$에서 유의하기 때문에 점(.)으로 표시함].

$$\text{추정회귀식} \quad \hat{Y} = -13.55 + 0.69X_1 + 0.04X_2 + 1.03X_3$$

이 추정회귀식의 AIC(Akaike Information Criterion)는 주어진 데이터의 통계모델의 상대적인 품질 수치를 나타내는 수치로 28.48임을 알 수 있다.

[x2 2.5% 0.008123568 97.5% 0.09095761]는 $\alpha = 0.05$에서 회귀계수의 신뢰구간을 나타낸다. 예를 들어, x2의 경우는 [0.008123568 0.09095761]임을 알 수 있다.

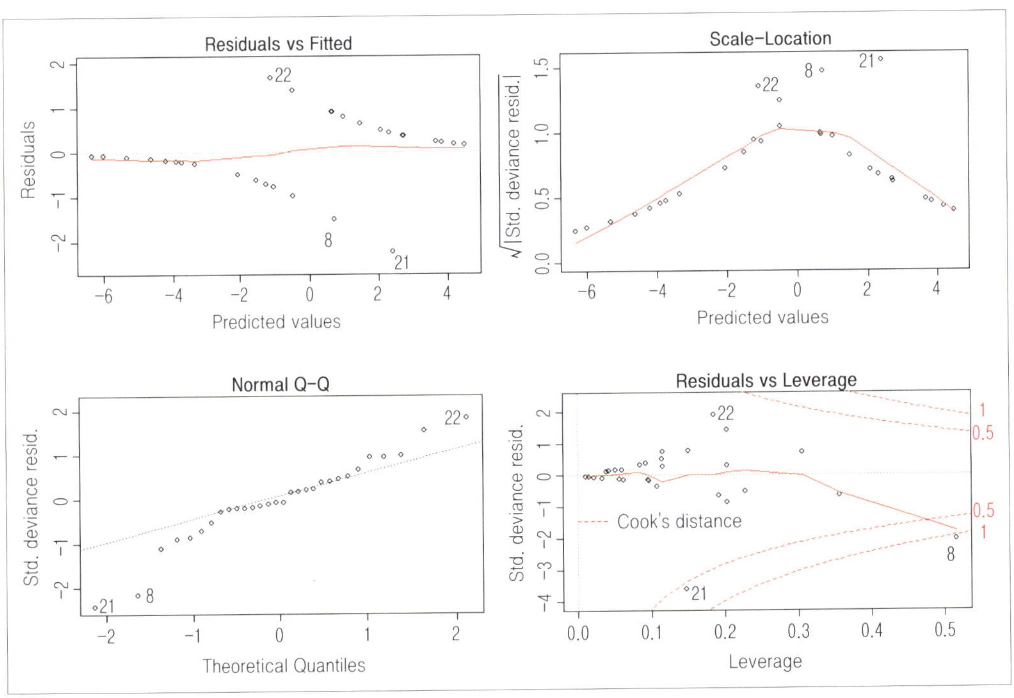

**결과 설명** 로지스틱 회귀분석 가정 관련 진단도표로 상단 왼쪽 첫 번째 그림(Residuals vs Fitted)은 잔차항과 y의 예측값과의 관계가 독립인지 여부를 나타내는 그림이다. 빨간 선이 직선이고 점이 고르게 퍼져 있을수록 상관정도가 적기 때문에 좋은 표본이라고 할 수 있다.

상단 오른쪽 그림(Scale-Location)은 x축은 적합값(fitted values)을, y축은 y의 예측값을 표준화하고 이를 다시 루트(제곱근)를 한 값으로 빨간 선이 직선일수록 좋다. 일반적으로 y축이 2를 넘어가면 잠재적 이상치가 발생한 것으로 해석하면 된다.

하단 첫 번째 그림(Normal Q-Q)은 잔차의 정규분포 가정을 검증하기 위한 누적확률분포와 정규분포의 누적확률분포의 산포를 그린 것이다. 그림에서 45도 라인일 경우 이상치가 없는 데이터이고, 점들이 선을 중심으로 분포되어 있어 정규분포를 보인다고 해석한다.

하단 오른쪽 그림(Residuals vs Leverage)은 이상치를 판단하는 그림이다. 이상치(outlier)는 종속변수의 이상치와 독립변수의 이상치로 나뉜다. 종속변수의 이상치는 잔차, 독립변수의 이상치는 레버리지(leverage)라고 한다. x축은 레버리지선으로 x에서의 이상치를 보여준다. y축은 y에서의 이상치를 나타낸다. 빨간 선은 Cook's distance로 크지 않다. 만약, Cook's distance가 큰 데이터라면 x 또는 y, 그리고 x와 y 모두 이상치가 있는 것을 나타낸다. 참고로 Cook's distance는 회귀모형에서 이상치를 찾아내는 방법이다. 즉, 모형에서 하나의 값을 제거한 후에 회귀분석을 다시 하여 계산되는 값이다. 한 관측값이 제거되었을 때 회귀모형 내 모든 값들이 얼마나 변화하는지를 요약해서 보여주는 값이다.

3단계: 다음으로 유의한 독립변수만 투입된 로지스틱 회귀분석모형(fit.reduced)을 분석하고 전체 독립변수가 투입된 모형(fit.full)과 비교해보자. 이를 위해서 다음과 같은 명령어를 입력한다.

데이터 ch102..R

```
#Logistic Regression
ch101=read.csv("C:/gskim/SSA/data/ch101.csv")
#where y is a binary factor and
#x1-x3 are continuous predictors
fit.full<-glm(y~.,family=binomial(), data=ch101)

#x2 is continuous predictors at 5% level
fit.reduced<-glm(y~x2,family=binomial(),data=ch101)
summary(fit.reduced)
```

이같이 명령어를 실행하면 다음과 같은 결과를 얻을 수 있다.

```
Call:
glm(formula = y ~ x2, family = binomial(), data = ch101)
Deviance Residuals:
    Min       1Q   Median       3Q      Max
-2.1869  -0.4743  -0.0870   0.5845   1.7476
Coefficients:
              Estimate  Std. Error  z value  Pr(>|z|)
(Intercept)  -12.01411     4.42229   -2.717   0.00659 **
x2             0.07155     0.02555    2.800   0.00510 **
---
Signif. codes: 0 '***' 0.001 '**' 0.01 '*' 0.05 '.' 0.1 ' ' 1
(Dispersion parameter for binomial family taken to be 1)
    Null deviance: 41.455  on 29  degrees of freedom
Residual deviance: 22.818  on 28  degrees of freedom
AIC: 26.818

Number of Fisher Scoring iterations: 6
```

**결과 설명** 추정회귀식은 아래와 같다.

$$\hat{Y} = -12.01411 + 0.07155X_2$$

[x2 Estimate 0.07155 Pr( > |z|) 0.00510] x2(월평균 소득)의 회귀계수는 0.07155이며, 이 회귀계수는 통계적으로 유의하다(Pr( > |z|) 0.00510 < $\alpha$ = 0.05).

4단계: 이제 전체 독립변수가 투입된 모델(fit.full)과 유의한 독립변수만 투입된 모델(fit.reduced) 간에 차이 검정을 실시해보자. 이를 위해서 anova( ) 함수와 카이제곱 검정(chi-square test)을 실시한다.

데이터 ch103.R

```
# Logistic Regression
ch101=read.csv("C:/gskim/SSA/data/ch101.csv")
# where y is a binary factor and
# x1-x3 are continuous predictors
fit.full<-glm(y~.,family=binomial(),data=ch101)
```

```
#x2 is continuous predictors at 5% level
fit.reduced<-glm(y~x2,family=binomial(),data=ch101)
summary(fit.reduced)
anova(fit.reduced,fit.full,test="Chisq")
```

이를 실행하면 다음과 같은 결과를 얻을 수 있다.

```
> anova(fit.reduced,fit.full,test="Chisq")
Analysis of Deviance Table

Model 1: y ~ x2
Model 2: y ~ x1 + x2 + x3
  Resid. Df  Resid. Dev  Df  Deviance  Pr(>Chi)
1        28      22.818
2        26      18.385   2    4.4324     0.109
```

**결과 설명** Pr( > Chi) = 0.109 > $\alpha$ = 0.05이므로 전체 독립변수가 투입된 모델(fit.full)과 유의한 독립변수만 투입된 모델(fit.reduced) 간에 차이가 없음을 알 수 있다. 즉, '$H_0$: 두 모델은 차이가 없을 것이다'라는 귀무가설을 채택하게 된다. 이는 분석자가 독립변수만 투입된 모델을 근간으로 추정회귀식을 수립하고 해석하면 된다는 의미가 될 수 있다.

**5단계**: 다음으로 회귀계수를 해석하는 방법에 대하여 알아보자. 비표준화된 회귀계수와 각 변수의 log(odds)를 추출하기 위해서 다음과 같은 명령어를 입력한다.

데이터 ch104.R

```
#Logistic Regression
ch101=read.csv("C:/gskim/SSA/data/ch101.csv")
#where y is a binary factor and
#x1-x3 are continuous predictors
fit.full<-glm(y~.,family=binomial(),data=ch101)
summary(fit.full)
coef(fit.full)
exp(coef(fit.full))
```

이를 실행하면 다음과 같은 결과를 얻을 수 있다.

```
> coef(fit.full)
(Intercept)          x1          x2          x3
-16.05593012  0.66968174  0.05736778  0.99237139
```

**결과 설명** 이는 다른 변수가 고정된 상태에서 특정 변수를 한 단위 증가시키면 변화하는 log (odds)이다. 즉 다른 변수의 값을 일정하게 놓고, 소득이 1단위 증가하면, 자동차를 구매할 확률은 구매하지 않을 확률보다 얼마나 높은지를 알 수 있게 해준다. 이는 해석이 어렵기 때문에 분석자는 지수화하여 알 수 있다. 이를 위해서 exp(coef(fit.reduced)) 명령어를 입력한다. 그러면 다음과 같은 결과가 나타난다.

```
> exp(coef(fit.full))
 (Intercept)            x1            x2            x3
1.064138e-07  1.953615e+00  1.059045e+00  2.697624e+00
```

**결과 설명** 추정회귀식에서는 x2(월평균 소득)의 계수가 유의하므로 이에 관하여만 알아보기로 하자. Exp(0.05736778) = 1.059이며, 다른 변수의 값을 일정하게 놓고 월평균 소득을 1단위 증가시키면, 자동차를 구매할 확률은 구매하지 않을 확률보다 1.059배 늘어남을 알 수 있다.

**6단계:** 다음 두 유보표본에 대하여 예측방법을 살펴보자.

| x1 | x2 | x3 |
|---|---|---|
| 4 | 400 | 5 |
| 1 | 100 | 2 |

이를 위해서 먼저 엑셀창에 다음과 같이 입력하고 testdata.csv로 저장한다.

데이터 testdata.csv

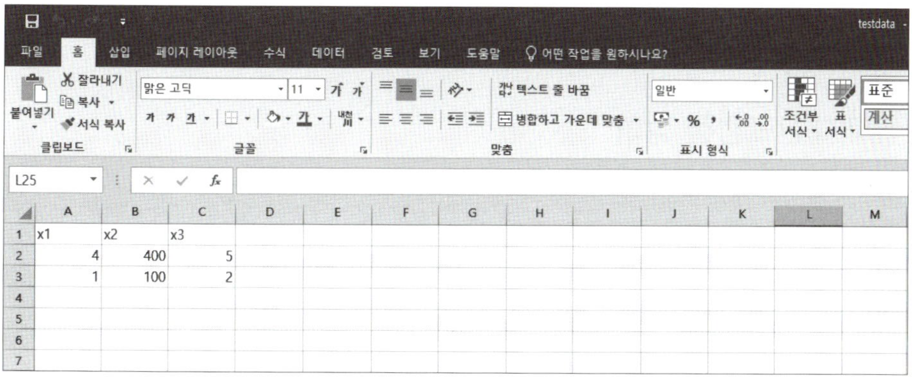


7단계: 새로운 유부표본에 대한 예측을 위해서 다음과 같이 명령어를 입력한다.

데이터 ch105.R

```
# Logistic Regression
ch101=read.csv("C:/gskim/SSA/data/ch101.csv")
# where y is a binary factor and
# x1-x3 are continuous predictors
fit.full<-glm(y~.,family=binomial(),data=ch101)
testdata=read.csv("C:/gskim/SSA/data/testdata.csv")
testdata$prob<-predict(fit.full, newdata=testdata,type="response")
testdata
```

testdata$prob<-predict(fit.full, newdata=testdata, type="response")는 앞에서 설정한 fit.full 모델에 testdata를 적용하여 예측확률을 계산하기 위한 명령어다.

```
> testdata
  x1   x2  x3          prob
1  4  400   5  0.9999995114
2  1  100   2  0.0004688646
```

**결과 설명** 유보표본 2가지를 분석한 결과, 첫 번째 표본은 1그룹 자동차를 소유할 그룹(1)에 분류 예측되며, 두 번째 표본은 자동차를 소유하지 않을 2그룹(0)에 분류 예측됨을 알 수 있다.

# 4 과대산포검정

## 4-1 과대산포검정 정의

이변량 분포의 분산($\sigma^2$) = $n\pi(1-\pi)$로부터 데이터에 대한 기대 분산을 구할 수 있다. 여기서 n은 관찰자수이고, $\pi$는 Y = 1그룹에 속할 확률을 말한다. 과대산포(overdispersion)는 개별변수의 관찰분산이 이변량 분포로부터 기대되는 분산보다 큰 경우를 말한다. 과대산포는 유의성 검정의 부정확성과 표준오차의 왜곡을 발생시킬 수 있다.

과대산포가 발생하였을 때, 분석자는 glm( ) 함수를 사용하여 로지스틱 회귀분석 적합을 시도할 수 있다. 그러나 이 경우 분석자는 이변량 분포(binomial distribution)보다는 준이항 분포(quasibinomial distribution)를 사용해야 한다. 이변량 분포의 확률밀도함수(PDF, Probability Density Function)는 다음과 같다.

$$P(X=k)=\binom{n}{k}p^k(1-p)^{n-k}$$

준이항분포의 확률밀도함수는 다음과 같다.

$$P(X=k)=\binom{n}{k}(p+k\phi)^{k-1}(1-p-k\phi)^{n-k}$$

과대산포를 확인하는 방법은 분석자의 이항분포 확률밀도함수의 잔차 자유도와 잔차의 편차를 비교하는 것이다. 만약 $\phi$ = 잔차의 편차/잔차 자유도의 비율이 1보다 크다면, 과대산포를 가지고 있다는 증거이다.

## 4-2 R 분석

1단계 : 과대산포검정을 실시하기 위해서 다음과 같이 명령어를 입력한다.

데이터 ch106.R

```
#Logistic Regression
ch101=read.csv("C:/gskim/SSA/data/ch101.csv")
#where y is a binary factor and
#x1-x3 are continuous predictors
fit.full<-glm(y~.,family=binomial(),data=ch101)

#x2 is continuous predictors at 5% level
fit.reduced<-glm(y~x2,family=binomial(),data=ch101)
summary(fit.reduced)
anova(fit.reduced,fit.full,test="Chisq")
coef(fit.reduced)
exp(coef(fit.reduced))
deviance(fit.reduced)/df.residual(fit.reduced)
```

2단계 : 앞의 명령어를 실행하면 다음과 같은 결과를 얻을 수 있다.

```
> deviance(fit.reduced)/df.residual(fit.reduced)
[1] 0.814912
```

**결과 설명** 과대산포($\phi$ = 잔차의 편차/잔차 자유도)의 비율이 0.814912로 1보다 작기 때문에 과대산포가 없음을 알 수 있다.

**3단계** : 또 다른 방법으로 과대산포를 확인해보자. 첫 번째 모형(fit)에는 family=binomial( )을 사용하기로 한다. 두 번째 모형(fit.od)에서는 family=quasibinomial( )을 사용한다. 과대산포를 알아보기 위해서 다음과 같이 명령어를 입력한다.

데이터 ch107.R

```
# Logistic Regression
ch101=read.csv("C:/gskim/SSA/data/ch101.csv")
# where y is a binary factor and
# x1-x3 are continuous predictors in binomial
fit<-glm(y~.,family=binomial(),data=ch101)

# x1-x3 are continuous predictors in quasibinomial
fit.od<-glm(y~.,family=quasibinomial(),data=ch101)

pchisq(summary(fit.od)$dispersion*fit$df.residual,
        fit$df.residual, lower = F)
```

```
> pchisq(summary(fit.od)$dispersion*fit$df.residual,
+         fit$df.residual, lower = F)
[1] 0.7132783
```

**결과 설명** 과대산포를 확인하기 위해서 다음과 같은 귀무가설과 연구가설을 설정할 수 있다.

- $H_0: \phi = 1$
- $H_1: \phi \neq 1$

분석 결과, p = 0.713 > α = 0.05이므로 과대산포는 문제가 되지 않음을 알 수 있다.

## 5 정규화 방법

로지스틱 모델에서 다변수를 포함하는 것이 고민된다면, 최적 예측모델을 발견하기 위해서 분석 고려 변수를 줄이는 것이 유리하다. 모델의 과적합 문제를 해결하는 방법으로는 ①모형의 복잡도를 줄이는 방법, ②정규화가 있다. 너무 많은 변수를 갖는 로지스틱 모델에 패널티를 부과하는 방법은 벌점화 로지스틱 회귀분석(penalized logistic regression)이다. 일반적으로 정규화하는 방법은 벌점화 로지스틱 회귀분석이다. 정규화(regularized) 선형회귀 방법은 선형회귀계수(weight)에 대한 제약 조건을 추가함으로써 모형이 과도하게 최적화되는 현상, 즉 과최적화를 막는 방법이다.

정규화하는 방법으로 능형 회귀(ridge regression), 라쏘 회귀(lasso regression), 신축망 회귀(elastic net regression) 등이 있다. 능형 회귀는 공헌율이 낮은 변수의 계수를 0에 가깝게 하는 방법으로, 모든 변수가 모델에 포함되어 모델을 조합하는 데 유용하다. 라쏘 회귀는 공헌정도가 낮은 변수의 계수를 강제적으로 0으로 하는 방법이며, 가장 유의한 변수만 최적모델에 포함시키는 방법이다. 신축망 회귀는 능형 회귀와 라쏘 회귀의 조합으로, 어떤 변수의 계수는 0에 근접하게 하고(능형 회귀) 어떤 변수는 0으로 고정하는 방법을 말한다.

## 6 로지스틱 회귀모형 적합선

로지스틱 회귀모형의 적합선을 그리기 위해서 다음과 같이 명령어를 입력한다. 선명한 그림을 얻기 위해 RStudio에서 미리 ggplot2를 설치해둔다.

데이터 ch108.R

```
#Logistic Regression
data<-read.csv("C:/gskim/SSA/data/ch101.csv")
data
#Do the logistic regression
logr_vm<-glm(y~x2,data, family=binomial())
logr_vm
summary(logr_vm)
#Plot with ggplot2 of ogistic regression model
library(ggplot2)
ggplot(data, aes(x=x2, y=y)) + geom_point() +
  stat_smooth(method="glm", method.args=list(family="binomial"), color="black",
se=FALSE)
```

명령어 입력 후 Run 단추를 누르면 다음과 같은 결과가 나타난다.

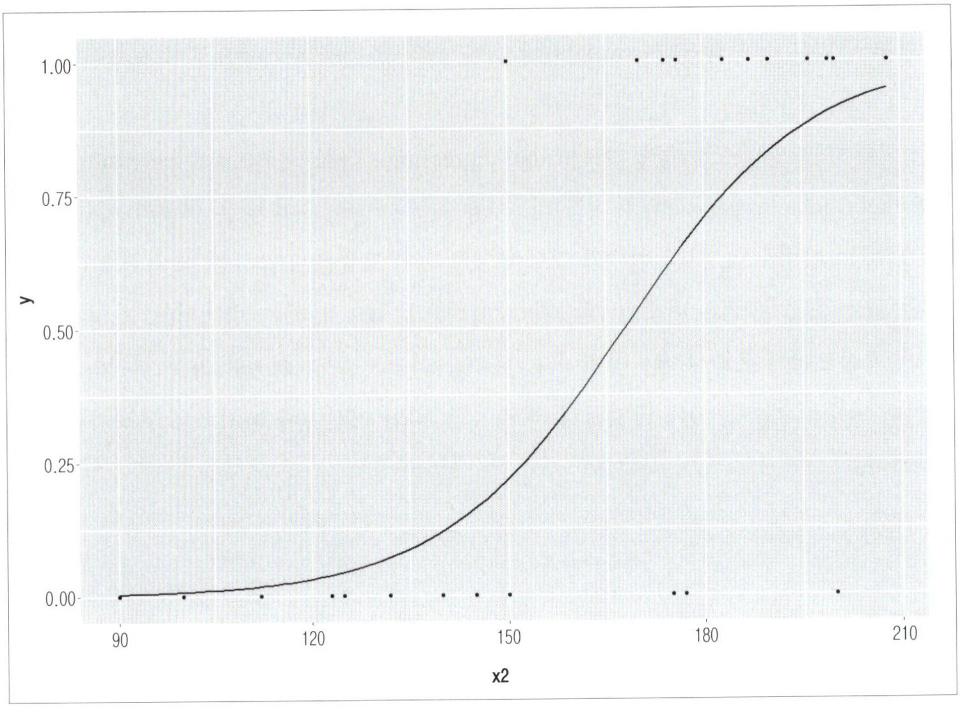


**결과 설명** 자동차를 소유하는 경우(1)와 소유하지 않은 경우(0)의 사건이 발생할 확률은 0과 1 사이의 값을 갖는다. 로지스틱 회귀분석에서는 종속변수의 값을 0과 1로 한정하기 때문에 x2(월급)변수와는 s자형 커브를 보임을 알 수 있다.

## 7 SPSS 분석

1단계: 앞서 R에서 다룬 문제를 SPSS 프로그램을 이용해 분석해보자. 다음과 같이 SPSS 프로그램에서 데이터를 입력한다.

데이터 ch101.sav

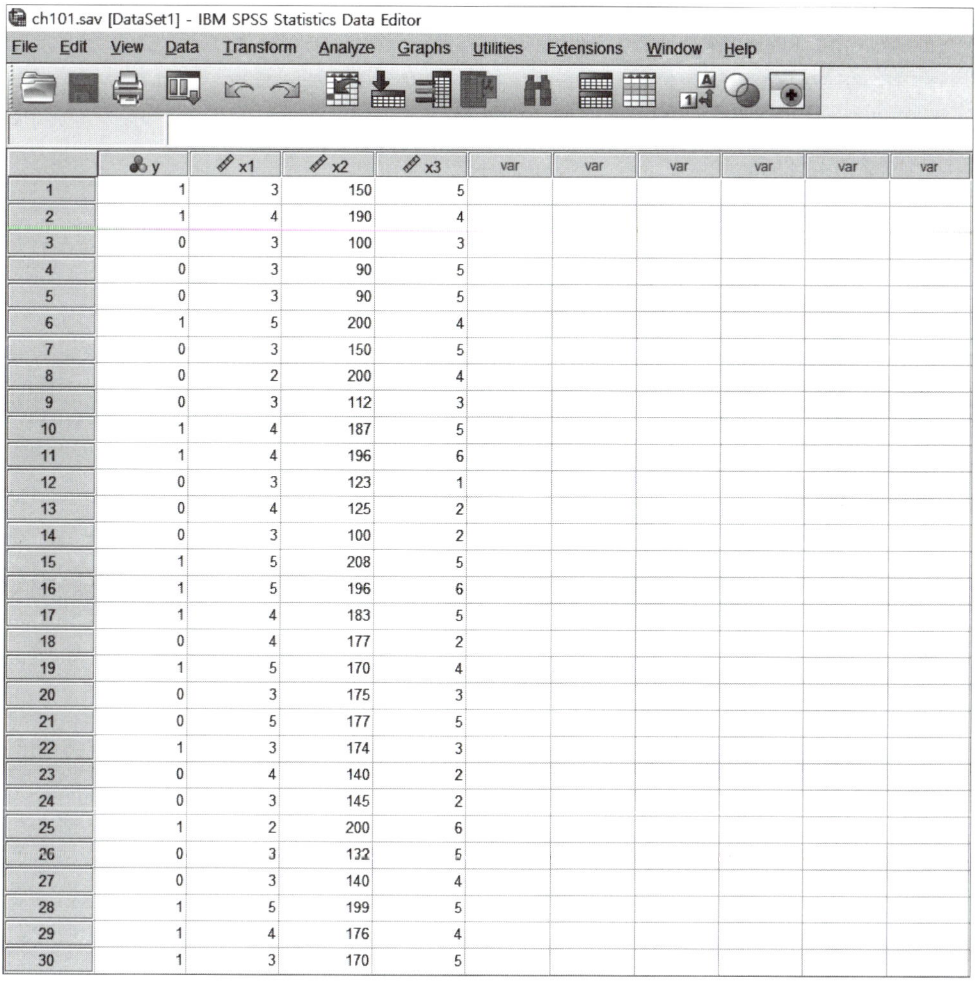
ch101.sav [DataSet1] - IBM SPSS Statistics Data Editor

File Edit View Data Transform Analyze Graphs Utilities Extensions Window Help

| | y | x1 | x2 | x3 | var | var | var | var | var | var |
|---|---|---|---|---|---|---|---|---|---|---|
| 1 | 1 | 3 | 150 | 5 | | | | | | |
| 2 | 1 | 4 | 190 | 4 | | | | | | |
| 3 | 0 | 3 | 100 | 3 | | | | | | |
| 4 | 0 | 3 | 90 | 5 | | | | | | |
| 5 | 0 | 3 | 90 | 5 | | | | | | |
| 6 | 1 | 5 | 200 | 4 | | | | | | |
| 7 | 0 | 3 | 150 | 5 | | | | | | |
| 8 | 0 | 2 | 200 | 4 | | | | | | |
| 9 | 0 | 3 | 112 | 3 | | | | | | |
| 10 | 1 | 4 | 187 | 5 | | | | | | |
| 11 | 1 | 4 | 196 | 6 | | | | | | |
| 12 | 0 | 3 | 123 | 1 | | | | | | |
| 13 | 0 | 4 | 125 | 2 | | | | | | |
| 14 | 0 | 3 | 100 | 2 | | | | | | |
| 15 | 1 | 5 | 208 | 5 | | | | | | |
| 16 | 1 | 5 | 196 | 6 | | | | | | |
| 17 | 1 | 4 | 183 | 5 | | | | | | |
| 18 | 0 | 4 | 177 | 2 | | | | | | |
| 19 | 1 | 5 | 170 | 4 | | | | | | |
| 20 | 0 | 3 | 175 | 3 | | | | | | |
| 21 | 0 | 5 | 177 | 5 | | | | | | |
| 22 | 1 | 3 | 174 | 3 | | | | | | |
| 23 | 0 | 4 | 140 | 2 | | | | | | |
| 24 | 0 | 3 | 145 | 2 | | | | | | |
| 25 | 1 | 2 | 200 | 6 | | | | | | |
| 26 | 0 | 3 | 132 | 5 | | | | | | |
| 27 | 0 | 3 | 140 | 4 | | | | | | |
| 28 | 1 | 5 | 199 | 5 | | | | | | |
| 29 | 1 | 4 | 176 | 4 | | | | | | |
| 30 | 1 | 3 | 170 | 5 | | | | | | |

**2단계** : 로지스틱 회귀분석을 실시하기 위해서 다음과 같은 명령어를 입력한다.

데이터 ch101.sps

```
LOGISTIC REGRESSION VARIABLES y
  /METHOD=ENTER x1 x2 x3
  /CLASSPLOT
  /PRINT=GOODFIT
  /CRITERIA=PIN(0.05) POUT(0.10) ITERATE(20) CUT(0.5).
ROC x1 x2 x3 BY y (1)
  /PLOT=CURVE(REFERENCE)
  /PRINT=SE COORDINATES
  /CRITERIA=CUTOFF(INCLUDE) TESTPOS(LARGE) DISTRIBUTION(FREE) CI(95)
  /MISSING=EXCLUDE.
```

**Case Processing Summary**

| Unweighted Cases[a] | | N | Percent |
|---|---|---|---|
| Selected Cases | Included in Analysis | 30 | 100.0 |
| | Missing Cases | 0 | .0 |
| | Total | 30 | 100.0 |
| Unselected Cases | | 0 | .0 |
| Total | | 30 | 100.0 |

a. If weight is in effect, see classification table for the total number of cases.

**결과 설명** 로지스틱 회귀분석의 기술통계량이 나타나 있다. 분석에 포함된 표본수는 30이다.

**Dependent Variable Encoding**

| Original Value | Internal Value |
|---|---|
| 0 | 0 |
| 1 | 1 |

**결과 설명** 로지스틱 회귀분석의 기술통계량이 나타나 있다. 결측치(무응답치)는 없으며, Y(종속변수)의 값 0은 차량 미보유자, 1은 차량 보유자를 의미한다.

**Variables in the Equation**

| | | B | S.E. | Wald | df | Sig. | Exp(B) |
|---|---|---|---|---|---|---|---|
| Step 0 | Constant | -.134 | .366 | .133 | 1 | .715 | .875 |

**Variables not in the Equation**

| | | | Score | df | Sig. |
|---|---|---|---|---|---|
| Step 0 | Variables | x1 | 5.431 | 1 | .020 |
| | | x2 | 14.258 | 1 | .000 |
| | | x3 | 8.681 | 1 | .003 |
| | Overall Statistics | | 17.167 | 3 | .001 |

**결과 설명** 로지스틱 회귀분석의 목적은 발생 사건의 가능성을 크게 하는 우도(likelihood)를 최대화하는 데 있다. 관찰된 결과의 우도가 높을 때 모형이 적합하다고 할 수 있는데, 여기서는 변수를 포함시키지 않은 상태에서 상수만을 포함한 경우의 -2LL값이 41.46으로 모형이 적합하다고 할 수 있다. 우도비 전체 통계량 17.167의 유의확률은 $0.001 < \alpha = 0.05$이다. 따라서 자동차 소유 여부를 설명하는 데 세 변수(x1, x2, x3)를 포함하는 모형이 유의하다는 것을 확인할 수 있다.

**Omnibus Tests of Model Coefficients**

| | | Chi-square | df | Sig. |
|---|---|---|---|---|
| Step 1 | Step | 23.070 | 3 | .000 |
| | Block | 23.070 | 3 | .000 |
| | Model | 23.070 | 3 | .000 |

**Model Summary**

| Step | -2 Log likelihood | Cox & Snell R Square | Nagelkerke R Square |
|---|---|---|---|
| 1 | 18.385[a] | .537 | .716 |

a. Estimation terminated at iteration number 6 because parameter estimates changed by less than .001.

**Hosmer and Lemeshow Test**

| Step | Chi-square | df | Sig. |
|---|---|---|---|
| 1 | 4.014 | 8 | .856 |

**Contingency Table for Hosmer and Lemeshow Test**

| | | y = 0 | | y = 1 | | |
|---|---|---|---|---|---|---|
| | | Observed | Expected | Observed | Expected | Total |
| Step 1 | 1 | 3 | 2.991 | 0 | .009 | 3 |
| | 2 | 4 | 3.937 | 0 | .063 | 4 |
| | 3 | 3 | 2.829 | 0 | .171 | 3 |
| | 4 | 2 | 2.343 | 1 | .657 | 3 |
| | 5 | 2 | 1.972 | 1 | 1.028 | 3 |
| | 6 | 1 | .999 | 2 | 2.001 | 3 |
| | 7 | 0 | .560 | 3 | 2.440 | 3 |
| | 8 | 1 | .235 | 2 | 2.765 | 3 |
| | 9 | 0 | .107 | 3 | 2.893 | 3 |
| | 10 | 0 | .026 | 2 | 1.974 | 2 |

**결과 설명** 로지스틱 회귀분석에서 독립변수들이 종속변수를 설명하는 정도를 나타내는 지표로 콕스와 스넬의 R제곱(Cox-Snell R Square)과 나겔케르케의 R제곱(Nagelkerke R Square)을 사용한다. 주로 나겔케르케의 R제곱을 사용하는데 여기서는 71.6%가 나왔다. 모형의 적합도를 위한 가설 검정을 위해서는 호스머와 레메쇼 검정(Hosmer and Lemeshow test)을 이용한다. $p = 0.716 > \alpha = 0.05$이므로 모형이 적합하다는 귀무가설($H_0$)을 채택하게 된다.

**Classification Table**[a]

| Observed | | | Predicted y 0 | Predicted y 1 | Percentage Correct |
|---|---|---|---|---|---|
| Step 1 | y | 0 | 14 | 2 | 87.5 |
| | | 1 | 2 | 12 | 85.7 |
| | Overall Percentage | | | | 86.7 |

a. The cut value is .500

**결과 설명** 분류표를 통해 예측의 정확도가 86.7%임을 알 수 있다. 로지스틱 회귀분석에서 50% 이상이면 '예측 정확도가 높다'라고 한다. 분류표의 분류행렬을 살펴보면 Observed에서 차량 무소유는 0, 차량 소유는 1을 의미한다. 로지스틱 함수에 추정된 Predicted에서 0은 차량 무소유, 1은 차량 소유의 예측을 의미한다. 결과에서 차량을 무소유한 16명 중 역시 차량을 소유하지 않을 것이라고 옳게 예측한 확률은 87.50%(14/16)이다. 차량 소유자인 경우에 옳게 분류한 확률은 85.71%(12/14)이며, 전체적으로 옳게 분류한 확률은 86.67%(26/30)이다.

이 분류표는 훈련 데이터를 이용하여 구축되고 학습된 모델이 얼마나 훌륭한지를 판단하는 성능 평가지표인 혼동행렬(confusion matrix)로도 불린다. 이를 자세히 설명하기 위해서 의사의 암선고에 대한 예를 들어보자. 혼동행렬은 각 테스트 데이터에 대한 예측결과물을 참양성(True Positive), 참음성(True Negative), 거짓양성(False Positive), 거짓음성(False Negative)의 4가지 관점에서 분류하고, 각각에 해당하는 예측결과의 개수를 정리한 표이다. 이를 정리하면 다음과 같이 2행 2열로 나타낼 수 있다.

[표 10-2] 혼동행렬

| 실제 결과 \ 예측 결과 | | 예측 클래스 P | 예측 클래스 N | 퍼센트 |
|---|---|---|---|---|
| 실제 클래스 | P | 13 (TP)★ | 1 (FN) | 93.0 |
| | N | 2 (FP) | 14 (TN) | 87.5 |
| 전반적인 퍼센트 | | | | 90.0 |

□ 정답 ■ 오답

혼동행렬에서 대각선 $x_{ij}$는 제대로 맞춘 개수를 나타내고 그 이외의 성분은 다른 클래스로 오판한 경우의 수를 말한다. 여기서는 오판 개수가 5개로 예측률은 대체로 있다고 볼 수 있다. 위와 같은 분류표에서 판별 결과에 대한 평가를 할 때는 정밀도(적합률), 정확도, 재현율, F값을 보고 판단한다. 정밀도, 재현율, F값 모두 0~1 사이의 값을 갖는데 1에 가까운 값을 보일수록 진단 성능이 우수하다고 평가할 수 있다.

$$\text{정밀도(precision, 0인 경우)} = \frac{TP}{TP+FP} = \frac{13}{13+2} = 86.7\%$$

$$\text{정확도(accuracy)} = \frac{TP+TN}{TP+FP+FN+TN} = \frac{13+14}{13+2+1+14} = 90.0\%$$

$$\text{재현율(recall, 0인 경우)} = \frac{TP}{TP+FN} = \frac{13}{13+1} = 93.0\%$$

$$\text{F값(F1 score, 0인 경우)} = \frac{2\times \mathrm{Re}\,call \times \mathrm{Pr}\,ecision}{\mathrm{Re}\,call \times \mathrm{Pr}\,ecision} = \frac{2TP}{2TP+FN+FP} = 90\%$$

$$\text{위양성률(fall-out)} = \frac{FP}{FP+TN} = \frac{2}{2+14} = 12.5\% \ \text{(낮을수록 좋음)}$$

★ TP(True Positive. 참양성), FN(False Negative, 거짓음성), FP(False Positive, 거짓양성), TN(True Negative, 참양성)을 나타낸다.

**Variables in the Equation**

| | | B | S.E. | Wald | df | Sig. | Exp(B) |
|---|---|---|---|---|---|---|---|
| Step 1[a] | x1 | .670 | .714 | .879 | 1 | .348 | 1.954 |
| | x2 | .057 | .027 | 4.393 | 1 | .036 | 1.059 |
| | x3 | .992 | .597 | 2.762 | 1 | .097 | 2.698 |
| | Constant | -16.056 | 5.870 | 7.480 | 1 | .006 | .000 |

a. Variable(s) entered on step 1: x1, x2, x3.

**결과 설명** [x1 B .670 Sig .348] X1(가족 수)의 회귀계수는 0.670이며, 이 회귀계수의 통계적 유의성을 검정하는 값인 Wald 통계량 0.879의 확률적 표시인 유의확률(Sig)이 0.348이므로 $\alpha = 0.05$에서 통계적으로 유의하지 않다.

[x2 B .057 Sig .036] X2(월평균 소득)의 회귀계수는 0.057이며, 이 회귀계수는 통계적으로 유의하다(Sig 0.0361 $< \alpha = 0.05$).

[x3 B .992 Sig .097] X3(월평균 여행횟수)의 회귀계수는 0.992이고, 이 회귀계수는 통계적으로 유의하지 않다(Sig 0.097 $> \alpha = 0.05$).

[Constant B −16.056 Sig .0062] 회귀식의 상수 −16.056이며, Sig. T = 0.006 $< \alpha =$ 0.05이므로 통계적으로 유의하다.

그리고 회귀식은 다음과 같다.

$$\hat{Y} = -16.056 + 0.670X_1 + 0.057X_2 + 0.992X_3$$

[x2 Exp(B) 1.0590] 회귀식에서는 x2(월평균 소득)의 계수가 유의하므로 이에 관하여만 설명한다. 회귀계수가 양수이면 성공할 확률($e^{\beta_i}$)은 1 이상(≥1)으로 증가한다. 만약 회귀계수가 음수(−)이면 성공확률은 0 ≤ 성공확률 ≤ 1에 존재하게 된다. Exp(0.057) = 1.059이며, 다른 변수의 값을 일정하게 놓고 소득이 1단위 증가하면 자동차를 구매할 확률은 구매하지 않을 확률보다 1.059배 늘어난다.

```
          Step number: 1

          Observed Groups and Predicted Probabilities

      4 +0                                                                                                   +
        I0                                                                                                   I
        I0                                                                                                   I
F       I0                                                                                                   I
R     3 +00                                                                                                  +
E       I00                                                                                                  I
Q       I00                                                                                                  I
U       I00                                                                                                  I
E     2 +00                                    1                           1                           1  11 +
N       I00                                    1                           1                           1  11 I
C       I00                                    1                           1                           1  11 I
Y       I00                                    1                           1                           1  11 I
      1 +0000       0      0   0  10           0                           10      1       1     1 10  1  11 +
        I0000       0      0   0  10           0                           10      1       1     1 10  1  11 I
        I0000       0      0   0  10           0                           10      1       1     1 10  1  11 I
        I0000       0      0   0  10           0                           10      1       1     1 10  1  11 I
Predicted ---------+---------+---------+---------+---------+---------+---------+---------+---------+----------
  Prob:   0       .1        .2        .3        .4        .5        .6        .7        .8        .9         1
  Group:  0000000000000000000000000000000000000000000000000011111111111111111111111111111111111111111111111111

          Predicted Probability is of Membership for 1
          The Cut Value is .50
          Symbols: 0 - 0
                   1 - 1
          Each Symbol Represents .25 Cases.
```

**결과 설명** 각 사례에 대한 분류를 나타내는 집단분류표이다. 0.5를 기준으로 오른쪽에 있는 경우는 차량 무소유(0)를 나타내는 것으로 4명은 잘못 분류되고 있다. 왼쪽의 경우에도 소유자(1)가 4명 잘못 분류되고 있다.

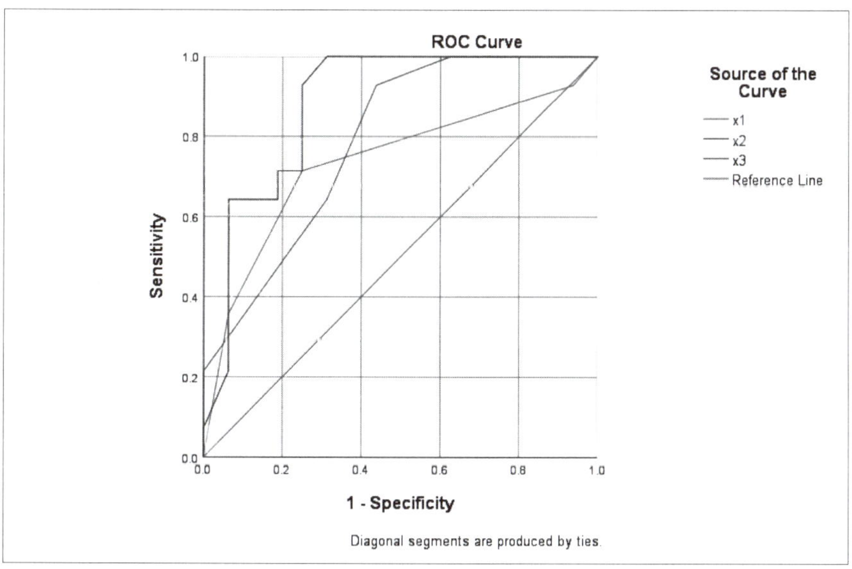

**Area Under the Curve**

| Test Result Variable(s) | Area | Std. Error[a] | Asymptotic Sig.[b] | Asymptotic 95% Confidence Interval Lower Bound | Upper Bound |
|---|---|---|---|---|---|
| x1 | .737 | .097 | .028 | .547 | .926 |
| x2 | .882 | .065 | .000 | .755 | 1.000 |
| x3 | .788 | .082 | .007 | .627 | .949 |

The test result variable(s): x1, x2, x3 has at least one tie between the positive actual state group and the negative actual state group. Statistics may be biased.

a. Under the nonparametric assumption

b. Null hypothesis: true area = 0.5

**결과 설명** ROC 곡선(Receiver Operation Characteristic Curve)은 주로 의학 분야에서 많이 사용된다. ROC 곡선은 민감도(sensitivity, 정밀도, $\frac{TP}{TP+FP}$)와 특이도(specificity, $\frac{TN}{FN+TN}$)를 이용하여 그린다. x축은 1-특이도, y축은 민감도를 배치한다. AUC(Area Under the Curve 또는 Area Under the ROC Curve)는 곡선 아래 면적을 의미한다. ROC 곡선에서 45도 직선은 레퍼런스 라인으로 0.5를 나타낸다. 이 레퍼런스 라인보다 왼쪽 위로 곡선이 형성되어야 의미 있는 검사법이며, 1.0일 때 가장 완벽해진다. 여기서 x1, x2, x3 변수의 AUC는 각각 0.737, 0.882, 0.788이고, 곡선이 모두 왼쪽 상단에 위치하기 때문에 유용하다고 판단할 수 있다.

3단계 : 다음의 새로운 두 유보표본(hold out sample) 데이터에 대해서 예측해보자. 예측에 사용할 추정식은 $f(x) = 1/(1 + e^{-(-16.055 + 0.670X1 + 0.057X2 + 0.992X3)})$이다. 분모 중 상수 e는 $-\hat{Y}$(회귀식)만큼 거듭제곱한 값을 반환하는 것으로 엑셀에서는 함수 Exp를 사용해서 계산하면 된다.

| x1 | x2 | x3 |
|---|---|---|
| 4 | 400 | 5 |
| 1 | 100 | 2 |

SPSS에서 해당 명령문은 다음과 같다.

데이터 ch102.sps

```
DATA LIST FREE/X1 X2 X3.
BEGIN DATA.
4 400 5
1 100 2
END DATA.
COMPUTE SCORE=1/(1+(EXP(-(-16.055+0.670*x1+0.057*x2+0.992*x3)))).
FORMATS SCORE(F6.3).
LIST CASESES=2/VARIABLES=x1 x2 x3 SCORE
/FORMAT=NUMBERED.
```

```
         X1       X2        X3   SCORE

   1    4.00   400.00     5.00   1.000
   2    1.00   100.00     2.00    .000


Number of cases read:  2    Number of cases listed:  2
```

**결과 설명** 유보표본 1번은 SCORE 값이 0.5보다 크기(1) 때문에 차량을 소유할 가능성이 높다. 반면에 2번 표본은 0.5보다 작기(0) 때문에 차량을 소유할 가능성이 매우 낮다. 이러한 로지스틱 회귀분석 결과를 통해 자동차 마케팅 및 영업 담당자가 어느 잠재고객에게 접근해 판촉활동을 해야 할지 분명하게 알 수 있다.

## 8 전략 수립

고객은 끊임없이 움직인다. 자동차 시장도 신기술 도입과 새로운 소비자 트렌드의 변화로 인해 소비자의 자동차 구매패턴과 구매경험 프로세스가 빠르게 진화하고 있다. 본 분석 결과, x2(월평균 소득)가 자동차 소유 여부를 결정하는 중요한 변수임을 확인하였다. 이는 월평균 소득이 높은 고객과 차량보유 연수가 오래된 고객을 타깃으로 홍보 및 판촉 활동을 전개할 필요가 있음을 시사한다고 볼 수 있다.

판매전략 준비와 실현에 우위를 점하는 자동차 회사는 향후 큰 성과를 거둘 것이다. 최근 조사에 따르면 대리점 웹사이트, 자동차회사의 홈페이지 방문경험이 있는 고객의 60% 이상이 실제 자동차를 구매하게 되었다고 한다. 이는 디지털 고객경험 강화를 위한 옴니채널(on-off line) 구축이 필요하다는 점을 시사한다. 자동차 업계는 고객 트렌드 변화를 지속적으로 연구하고 고객경험 서비스 강화를 위한 옴니채널, 멀티터치경험 서비스 제공 등에 주력해야 할 것이다.

**데이터 분석가의 한마디**

세상은 우리가 상상하는 것 이상으로 계속 변화해간다. 데이터 분석기법과 관련 지식도 매일 업데이트되고 있다. 우리는 세상의 변화에 민첩하게 반응하면서 지식과 세계관을 꾸준히 업데이트해야 한다.

## 연습문제

**1.** 회귀분석과 로지스틱 회귀분석을 비교 설명하여라.

**2.** 다음은 e커머스 업체에서 영업개시 후 24일간의 판매실적(수량)이다.

| x(일) | 1 | 2 | 3 | 4 | 5 | 6 | 7 | 8 | 9 | 10 | 11 | 12 |
|---|---|---|---|---|---|---|---|---|---|---|---|---|
| y(판매량) | 33 | 256 | 430 | 582 | 1,309 | 1,856 | 2,100 | 2,612 | 2,466 | 3,042 | 2,972 | 3,037 |
| x(일) | 13 | 14 | 15 | 16 | 17 | 18 | 19 | 20 | 21 | 22 | 23 | 24 |
| y(판매량) | 3,236 | 3,341 | 3,249 | 3,624 | 3,642 | 3,412 | 3,647 | 3,476 | 3,475 | 3,503 | 3,797 | 3,595 |

**1)** 자료를 보고 그래프를 그려보자.

**2)** 단순로지스틱 회귀분석을 실시한 다음 해석해보자.

**3.** 능형 회귀(ridge regression), 라쏘 회귀(lasso regression), 신축망 회귀(elastic net regression) 등에 관한 개념을 이야기하고 비교 설명하여라.

# ch.11 비모수 통계분석

**학습목표**

- 비모수 통계분석의 개념을 이해한다.
- 다양한 비모수 통계분석법을 실행할 수 있다.

## 1 비모수 통계분석의 의의

지금까지 우리가 다루어온 통계적 추론은 표본에서 얻어지는 통계량을 이용하여 모집단의 특성을 나타내는 모수(母數, parameter)를 추정하거나 가설을 검정하는 것이었다. 이러한 통계학을 모수 통계학(parametric statistics)이라고 부른다. 그런데 모수 통계학은 모집단 확률분포에 대하여 엄격한 가정이 현실적으로 불가능하거나 또는 합당하지 않은 경우가 많으며, 통계적 추론을 위해 모수 통계학을 이용하는 경우 오류를 범할 수 있다.

모수 통계학의 이러한 문제점을 해결해줄 수 있는 것이 바로 비모수 통계학(nonparametric statistics)이다. 물론 비모수 통계학을 이용한 검정 역시 모집단에 관한 것이어서 표본을 이용한다. 하지만 비모수통계학에서는 모수 통계학처럼 모집단의 분포가 특별한 가정(예를 들면 정규분포)을 필요로 하지 않는다. 따라서 비모수 통계학은 엄격한 가정하의 추론이 아닌 비모수적(nonparametric) 성격을 지니며, 특정 분포 형식에서 벗어나 자유로운 검정을 하게 된다.

비모수 통계학이 모수 통계학에 비하여 갖는 일반적인 이점 3가지는 다음과 같다.

① 자료를 명목척도나 순위척도로 측정하는 경우에 유용한 방법이다.

② 희귀한 질병이나 예비 연구자료를 수집할 때와 같이 표본의 크기가 매우 작은 경우에 유용한 방법이다.

③ 모수적 방법에 대한 적용이 용이하고 이해가 쉬우므로 신속한 검정을 할 수 있다.

## 2 비모수 통계분석 방법의 종류

### 1) 적합도 검정

모집단이 일정한 확률분포 형태를 갖는다고 가정할 경우 표본에서 얻은 분포가 모집단에서 가정하고 있는 분포에 적합한지를 검정하는 방법이다[예: 단일표본 카이자승($\chi^2$) 검정, 단일표본 콜모고로프 스미르노프 검정, 이항분포 검정].

### 2) 무작위성 검정

일련의 관찰치(사건)가 무작위적(random)으로 발생한 것인지, 아니면 어떠한 규칙성, 즉 앞서 일어난 사건이 뒤에 일어날 사건에 영향을 미치는 것인지를 검정하는 방법이다(예: Run의 검정).

### 3) 변수 간 분포의 동질성 검정

2개 또는 3개 이상의 변숫값들이 이루는 확률분포가 동일한지를 검정하는 방법이다. 이때에 확률분포는 정규분포와 같은 특정한 분포를 가정하지는 않는다(예: 부호 검정, 윌콕슨 검정, 맥니마 검정, 프리드만 검정, 켄달의 검정, 코크란큐 검정).

### 4) 집단 간 분포의 동질성 검정

두 집단 또는 세 집단 이상의 특정 변수에 대한 확률분포들이 동일한가를 검정하는 방법이다. 순위 자료를 이용한 분산분석으로 생각하면 쉽게 이해할 수 있다(예: 맨 휘트니 검정, 두 표본 콜모고로프-스미르노프 검정, 월드-월포비치 검정, 중앙값 검정, 크루스칼-왈리스 검정).

### 5) 변수 간 상관관계 분석

순위 자료를 이용하여 변수 간의 상관 정도를 분석하는 방법과 명목척도로 측정된 자료를 이용하여 두 변수 간의 상관 정도를 분석하는 방법이 있다. 이 경우에는 명목자료로 된 변수 간의 상호독립성을 검정함으로써 두 변수의 도수분포상의 상관 정도를 검정하게 된다(예: 스피어만 순위상관분석, 교차분석).

[표 11-1] 비모수 통계분석 방법 요약

| 사용 목적 | 비모수 통계분석 방법 | 목적이 유사한 모수 통계분석 방법 |
|---|---|---|
| 적합도 검정 | 단일표본 카이스퀘어 검정<br>단일표본 콜모고로프-스미르노프 검정<br>이항분포 검정 | 없음 |
| 무작위성 검정 | 연의 검정 | 없음 |
| 두 변수의 비교 | 부호 검정<br>윌콕슨 검정<br>코크란큐 검정 | paired t-test |
| 세 변수의 비교 | 프리드만 검정<br>켄달의 일치계수<br>코크란큐 검정 | MANOVA |
| 두 집단의 비교 | 맨-휘트니 검정<br>2개 표본 콜모고로프-스미르노프 검정<br>월드-월포비치 검정<br>중앙값 검정 | t-test |
| 세 집단 이상의 비교 | 중앙값 검정<br>크루스칼-왈리스 검정 | ANOVA |
| 변수 간의 상관분석 | 스피어만 순위 상관분석<br>카이자승 분석(교차분석) | correlation |

# 3 실행

## 3-1 맨-휘트니 검정

### 1) 문제 정의 및 가설 설정

경쟁관계에 있는 A내과와 B내과의 대기시간(분)을 비교해보기로 하였다. 이에 의뢰를 받은 컨설팅 기관은 대기시간을 조사하기 위해서 표본추출을 하였다. 그런 다음 대기시간에 대한 귀무가설($H_0$)과 연구가설($H_1$)을 다음과 같이 설정하였다.

- $H_0$ : A내과와 B내과의 대기시간은 동일할 것이다.
- $H_1$ : A내과와 B내과의 대기시간은 동일하지 않을 것이다.

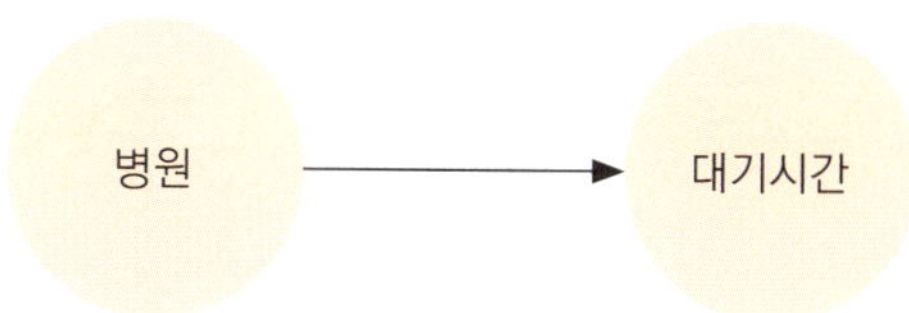


### 2) R 분석

1단계 : 맨-휘트니 검정을 위해서 다음과 같이 데이터를 엑셀창에 입력한다. SPSS 코딩 방식과 다르니 주의하기 바란다. 열(column) A변수 부분을 보면 질적변수를 표시하면서 숫자 앞에 문자 a, b를 추가하였음을 확인할 수 있다.

데이터 ch111.csv

| | A | B |
|---|---|---|
| 1 | A | y |
| 2 | a1 | 5 |
| 3 | a1 | 1 |
| 4 | a1 | 2 |
| 5 | a1 | 4 |
| 6 | a1 | 3 |
| 7 | a1 | 4 |
| 8 | a1 | 5 |
| 9 | a1 | 3 |
| 10 | a1 | 5 |
| 11 | a1 | 4 |
| 12 | a1 | 4 |
| 13 | a1 | 5 |
| 14 | a1 | 1 |
| 15 | a1 | 2 |
| 16 | a1 | 4 |
| 17 | a1 | 3 |
| 18 | a1 | 4 |
| 19 | a1 | 5 |
| 20 | a1 | 3 |
| 21 | a1 | 5 |
| 22 | a1 | 4 |
| 23 | a1 | 4 |
| 24 | a2 | 3 |

2단계 : R 프로그램에서 다음과 같은 명령어를 방법1 또는 방법2로 입력하고 실행한다.

### 방법1)

데이터 ch11-1.R

```
ch111=read.csv("C:/gskim/SSA/data/ch111.csv")
# independent 2-group Mann-Whitney U Test
wilcox.test(y~A, data=ch111)
# where y is numeric and A is A binary factor
```

### 방법2)

데이터 ch11-2.R

```
x<-c(5, 1, 2, 4,  3, 4, 5,  3, 5, 4,  4, 5, 1,  2, 4, 3,  4, 5, 3,  5, 4, 4)
y<-c(3,  2, 1, 2,  3, 5, 2,  5, 2, 1,  5, 3, 2,  1, 2, 3,  5, 2, 5,  2, 1, 5)
# independent 2-group Mann-Whitney U Test
wilcox.test(y, x) # where y and x are numeric
```

```
> ch111=read.csv("C:/gskim/SSA/data/ch111.csv")
> # independent 2-group Mann-Whitney U Test
> wilcox.test(y~A, data=ch111)

        Wilcoxon rank sum test with continuity correction

data:  y by A
W = 318, p-value = 0.0696
alternative hypothesis: true location shift is not equal to 0

경고메시지(들):
In wilcox.test.default(x = c(5L, 1L, 2L, 4L, 3L, 4L, 5L, 3L, 5L,  :
  tie가 있어 정확한 p값을 계산할 수 없습니다
```

**결과 설명** 맨-휘트니 검정 방법1의 결과를 보면, 맨-휘트니 통계량 W = 318, p-value = 0.0696 > $\alpha$ = 0.05이다. 따라서 '$H_0$: 두 집단 간 차이는 없을 것이다'라는 귀무가설을 채택한다.

```
        Wilcoxon rank sum test with continuity correction

data:  y and x
W = 166, p-value = 0.0696
alternative hypothesis: true location shift is not equal to 0

경고메시지(들):
In wilcox.test.default(y, x) : tie가 있어 정확한 p값을 계산할 수 없습니다
```

**결과 설명** 맨-휘트니 검정 방법2의 결과를 보면, 맨-휘트니 통계량 W = 166, p-value = 0.0696 > $\alpha$ = 0.05이다. 따라서 '$H_0$: 두 집단 간 차이는 없을 것이다'라는 귀무가설을 채택한다.

### 3) SPSS 분석

1단계 : 분석에 앞서 A병원과 B병원의 대기시간을 측정하기로 한다. 이 데이터를 입력하면 다음과 같다. 변수 A는 병원(1 = A병원, 2 = B병원), y는 대기시간을 나타낸다.

데이터 ch11-1.sav

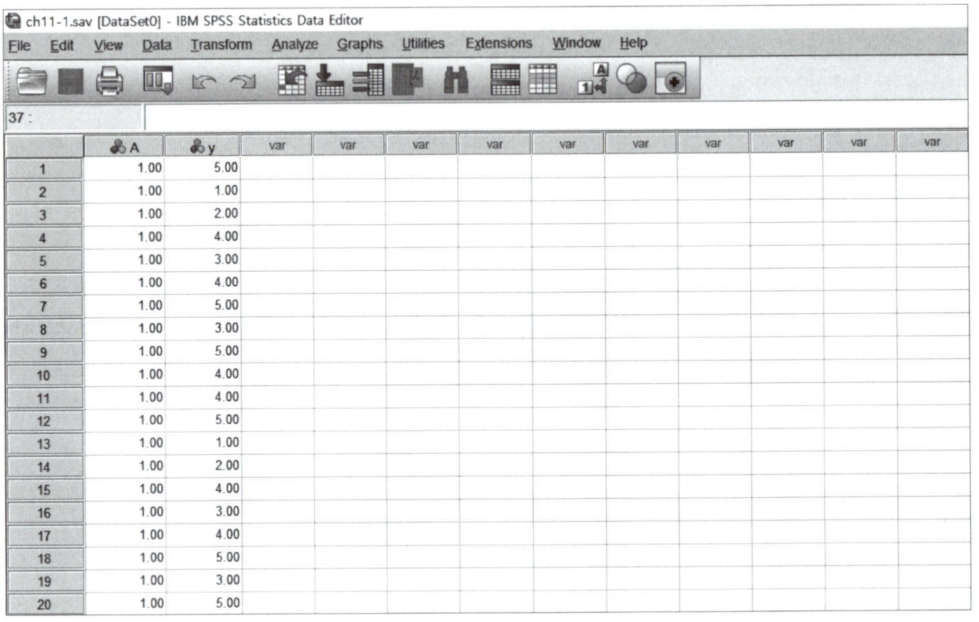


| | A | y | var | var | var | var | var | var | var | var | var | var |
|---|---|---|---|---|---|---|---|---|---|---|---|---|
| 1 | 1.00 | 5.00 | | | | | | | | | | |
| 2 | 1.00 | 1.00 | | | | | | | | | | |
| 3 | 1.00 | 2.00 | | | | | | | | | | |
| 4 | 1.00 | 4.00 | | | | | | | | | | |
| 5 | 1.00 | 3.00 | | | | | | | | | | |
| 6 | 1.00 | 4.00 | | | | | | | | | | |
| 7 | 1.00 | 5.00 | | | | | | | | | | |
| 8 | 1.00 | 3.00 | | | | | | | | | | |
| 9 | 1.00 | 5.00 | | | | | | | | | | |
| 10 | 1.00 | 4.00 | | | | | | | | | | |
| 11 | 1.00 | 4.00 | | | | | | | | | | |
| 12 | 1.00 | 5.00 | | | | | | | | | | |
| 13 | 1.00 | 1.00 | | | | | | | | | | |
| 14 | 1.00 | 2.00 | | | | | | | | | | |
| 15 | 1.00 | 4.00 | | | | | | | | | | |
| 16 | 1.00 | 3.00 | | | | | | | | | | |
| 17 | 1.00 | 4.00 | | | | | | | | | | |
| 18 | 1.00 | 5.00 | | | | | | | | | | |
| 19 | 1.00 | 3.00 | | | | | | | | | | |
| 20 | 1.00 | 5.00 | | | | | | | | | | |

2단계 : 다음과 같은 명령문을 입력하고 실행한다.

데이터 ch11-2.sps

```
NPAR TESTS
 /M-W= A BY y(1 2)
 /STATISTICS=DESCRIPTIVES
 /MISSING ANALYSIS.
```

**Descriptive Statistics**

| | N | Mean | Std. Deviation | Minimum | Maximum |
|---|---|---|---|---|---|
| A | 44 | 1.5000 | .50578 | 1.00 | 2.00 |
| y | 44 | 3.2273 | 1.42834 | 1.00 | 5.00 |

**Mann-Whitney Test**

**Ranks**

| | y | N | Mean Rank | Sum of Ranks |
|---|---|---|---|---|
| A | 1.00 | 6 | 7.83 | 47.00 |
| | 2.00 | 10 | 8.90 | 89.00 |
| | Total | 16 | | |

**Test Statistics[a]**

| | A |
|---|---|
| Mann-Whitney U | 26.000 |
| Wilcoxon W | 47.000 |
| Z | -.577 |
| Asymp. Sig. (2-tailed) | .564 |
| Exact Sig. [2*(1-tailed Sig.)] | .713[b] |

a. Grouping Variable: y

b. Not corrected for ties.

**결과 설명** Mann-Whitney U 통계량은 26.000, Wilcoxon W는 47.000로 점근적 유의성(Asymp. Sig. 2-tailed)은 0.564 > $\alpha = 0.05$이므로 대기시간은 동일하다고 할 수 있다.

- $H_0 : \mu_1 - \mu_2 = 0$
- $H_1 : \mu_1 - \mu_2 \neq 0$

## 3-2 윌콕슨 부호 순위 검정

### 1) 문제 정의 및 가설 설정

콜레스테롤은 올바른 신체 기능을 돕는 필수적인 지방이다. 콜레스테롤은 호르몬 분비, 간에서의 담즙 생산, 세포의 구조 유지를 돕는 등 많은 기능을 한다. 하지만 특정 콜레스테롤 수치(저밀도 리포단백질, LDL)가 지나치게 높은 경우에는 심근경색을 일으킬 수 있는 아테롬성 동맥경화증과 같은 건강의 위험에 노출될 수 있다. A약품에서 개발한 LDL 억제제의 효과(X, Experiement)를 알아보기 위해서 12명의 표본을 대상으로 LDL억제제 처방 전후의 콜레스테롤 수치를 측정하였다. 이후 다음과 같이 귀무가설($H_0$)과 연구가설($H_1$)을 설정하였다.

- $H_0$ : 처방 전(before)과 처방 후(after) 콜레스테롤 수치는 동일할 것이다.
- $H_1$ : 처방 전(before)과 처방 후(after) 콜레스테롤 수치는 다를 것이다.

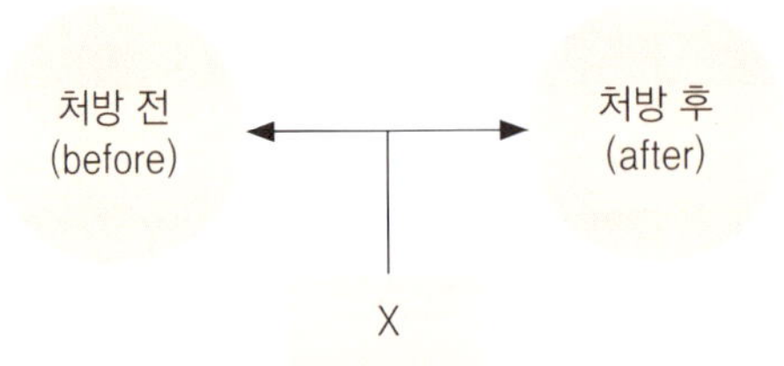


### 2) R 분석

1단계 : 다음과 같이 데이터를 입력하고 명령어를 실행한다.

데이터 ch11-3.R

```
y1<-c(187,196, 184,180, 208,203, 184,185, 212,206, 192,175)
y2<-c(144,146, 117,104, 114,135, 105,104, 138,125, 120,121)
# dependent 2-group Wilcoxon Signed Rank Test
wilcox.test(y1,y2,paired=TRUE) # where y1 and y2 are numeric
```

```
        Wilcoxon signed rank test with continuity correction

data: y1 and y2
V = 78, p-value = 0.002516
alternative hypothesis: true location shift is not equal to 0

경고메시지(들):
In wilcox.test.default(y1, y2, paired = TRUE) :
 tie가 있어 정확한 p값을 계산할 수 없습니다
```

**결과 설명** 윌콕슨 부호 순위 검정 결과, 유의확률(2-tailed)은 $0.002 < p = 0.05$이므로 처방전(before)과 처방후(after) 콜레스테롤 수치가 차이가 있음을 알 수 있다.

### 3) SPSS 분석

1단계 : 다음과 같이 데이터를 입력한다.

데이터 ch11-3.sav

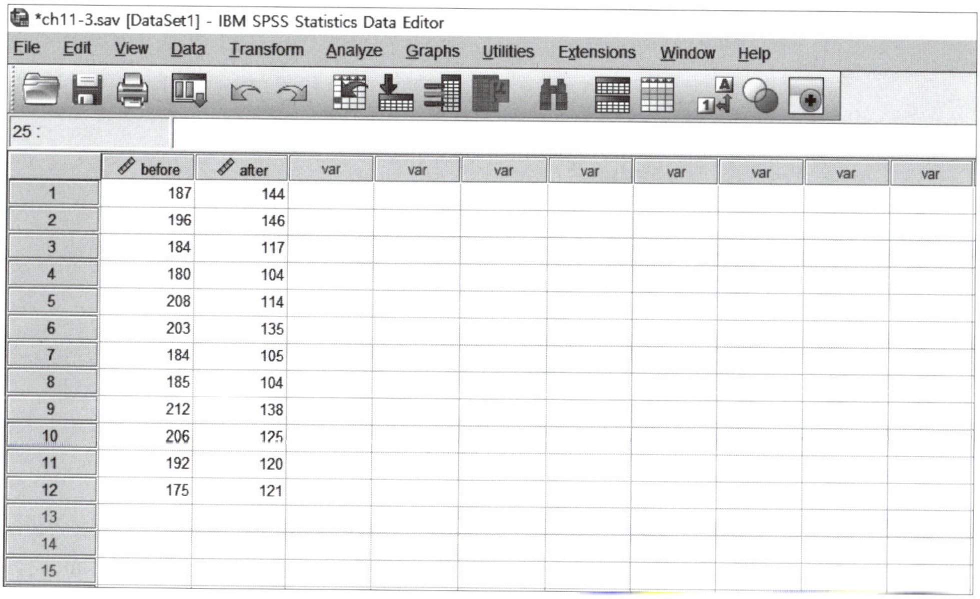


| | before | after | var | var | var | var | var | var | var | var |
|---|---|---|---|---|---|---|---|---|---|---|
| 1 | 187 | 144 | | | | | | | | |
| 2 | 196 | 146 | | | | | | | | |
| 3 | 184 | 117 | | | | | | | | |
| 4 | 180 | 104 | | | | | | | | |
| 5 | 208 | 114 | | | | | | | | |
| 6 | 203 | 135 | | | | | | | | |
| 7 | 184 | 105 | | | | | | | | |
| 8 | 185 | 104 | | | | | | | | |
| 9 | 212 | 138 | | | | | | | | |
| 10 | 206 | 125 | | | | | | | | |
| 11 | 192 | 120 | | | | | | | | |
| 12 | 175 | 121 | | | | | | | | |
| 13 | | | | | | | | | | |
| 14 | | | | | | | | | | |
| 15 | | | | | | | | | | |

2단계 : 다음과 같은 명령어를 입력하고 실행한다.

데이터 ch11-2.sps

```
NPAR TESTS
 /WILCOXON=before WITH after (PAIRED)
 /STATISTICS DESCRIPTIVES
 /MISSING ANALYSIS.
```

**Descriptive Statistics**

| | N | Mean | Std. Deviation | Minimum | Maximum |
|---|---|---|---|---|---|
| before | 12 | 192.67 | 12.131 | 175 | 212 |
| after | 12 | 122.75 | 15.130 | 104 | 146 |

**Ranks**

| | | N | Mean Rank | Sum of Ranks |
|---|---|---|---|---|
| after - before | Negative Ranks | 12[a] | 6.50 | 78.00 |
| | Positive Ranks | 0[b] | .00 | .00 |
| | Ties | 0[c] | | |
| | Total | 12 | | |

a. after < before

b. after > before

c. after = before

**Test Statistics[a]**

| | after - before |
|---|---|
| Z | -3.061[b] |
| Asymp. Sig. (2-tailed) | .002 |

a. Wilcoxon Signed Ranks Test

b. Based on positive ranks.

**결과 설명** 위의 결과에서 표본수(N), 표준편차(Std. Deviation), 최솟값(Minimum), 최댓값(Maximum) 등이 나타나 있다 이에 대한 부호 검정 결과 유의확률(2-tailed)은 $0.002 < p = 0.05$이므로 처방전(before)과 처방후(after) 콜레스테롤 수치가 차이가 있음을 알 수 있다.

## 3-3 크루스칼-왈리스 검정

### 1) 문제 정의 및 가설 설정

스마트 컨설팅은 이동통신사별 4개사의 만족도를 조사하였다. 통신사는 com1, com2, com3, com4이며, 특정 시점에 고객만족도를 조사하였다. 다음 표는 각 회사별 고객만족도를 조사한 결과이다.

| | com1 | com2 | com3 | com4 |
|---|---|---|---|---|
| 고객만족도 (satis) | 87 | 71 | 66 | 65 |
| | 85 | 82 | 74 | 69 |
| | 78 | 75 | 79 | 67 |
| | 82 | 80 | | 63 |

이와 같은 자료가 주어졌다고 할 때, 통신사별 만족도가 같은지 여부를 $\alpha=0.05$에서 검정하고자 한다. 귀무가설($H_0$)과 연구가설($H_1$)은 아래와 같다.

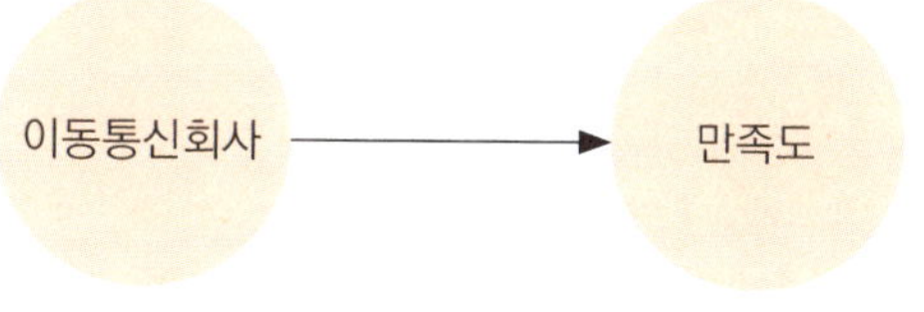


- $H_0: \mu_1=\mu_2=\mu_3=\mu_4$
- $H_1$: 만족도는 반드시 같지 않을 것이다.

## 2) R 분석

1단계 : 다음과 같이 데이터를 입력한다.

데이터 ch11-3.csv

| | A | B | C | D | E | F | G | H | I |
|---|---|---|---|---|---|---|---|---|---|
| 1 | com | satis | | | | | | | |
| 2 | a1 | 87 | | | | | | | |
| 3 | a1 | 85 | | | | | | | |
| 4 | a1 | 78 | | | | | | | |
| 5 | a1 | 82 | | | | | | | |
| 6 | a2 | 71 | | | | | | | |
| 7 | a2 | 82 | | | | | | | |
| 8 | a2 | 75 | | | | | | | |
| 9 | a2 | 80 | | | | | | | |
| 10 | a3 | 66 | | | | | | | |
| 11 | a3 | 74 | | | | | | | |
| 12 | a3 | 79 | | | | | | | |
| 13 | a4 | 65 | | | | | | | |
| 14 | a4 | 69 | | | | | | | |
| 15 | a4 | 67 | | | | | | | |
| 16 | a4 | 63 | | | | | | | |

2단계 : 다음과 같이 명령어를 입력한다.

데이터 ch11-4.R

```
ch114=read.csv("C:/gskim/SSA/data/ch11-4.csv")
# Kruskal Wallis Test One Way Anova by Ranks
kruskal.test(satis~com,data=ch114) # where y1 is numeric and A is a factor
```

```
        Kruskal-Wallis rank sum test

data:  satis by com
Kruskal-Wallis chi-squared = 9.9407, df = 3, p-value = 0.01908
```

**결과 설명** 크루스칼-왈리스 검정(Kruskal-Wallis chi-squared) 결과 통계량은 9.9407, 자유도(df)는 3, 이에 대한 p-value는 0.01908이다. $p < \alpha = 0.05$이므로 통신사별 만족도는 차이가 있음을 알 수 있다.

### 3) SPSS 분석

1단계 : 다음과 같이 데이터를 입력한다.

데이터 ch11-4.sav

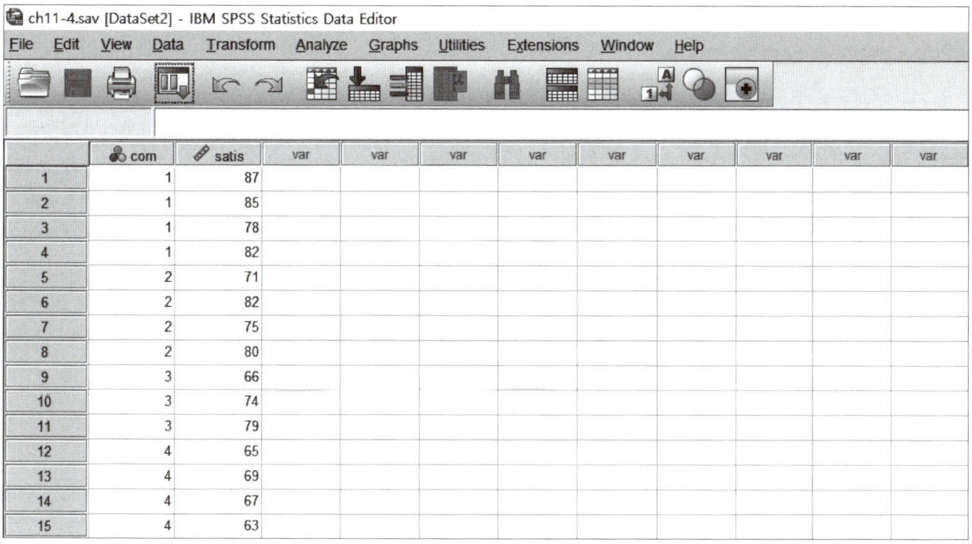

2단계 : 다음과 같은 명령어를 입력하고 실행한다.

데이터 ch11-3.sps

```
NPAR TESTS
 /K-W=com BY satis(1 3)
 /STATISTICS DESCRIPTIVES
 /MISSING ANALYSIS
 /METHOD=MC CIN(99) SAMPLES(10000).
```

**Warnings**

There are not enough valid cases to perform the Kruskal-Wallis Test for com * satis (1, 3). No statistics are computed.

**Descriptive Statistics**

| | N | Mean | Std. Deviation | Minimum | Maximum |
|---|---|---|---|---|---|
| com | 15 | 2.47 | 1.187 | 1 | 4 |
| satis | 15 | 74.87 | 7.717 | 63 | 87 |

**결과 설명** 분석 결과 기술통계량만 나와 있다. 유효 표본수가 적어 SPSS 프로그램상에서 크루스칼-왈리스 검정(Kruskal-Wallis test) 결과는 나타나지 않았다.

**데이터 분석가의 한마디**

구글은 프로그램 개발과 상관없는 직책이라도 코딩을 해보지 않은 사람은 선발하지 않는다고 한다. 데이터 기반 의사결정 과정에서 논리적인 사고 능력이 필수이기 때문이다.

## 연습문제

1. 모수통계학과 비모수 통계학의 차이점을 설명하라.

2. 앞서 소개한 [표 11-1] 비모수 통계분석 방법 요약을 살펴본 후, 이를 참고하여 모수통계 분석과 관련한 비모수 통계분석을 비교 설명하라.

# ch.12 정리 예제

학습목표

- 설문지 구성에 대하여 이해한다.
- R과 SPSS 프로그램에서 데이터를 불러오는 연습을 한다.
- 그래프 그리기, 상관분석, 로지스틱 회귀분석을 실시하고 해석할 수 있다.
- 분석결과에 근거하여 결론 및 시사점을 도출한다.

## 1 설문지 구성

본 설문지는 A온라인 쇼핑업체를 이용하는 고객(n=143명)을 대상으로 조사한 고객 관련 기본 정보, 고객 인지, 고객 성과에 관한 내용이다.

[표 12-1] 설문 형태

데이터 total.csv, total.sav

| 변수설명 | 변수형태 | 설명 |
|---|---|---|
| | 고객 기본 정보 | |
| x1(고객유형) | 질적변수 | 1. 1년 미만 2. 1~5년 3. 5년 이상 |
| x2(성별) | 질적변수 | 0. 여성 1. 남성 |
| x3(고객구매경험) | 질적변수 | 0. 신규고객 1. 당기 거래 고객 |
| x4(거주지역) | 질적변수 | 0. 서울 1. 서울 이외 지역 |
| x5(주문빈도) | 질적변수 | 1. 일주일 1번 2. 일주일 2번 이상 |

| 고객 인지 | | |
|---|---|---|
| x6(제품품질) | 양적변수 | 0. 매우 만족하지 못함　10. 매우 탁월함 |
| x7(홈페이지 이미지) | 양적변수 | 0. 매우 만족하지 못함　10. 매우 탁월함 |
| x8(기술지원) | 양적변수 | 0. 매우 만족하지 못함　10. 매우 탁월함 |
| x9(불평해결) | 양적변수 | 0. 매우 만족하지 못함　10. 매우 탁월함 |
| x10(광고) | 양적변수 | 0. 매우 만족하지 못함　10. 매우 탁월함 |
| x11(제품 구성) | 양적변수 | 0. 매우 만족하지 못함　10. 매우 탁월함 |
| x12(제품결제 흐름) | 양적변수 | 0. 매우 만족하지 못함　10. 매우 탁월함 |
| x13(콜센터직원 친절도) | 양적변수 | 0. 매우 만족하지 못함　10. 매우 탁월함 |
| x14(보증) | 양적변수 | 0. 매우 만족하지 못함　10. 매우 탁월함 |
| x15(신제품 구성) | 양적변수 | 0. 매우 만족하지 못함　10. 매우 탁월함 |
| x16(할인쿠폰 구성) | 양적변수 | 0. 매우 만족하지 못함　10. 매우 탁월함 |
| x17(가격유연성) | 양적변수 | 0. 매우 만족하지 못함　10. 매우 탁월함 |
| x18(배달속도) | 양적변수 | 0. 매우 만족하지 못함　10. 매우 탁월함 |
| 고객 성과 | | |
| x19(고객만족) | 양적변수 | 0. 매우 만족하지 못함　10. 매우 탁월함 |
| x20(추천의도) | 양적변수 | 0. 매우 만족하지 못함　10. 매우 탁월함 |
| x21(고객성과) | 양적변수 | 0. 매우 만족하지 못함　10. 매우 탁월함 |

# 2 데이터 불러오기

## 2-1 R 분석

1단계 : R 프로그램에서 total.csv 파일을 불러온다.

데이터 ch12-1.R

```
# loading data
ch12=read.csv("C:/gskim/SSA/data/total.csv")
```

2단계 : summary(ch12)를 이용하여 기초 통계량을 계산한다.

데이터 ch12-2.R

```
# loading data
ch12=read.csv("C:/gskim/SSA/data/total.csv")
summary(ch12)
```

| id | x1 | x2 | x3 | x4 | x5 |
|---|---|---|---|---|---|
| Min. : 1.0 | Min. :1.000 | Min. :0.0000 | Min. :0.0000 | Min. :0.0000 | Min. :1.000 |
| 1st Qu.: 36.5 | 1st Qu.:1.000 | 1st Qu.:0.0000 | 1st Qu.:0.0000 | 1st Qu.:0.0000 | 1st Qu.:1.000 |
| Median : 72.0 | Median :2.000 | Median :0.0000 | Median :1.0000 | Median :1.0000 | Median :1.000 |
| Mean : 72.0 | Mean :1.972 | Mean :0.4266 | Mean :0.5035 | Mean :0.6294 | Mean :1.434 |
| 3rd Qu.:107.5 | 3rd Qu.:3.000 | 3rd Qu.:1.0000 | 3rd Qu.:1.0000 | 3rd Qu.:1.0000 | 3rd Qu.:2.000 |
| Max. :143.0 | Max. :3.000 | Max. :1.0000 | Max. :1.0000 | Max. :1.0000 | Max. :2.000 |
| x6 | x7 | x8 | x9 | x10 | x11 |
| Min. : 5.000 | Min. :2.200 | Min. :1.300 | Min. :2.600 | Min. :1.900 | Min. :2.900 |
| 1st Qu.: 6.600 | 1st Qu.:3.300 | 1st Qu.:4.200 | 1st Qu.:4.600 | 1st Qu.:3.250 | 1st Qu.:4.700 |
| Median : 7.900 | Median :3.600 | Median :5.700 | Median :5.300 | Median :4.200 | Median :5.700 |
| Mean : 7.822 | Mean :3.664 | Mean :5.534 | Mean :5.405 | Mean :4.161 | Mean :5.757 |
| 3rd Qu.: 9.100 | 3rd Qu.:3.900 | 3rd Qu.:6.800 | 3rd Qu.:6.200 | 3rd Qu.:5.000 | 3rd Qu.:6.550 |
| Max. :10.000 | Max. :5.700 | Max. :8.500 | Max. :7.800 | Max. :6.500 | Max. :8.400 |
| x12 | x13 | x14 | x15 | x16 | x17 |
| Min. :2.900 | Min. :3.700 | Min. :4.100 | Min. :1.700 | Min. :2.000 | Min. :2.600 |
| 1st Qu.:4.600 | 1st Qu.:5.800 | 1st Qu.:5.400 | 1st Qu.:3.950 | 1st Qu.:3.500 | 1st Qu.:3.650 |
| Median :4.900 | Median :6.800 | Median :6.100 | Median :5.000 | Median :4.400 | Median :4.500 |
| Mean :5.169 | Mean :6.836 | Mean :6.136 | Mean :5.079 | Mean :4.249 | Mean :4.627 |
| 3rd Qu.:5.900 | 3rd Qu.:8.200 | 3rd Qu.:6.700 | 3rd Qu.:6.300 | 3rd Qu.:4.750 | 3rd Qu.:5.600 |
| Max. :8.200 | Max. :9.900 | Max. :8.100 | Max. :9.200 | Max. :6.700 | Max. :7.300 |
| x18 | x19 | x20 | x21 | | |
| Min. :1.600 | Min. :4.800 | Min. :4.600 | Min. :5.500 | | |
| 1st Qu.:3.400 | 1st Qu.:6.050 | 1st Qu.:6.050 | 1st Qu.:7.100 | | |
| Median :3.900 | Median :7.000 | Median :6.900 | Median :7.900 | | |
| Mean :3.869 | Mean :6.917 | Mean :6.918 | Mean :7.733 | | |
| 3rd Qu.:4.400 | 3rd Qu.:7.600 | 3rd Qu.:7.500 | 3rd Qu.:8.300 | | |
| Max. :5.500 | Max. :9.900 | Max. :9.900 | Max. :9.900 | | |

**결과 설명** x1부터 x21 변수까지 최솟값(Min.), 1/4분위수(1st Qu.), 중앙값(Median), 3/4분위수(3rd Qu.), 최댓값(Max.)이 계산되어 있다.

## 2-2 SPSS 분석

1단계 : SPSS에서 total.sav 파일을 불러온다. 이후 [File] → [New] → [Syntax]에서 다음을 입력하고 실행한다.

데이터 ch12-1.sps

```
FREQUENCIES VARIABLES=x1 x2 x3 x4 x5 x6 x7 x8 x9 x10 x11 x12 x13 x14 x15 x16 x17 x18
x19 x20 x21
 /FORMAT=NOTABLE
 /NTILES=4
 /STATISTICS=MINIMUM MAXIMUM MEAN MEDIAN
 /ORDER=ANALYSIS.
```

참고로 SPSS Syntax 작성 시 변수가 연속적으로 있는 경우에는 '첫째 변수명 to 마지막 변수명'을 기록하는 방법으로 대체할 수 있다(FREQUENCIES VARIABLES=x1 to x21).

2단계 : 마우스로 모든 범위를 지정하고 ▶ 실행단추를 누른다.

**Statistics**

| | | x1 | x2 | x3 | x4 | x5 | x6 | x7 | x8 | x9 | x10 | x11 | x12 | x13 | x14 | x15 | x16 | x17 | x18 | x19 | x20 | x21 |
|---|---|---|---|---|---|---|---|---|---|---|---|---|---|---|---|---|---|---|---|---|---|---|
| N | Valid | 143 | 143 | 143 | 143 | 143 | 143 | 143 | 143 | 143 | 143 | 143 | 143 | 143 | 143 | 143 | 143 | 143 | 143 | 143 | 143 | 143 |
| | Missing | 0 | 0 | 0 | 0 | 0 | 0 | 0 | 0 | 0 | 0 | 0 | 0 | 0 | 0 | 0 | 0 | 0 | 0 | 0 | 0 | 0 |
| Mean | | 1.97 | .43 | .50 | .63 | 1.43 | 7.822 | 3.664 | 5.534 | 5.405 | 4.161 | 5.757 | 5.169 | 6.836 | 6.136 | 5.079 | 4.249 | 4.627 | 3.869 | 6.917 | 6.918 | 7.733 |
| Median | | 2.00 | .00 | 1.00 | 1.00 | 1.00 | 7.900 | 3.600 | 5.700 | 5.300 | 4.200 | 5.700 | 4.900 | 6.800 | 6.100 | 5.000 | 4.400 | 4.500 | 3.900 | 7.000 | 6.900 | 7.900 |
| Minimum | | 1 | 0 | 0 | 0 | 1 | 5.0 | 2.2 | 1.3 | 2.6 | 1.9 | 2.9 | 2.9 | 3.7 | 4.1 | 1.7 | 2.0 | 2.6 | 1.6 | 4.8 | 4.6 | 5.5 |
| Maximum | | 3 | 1 | 1 | 1 | 2 | 10.0 | 5.7 | 8.5 | 7.8 | 6.5 | 8.4 | 8.2 | 9.9 | 8.1 | 9.2 | 6.7 | 7.3 | 5.5 | 9.9 | 9.9 | 9.9 |
| Percentiles | 25 | 1.00 | .00 | .00 | .00 | 1.00 | 6.600 | 3.300 | 4.100 | 4.600 | 3.200 | 4.700 | 4.600 | 5.800 | 5.400 | 3.900 | 3.500 | 3.600 | 3.400 | 6.000 | 6.000 | 7.100 |
| | 50 | 2.00 | .00 | 1.00 | 1.00 | 1.00 | 7.900 | 3.600 | 5.700 | 5.300 | 4.200 | 5.700 | 4.900 | 6.800 | 6.100 | 5.000 | 4.400 | 4.500 | 3.900 | 7.000 | 6.900 | 7.900 |
| | 75 | 3.00 | 1.00 | 1.00 | 1.00 | 2.00 | 9.100 | 3.900 | 6.800 | 6.200 | 5.000 | 6.600 | 5.900 | 8.200 | 6.700 | 6.300 | 4.800 | 5.600 | 4.400 | 7.600 | 7.500 | 8.400 |

**결과 설명** SPSS 기술 통계량을 보면 x1부터 x21 변수까지 평균(Mean), 중앙값(Median), 25분위수(1/4분위수), 50분위수(2/4분위수), 75분위수(3/4분위수)가 나타나 있다.

## 3 그래프 그리기

### 3-1 R 분석

1단계 : x1(고객유형)에 따른 x19(고객만족) 변수의 변화를 box plot으로 그리기 위해서 다음과 같이 입력한다.

데이터 ch12-3.R

```
# loading data
ch12=read.csv("C:/gskim/SSA/data/total.csv")
# Basic box plot
library(ggplot2)
library(plotly)
ch12<-ggplot(data=ch12, aes(x=x1, y=x19, group=x1)) + geom_boxplot()
ggplotly(ch12)
```

2단계 : 모든 범위를 마우스로 지정하고 실행한다.

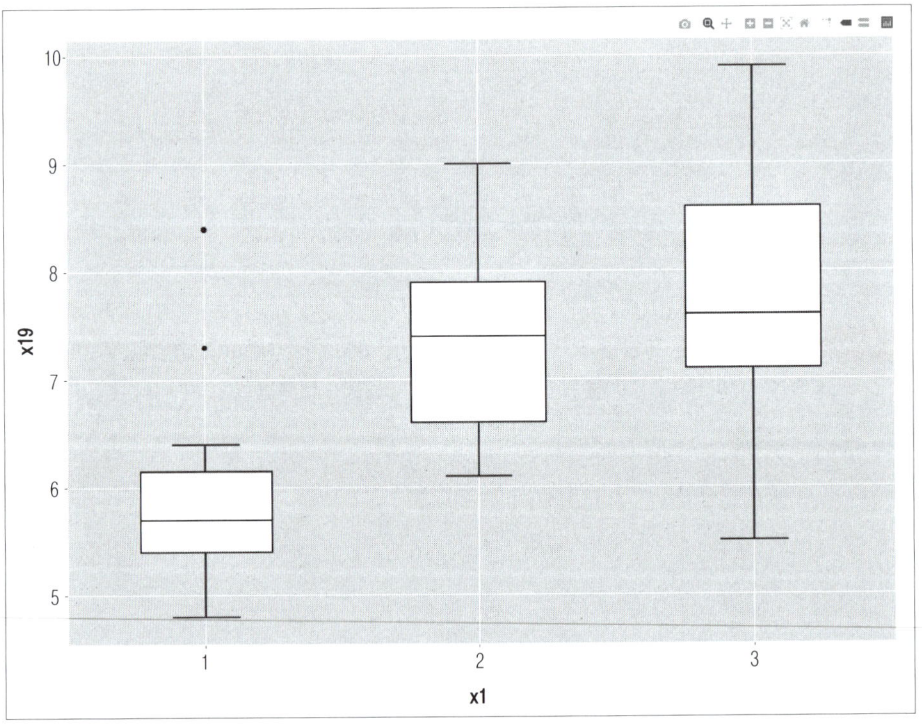

**결과 설명** x1(고객유형 1: 1년 미만, 2: 1~5년 미만, 3: 5년 이상)에 따른 x19(고객만족)의 변화를 나타낸 box plot 결과가 나타나 있다. box plot으로 보면 장기 거래를 한 고객일수록 고객만족도가 높아지는 것을 알 수 있다.

## 3-2 SPSS 분석

1단계 : SPSS상에서 total.sav 파일을 불러온 다음 x1(고객유형)에 따른 x19(고객만족)의 변화를 나타낸 box plot을 그리기 위해서 다음과 같이 입력한다.

데이터 ch12-2.sps

```
EXAMINE VARIABLES=x19 BY x1
  /PLOT=BOXPLOT
  /STATISTICS=NONE
  /NOTOTAL.
```

2단계 : 마우스로 모든 범위를 지정하고 ▶ 실행단추를 누른다.

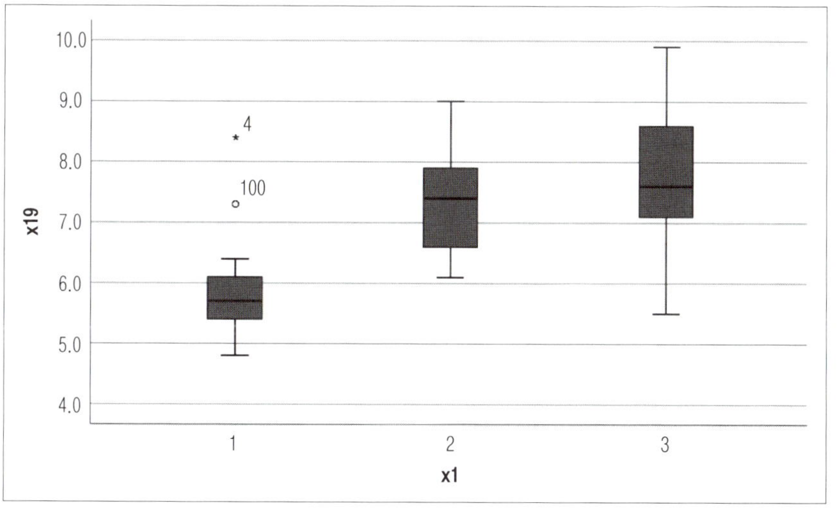


**결과 설명** x1(고객유형 1: 1년 미만, 2: 1~5년 미만, 3: 5년 이상)에 따른 x19(고객만족) 변수의 변화를 나타낸 box plot 결과가 나타나 있다. box plot으로 보면 장기 거래를 한 고객일수록 만족도가 높아지는 것을 알 수 있다. x1의 box plot에서 o 100번 고객, *4번 고객은 이상치(outlier)임을 나타낸다.

## 4 상관계수

### 4-1 R 분석

1단계: 변수 x6부터 x9까지 변수 간의 상관계수와 이에 대한 시각화를 위해서 다음과 같이 입력한다.

데이터 ch12-5.R

```
# loading data
ch12=read.csv("C:/gskim/SSA/data/total.csv")
library(GGally)
library(ggplot2)
ggpairs(ch12, columns = c("x6", "x7", "x8", "x9"), title = "Correlation among
variables", upper = list(continuous = wrap("cor",
                    size = 3)),
    lower = list(continuous = wrap("smooth",
                                   alpha = 0.3,
                                   size = 0.1)),
    mapping = aes( ))
```

2단계: 모든 범위를 지정하고 실행하면 다음과 같은 결과를 얻을 수 있다.

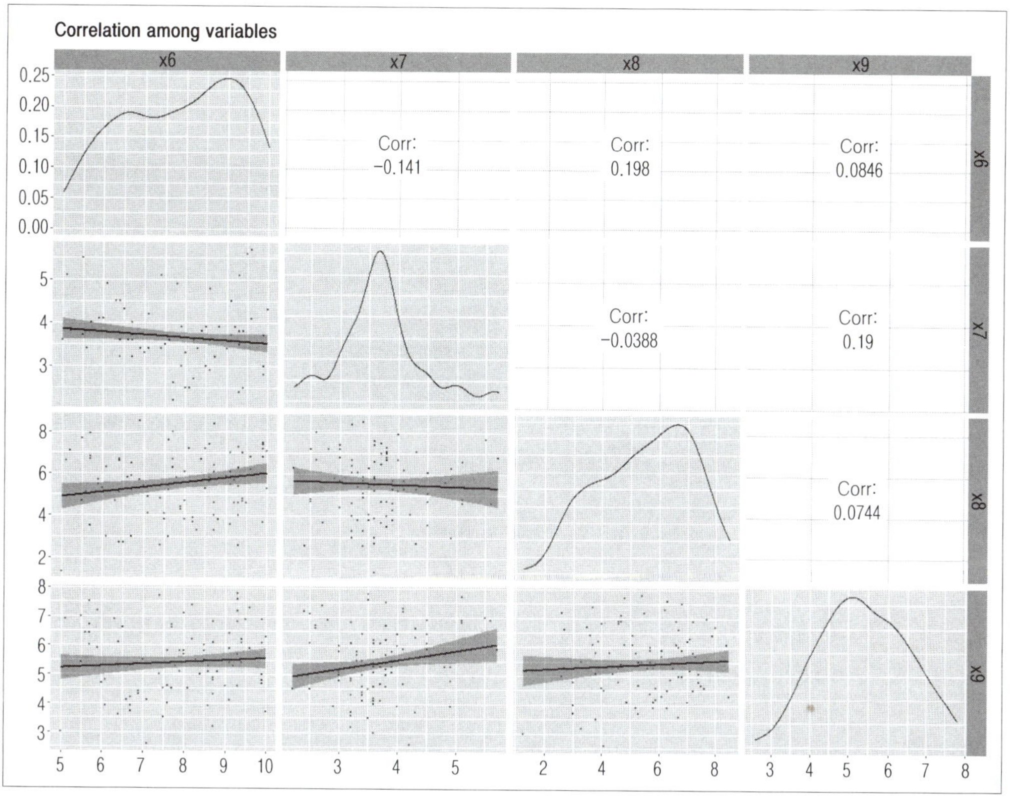


**결과 설명** x6(제품품질), x7(홈페이지 이미지), x8(기술지원), x9(불평해결)의 산포도와 각 변수 간의 관련성이 나타나 있다.

## 4-2 SPSS 분석

1단계 : total.sav 파일을 SPSS에서 불러온다. 이어 변수 x6부터 x9까지 변수 간의 상관계수를 구하고, 이를 시각화하기 위해서 다음과 같이 입력한다.

데이터 ch12-3.sps

```
CORRELATIONS
  /VARIABLES=x6 x7 x8 x9
  /PRINT=TWOTAIL NOSIG
  /MISSING=PAIRWISE.
GRAPH
  /SCATTERPLOT(MATRIX)=x6 x7 x8 x9
  /MISSING=LISTWISE.
```

2단계 : 상관계수의 분석결과를 확인한다.

**Correlations**

| | | x6 | x7 | x8 | x9 |
|---|---|---|---|---|---|
| x6 | Pearson Correlation | 1 | -.141 | .198* | .085 |
| | Sig. (2-tailed) | | .093 | .018 | .315 |
| | N | 143 | 143 | 143 | 143 |
| x7 | Pearson Correlation | -.141 | 1 | -.039 | .190* |
| | Sig. (2-tailed) | .093 | | .646 | .023 |
| | N | 143 | 143 | 143 | 143 |
| x8 | Pearson Correlation | .198* | -.039 | 1 | .074 |
| | Sig. (2-tailed) | .018 | .646 | | .377 |
| | N | 143 | 143 | 143 | 143 |
| x9 | Pearson Correlation | .085 | .190* | .074 | 1 |
| | Sig. (2-tailed) | .315 | .023 | .377 | |
| | N | 143 | 143 | 143 | 143 |

*. Correlation is significant at the 0.05 level (2-tailed).

**결과 설명** x6(제품품질), x7(홈페이지 이미지), x8(기술지원), x9(불평해결) 간의 피어슨 상관계수와 유의성이 나타나 있다.

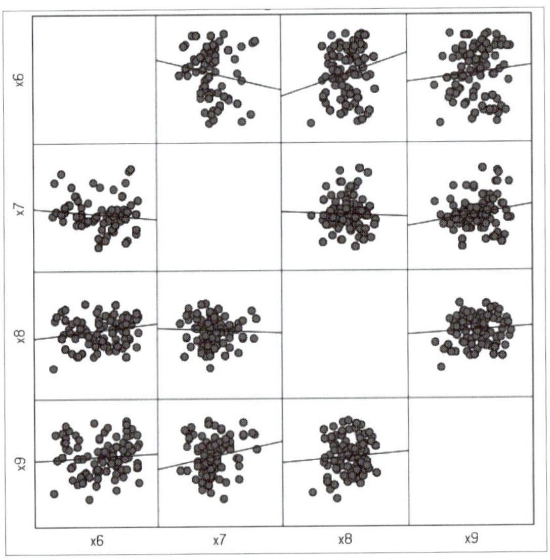


**결과 설명** 위의 산포도 화면에서 직선은 점을 마우스로 두 번 누른 다음, (Add Fit Line at total)를 눌러 생성한 것이다. 점들과 직선(추정회귀선)의 형태 비교를 통해 직선이 선형적으로 증가하는지, 아니면 관련성이 없는지 등을 확인할 수 있다. 각 변수가 양의 방향으로 관련성이 높은 경우에는 추정회귀선의 기울기가 급박하고, 점들이 조밀하게 몰려 있는 것을 알 수 있다.

# 5 로지스틱 회귀분석

## 5-1 R 분석

1단계: 거주지역(x4)에 따른 고객인지정도(x6, x7……x18)를 확인하기 위해서 다음과 같이 명령어를 입력하고 로지스틱 회귀분석을 실시한다.

데이터 ch12-6.R

```
# loading data
total=read.csv("C:/gskim/SSA/data/total.csv")
str(total)
table(total$x4)
fit.full<-glm(x4~.,family=binomial(),
          data = total[, which(colnames(total) %in% c("x4", "x6",
                                                  "x7", "x8", "x9", "x10", "x11",
"x12","x13","x14","x15","x16","x17","x18"))])
summary(fit.full) # display results
confint(fit.full) # 95% CI for the coefficients
# diagnostics plots
layout(matrix(c(1,2,3,4),2,2)) #optional 4 graphs/page
plot(fit.full)
```

2단계: 실행 결과 다음과 같은 결과가 나타난다.

```
Coefficients:
            Estimate  Std. Error  z value  Pr(>|z|)
(Intercept) -44.1714    16.5982   -2.661   0.007786 **
x6           -1.9842     0.7064   -2.809   0.004970 **
x7           -6.1865     1.9086   -3.241   0.001189 **
x8            0.2956     0.6342    0.466   0.641137
x9            2.1762     1.2893    1.688   0.091427 .
x10          -3.4194     1.0922   -3.131   0.001743 **
x11          10.5527     4.0264    2.621   0.008771 **
x12          10.9423     3.1095    3.519   0.000433 ***
x13          -0.1168     0.6607   -0.177   0.859732
```

```
x14        1.2850  1.4362  0.895    0.370924
x15        0.4524  0.3767  1.201    0.229784
x16        0.3010  1.0684  0.282    0.778149
x17        17.8820 6.0549  2.953    0.003144 **
x18        -31.7171 10.9057 -2.908  0.003634 **
---
Signif. codes: 0 '***' 0.001 '**' 0.01 '*' 0.05 '.' 0.1 ' ' 1
```

**결과 설명** $\alpha$=0.01('**' 0.01)에서 유의한 변수는 x6, x7, x10, x11, x17, x18임을 알 수 있다. $\alpha$=0.001('**' 0.001)에서는 x12변수가 유의함을 알 수 있다.

## 5-2 SPSS 분석

1단계: SPSS에서 로지스틱 회귀분석을 실시하기에 앞서 total.sav 데이터를 불러온다. 이어 거주지역(x4)에 따른 고객인지정도(x6, x7······x18)를 확인하기 위해서 다음과 같이 명령어를 입력하고 로지스틱 회귀분석을 실행한다.

데이터 ch12-4.sps

```
LOGISTIC REGRESSION VARIABLES x4
 /METHOD=ENTER x6 x7 x8 x9 x10 x11 x12 x13 x14 x15 x16 x17 x18
 /SAVE=PRED PGROUP
 /CLASSPLOT
 /CRITERIA=PIN(0.05) POUT(0.10) ITERATE(20) CUT(0.5).
```

2단계: 분석 결과의 주요 내용을 해석한다.

**Omnibus Tests of Model Coefficients**

| | | Chi-square | df | Sig. |
|---|---|---|---|---|
| Step 1 | Step | 153.910 | 13 | .000 |
| | Block | 153.910 | 13 | .000 |
| | Model | 153.910 | 13 | .000 |

**Model Summary**

| Step | -2 Log likelihood | Cox & Snell R Square | Nagelkerke R Square |
|---|---|---|---|
| 1 | 34.647[a] | .659 | .900 |

a. Estimation terminated at iteration number 10 because parameter estimates changed by less than .001.

**결과 설명** 로지스틱 회귀분석에서 독립변수들이 종속변수를 설명하는 정도를 나타내는 지표로 콕스와 스넬의 R제곱(Cox-Snell R Square)과 나겔케르케의 R제곱(Nagelkerke R Square)을 사용한다. 주로 나겔케르케의 R제곱을 사용하는데 여기서는 90%(0.9)가 나왔다. 모형의 적합도를 위한 가설 검정을 위해 카이자승검정을 실시한 결과, $p = 0.000 < \alpha = 0.05$이므로 $H_1$을 채택하여 모델은 유의한 것으로 나타났다.

**Classification Table**[a]

| Observed | | | Predicted x4 0 | Predicted x4 1 | Percentage Correct |
|---|---|---|---|---|---|
| Step 1 | x4 | 0 | 50 | 3 | 94.3 |
| | | 1 | 2 | 88 | 97.8 |
| | Overall Percentage | | | | 96.5 |

a. The cut value is .500

**결과 설명** 분류표에서 예측의 정확도는 96.5%((2 + 3)/(50 + 88))임을 알 수 있다.

**Variables in the Equation**

| | | B | S.E. | Wald | df | Sig. | Exp(B) |
|---|---|---|---|---|---|---|---|
| Step 1[a] | x6 | -1.984 | .706 | 7.889 | 1 | .005 | .137 |
| | x7 | -6.187 | 1.909 | 10.505 | 1 | .001 | .002 |
| | x8 | .296 | .634 | .217 | 1 | .641 | 1.344 |
| | x9 | 2.176 | 1.289 | 2.848 | 1 | .091 | 8.813 |
| | x10 | -3.419 | 1.092 | 9.801 | 1 | .002 | .033 |
| | x11 | 10.553 | 4.027 | 6.868 | 1 | .009 | 38281.225 |
| | x12 | 10.942 | 3.110 | 12.381 | 1 | .000 | 56515.863 |
| | x13 | -.117 | .661 | .031 | 1 | .860 | .890 |
| | x14 | 1.285 | 1.436 | .800 | 1 | .371 | 3.615 |
| | x15 | .452 | .377 | 1.442 | 1 | .230 | 1.572 |
| | x16 | .301 | 1.068 | .079 | 1 | .778 | 1.351 |
| | x17 | 17.882 | 6.055 | 8.720 | 1 | .003 | 58352909.95 |
| | x18 | -31.717 | 10.907 | 8.457 | 1 | .004 | .000 |
| | Constant | -44.171 | 16.599 | 7.081 | 1 | .008 | .000 |

a. Variable(s) entered on step 1: x6, x7, x8, x9, x10, x11, x12, x13, x14, x15, x16, x17, x18.

**결과 설명** $\alpha = 0.01$에서 유의한 변수는 x6(제품품질), x7(홈페이지 이미지), x10(광고), x11(제품구성), x17(가격유연성), x18(배달속도)임을 알 수 있다. 또한 $\alpha = 0.05$에서는 x12변수가 유의함을 알 수 있다.

**데이터 분석가의 한마디**

데이터에 근거하여 사실을 이해하려는 자세를 계속 견지하다 보면, 어느 순간 시스템이 들여다보인다.

## 연습문제

1. 12장에서 사용한 데이터에서 x19(고객만족)에 미치는 유의한 독립변수를 확인하기 위해서 회귀분석을 실시해보고 해석하라.

   힌트) x19 = f(x6, ⋯ x18)

# 참고문헌

김계수 (2017). 《가치창출을 위한 R 빅데이터 분석》. 한나래아카데미.

Bruce, P. & Bruce, A. (2017). *Practical Statistics for Data Scientists*. O'Reilly Media.

Hosmer, D. & Lemeshow, S. (2000). *Applied Logistic Regression* (Second Edition). New York: John Wiley & Sons, Inc.

Ignacio González, Sébastien Déjean, Pascal G. P. Martin, & Alain Baccini. (2008). CCA: An R Package to Extend Canonical Correlation Analysis. *Journal of Statistical Softwar*, Janurary, Volume 23, Issue 12, 1–14.

James, G., Witten, D., Hastie, T., & Tibshirani, R. (2014). *An Introduction to Statistical Learning: With Applications in R*. Springer Publishing Company, Incorporated.

Scott Long, J. (1997). *Regression Models for Categorical and Limited Dependent Variables*. Thousand Oaks, CA: Sage Publications.

https://www.guru99.com/

http://www.jason-french.com/tutorials/repeatedmeasures.html

http://www.sthda.com/english/

https://www.analyticsvidhya.com/blog/2017/06/a-comprehensive-guide-for-linear-ridge-and-lasso-regression/

https://www.rdocumentation.org/packages/candisc/versions/0.7-2/topics/cancor

https://www.statmethods.net/

https://medium.com/analytics-vidhya/a-guide-to-machine-learning-in-r-for-beginners-part-5-4c00f2366b90

https://www.tutorialspoint.com/r/r_analysis_of_covariance.htm

## 찾아보기



### ㄱ

## ㄴ



## ㄷ



## ㄹ



## ㅁ

## ㅂ



## ㅅ



## ㅇ

## ㅈ



## ㅊ



## ㅋ



## ㅌ

## ㅍ



## ㅎ